# AS quatro faces da Mulher

*Liberte seu verdadeiro Potencial*

Caroline Ward

# As quatro faces da Mulher

*Liberte seu verdadeiro Potencial*

INTEGRARE
EDITORA

Título original:
*The Four Faces of Woman*

Copyright da edição original © Caroline T. Ward, 2008
Copyright da edição brasileira © 2009 Integrare Editora e Livraria Ltda.

**Publisher**
Maurício Machado

**Supervisora editorial**
Luciana M. Tiba

**Produção editorial**
ERJ Composição Editorial

**Tradução**
Antonella Cordio

**Preparação de texto**
Maria Fernanda Regis

**Revisão**
Gisele Moreira

**Projeto gráfico de capa e de miolo / Diagramação**
Nobreart Comunicação

Dados Internacionais de Catalogação na Publicação (CIP)
(Câmara Brasileira do Livro, SP, Brasil)

Ward, Caroline
  As quatro faces da mulher: liberte seu verdadeiro potencial / Caroline Ward; [tradução Antonella Cordio]. – São Paulo: Integrare Editora, 2009.

  Título original: The four faces of woman.
  ISBN 978-85-99362-35-8

  1. Espiritualidade 2. Grande Fraternidade Branca 3. Grupo de Encontro de Mulheres 4. Meditação 5. Qualidade de Vida I. Título.

09-04409                                     CDD-299.93

Índices para catálogo sistemático:
1. Crescimento Espiritual: Religiões de natureza universal  299.93
2. Espiritualidade: Religiões de natureza universal  299.93

Todos os direitos reservados à
**INTEGRARE EDITORA E LIVRARIA LTDA.**
Rua Tabapuã, 1123, 7º andar, conj. 71-74
CEP 04533-014 – São Paulo – SP – Brasil
Tel. (55) (11) 3562-8590
Visite nosso site: www.integrareeditora.com.br

# Dedicatória

Este livro é dedicado a Ele, ao Divino, a Deus que é o Consolador do meu coração, a Fonte... por ter me guiado diariamente e aberto minha mente e meu coração com delicadeza e insistência.

A Dadi Prakashmani, cuja luz foi tão pura, tão brilhante que ela revelou a Deus.

À minha mãe Joan, que por meio da sua coragem para encontrar o seu próprio caminho, moldou para mim a esperança que está sempre presente na minha vida.

Semente, Essência, Forma Original
*Eu sou*:
**A Face Eterna**

Enxerto, Adaptação, Conformidade
*Eu sou quem você diz que sou*:
**A Face Tradicional**

Híbrido, Resistência, Reforma
*Eu não sou quem você diz que sou*:
**A Face Moderna**

Jardineiro, Renovação, Transformação
*Eu acesso o poder para ser quem eu sou*:
**Shakti – A Face do Poder Espiritual**

# Agradecimento especial

Às mulheres do mundo inteiro que vivenciaram e contaram muitas das histórias contidas neste livro. A fim de honrar a sua confiança, mudei seus nomes e, às vezes, até lugares. Entretanto, as histórias pertencem a elas, e a elas devo minha gratidão, por terem-nas compartilhado comigo.

# Sobre a Brahma Kumaris e o papel da Mulher

Desde sua fundação, em 1936, no noroeste da Índia (atual Paquistão), a Brahma Kumaris tornou-se diferente de outras escolas de ensino de meditação, não somente pelo método prático, mas também pela aceitação e valorização da importância do papel da mulher dentro da sociedade indiana naquela época. O fundador, o visionário Dada Lekhraj (Brahma Baba), percebeu que esse papel seria fundamental em um mundo em rápida transformação.

Por essa percepção, os papéis de liderança dentro da organização foram dados às jovens indianas, que ao longo das décadas tornaram-se grandes líderes espirituais, respeitadas não somente na Índia, mas em todos os continentes. Um grande exemplo é a Diretora Mundial da Brahma Kumaris, Dadi Janki, que foi uma dessas jovens da fundação e, hoje, com 93 anos, ainda percorre o mundo levando sua palavra de sabedoria e seu grande exemplo de espiritualidade.

Ao longo desses 73 anos de existência e, atualmente, com escolas em mais de 120 países, a coordenação tem estado na mão das mulheres, que contam também com a participação masculina.

Além dos cursos de Meditação Raja Yoga, a BK desenvolve uma série de temas pertinentes ao desenvolvimento emocional do ser humano, como *Aprendendo a Pensar Positivamente*; *Viver sem Stress; Mestre do Tempo; Desenvolvendo a Inteligência Espiritual*; *Superando a Raiva e Resolvendo Conflitos*; *Liderança Interior e Conquistando a Autoestima*, oferecidos em nossas escolas, bem como em empresas, outras organizações ou onde forem solicitados, sempre sem taxa fixa, como um serviço prestado à sociedade.

Ciente de seu papel social, a BK atua em áreas como educação, saúde, mídia, meio ambiente, empresas e organizações por meio de seus programas de Valores Humanos, com ênfase no melhor desenvolvimento daqueles que são multiplicadores e líderes em suas áreas de atuação.

Em 1996, a Brahma Kumaris criou o programa *As quatro faces da Mulher*. Tive a felicidade de participar do primeiro encontro, que aconteceu em Mount Abu, na Índia, e desde então soube claramente que esse programa se adequava de maneira plena à mulher brasileira. Ainda hoje o programa continua a crescer e é conduzido por mulheres inspiradas e inspiradoras ao redor do mundo.

Este livro, de Caroline Ward, já está publicado em inglês e espanhol e tem rodado o mundo, tocando muitas mulheres. Fico muito feliz com a decisão da **Integrare Editora** de presentear mulheres e homens com esta obra, agora em português. Digo também homens porque eles se beneficiarão em conhecer mais sobre a alma feminina. Além disso, há muitos homens cuja alma sabe viver esse lado sutil e intuitivo que não é exclusivo das mulheres.

Lembro-me de uma frase da Oprah Winfrey (personalidade da TV americana) que diz: "Quanto mais você sabe quem você é, mais fácil decidir o que é melhor pra você".

A possibilidade de resgatar seus valores intrínsecos, como o amor incondicional, a flexibilidade, a aceitação, o poder de nutrir e a beleza interior, e assim fortalecer sua autoestima e o papel que desempenha na família e na comunidade, traz à mulher a possibilidade de exercer um novo tipo de liderança, resguardando sua feminilidade e suas virtudes.

Aquelas que passam pelo processo de vivenciar o programa *As quatro faces da Mulher* – a Eterna, a Tradicional, a Moderna e a Shakti (força divina) – acabam conhecendo-se mais, descobrindo seu potencial ilimitado e entendendo muito dos seus medos e crenças.

Os programas *As quatro faces da Mulher*, sejam eles na forma de retiro ou de vivência, sempre oferecem a oportunidade de as participantes serem criativas, leves, joviais e profundas.

Aqueles que dizem que muitas mulheres juntas criam um ambiente de falação e que dificilmente o grupo consegue ter harmonia, estão criando um estereótipo que em nada corresponde à realidade, especialmente quando temos mulheres reunidas para experimentar *As quatro faces da Mulher*.

Carinho a todos,

**Luciana M. S. Ferraz**
Coordenadora Nacional da Organização Brahma Kumaris
www.bkumaris.org.br

# Agradecimentos

## Um lugar de aprendizado espiritual

Além de aprender com todas as pessoas que tenho o privilégio de conhecer na minha vida, devo reconhecer que grande parte do que está escrito neste livro, histórias, percepções e ensinamentos, se baseia na sabedoria compartilhada na Universidade Espiritual Mundial Brahma Kumaris. Meu aprendizado com os BKs durante quase vinte anos inspirou em mim uma forma de enxergar o mundo que leva em consideração o sutil, o invisível, a mão de Deus. Algumas coisas originam-se diretamente dos ensinamentos de Brahma Kumaris, tais como os 8 Poderes; outras são mais precisamente relações tácitas. Sou eternamente grata à orientação altruísta que recebi durante todos estes anos.

## Indivíduos

A primeira nota de gratidão vai para Helen Chapman, a mulher que conceituou a ideia das Quatro Faces e cuja humilde inspiração libertou muitos de nós. Para o grupo de pessoas que propôs e organizou a reunião inicial na Índia, em 1996 – BK Dr. Nirmala Kajaria, Helen Northey, a maravilhosa Dawn Griggs, já falecida, Christine Westbury, Amanda Quinn, Lenny de Vries e Yaja Nowakowski.

Sou eternamente grata a Angelica Fanjul, Marilén Wood e Maribel Vidal, que garantiram a publicação deste livro em primeiro lugar – embora tenha sido em espanhol! Também queria mencionar o grupo de pessoas das Quatro Faces no Chile – Lucia, Cecilia, Claudia e Klaus, Adriana e Gladys, toda a comunidade BK, o grupo de tradução e todas as pessoas que ajudaram na publicação deste livro.

A lista de pessoas às quais gostaria de agradecer é vasta – a que segue não está completa, mas, de certa forma, está. Dadi Janki e Dadi Gulzar, Valerianne, de Genebra, Sally, Marcia, Chrissy e Silvana, da Austrália, Luciana, Patricia, Marcia, Flavia e o grupo do Brasil, Colleen, por ter assumido a responsabilidade do site, Rose e Rachel, Anne, Rani e Armelle, da França, Isabelle, Judy e Tanya, do Canadá, Njeri, Sheetal, Wangui e Angela, do Quênia, Morni e Devi, de Hong Kong, Marie-Lisette e Alice, da Holanda, Karin, Els e Marga, da Bélgica, Irene e Pat, dos Estados Unidos, Jill, da Nova Zelândia, Moira, Agustina e Gabriela, da Argentina.

Também gostaria de agradecer à minha velha amiga Mary Anne Williams, que generosamente examinou o manuscrito para garantir que fizesse sentido!

# Parte 1 – Como Entender e Usar as Quatro Faces

O Começo .................................................................................. 16

O Contexto Para a Jornada Através das Quatro Faces ......... 24

A Energia do 3 ........................................................................... 26

Curiosas Indagações – Como Usar Este Livro ....................... 30

Ferramentas ............................................................................... 31
    Pensamentos ........................................................................ 31
    Mapeamento ........................................................................ 32
    Espelhos ................................................................................ 33
    Estímulos .............................................................................. 35
    Clarezas, questionamentos e indagações curiosas ........... 36
    Intenção ................................................................................ 37
    A jornada da alma .............................................................. 39

A Face Eterna ............................................................................ 42

A Face Tradicional .................................................................... 60

A Face Moderna ........................................................................ 80

A Face de Shakti ....................................................................... 94
    Shakti domina as Novas Inteligências ............................ 115
    Inteligência Emocional, Espiritual e Criativa ................ 119
    Ferramentas para o desenvolvimento das
    Inteligências Emocional, Espiritual e Criativa ............... 123
    Os 8 Poderes de Shakti ..................................................... 136
    O Poder do Afastamento ................................................. 142
    O Poder da Libertação ..................................................... 148
    O Poder da Tolerância ...................................................... 152
    O Poder da Aceitação ....................................................... 158
    O Poder do Discernimento .............................................. 163
    O Poder da Decisão .......................................................... 169
    O Poder do Enfrentamento ............................................. 176
    O Poder da Cooperação ................................................... 182

# Sumário

## Parte 2 – Como Tudo se Apresenta na Vida Diária

Você Não Respondeu:
Por Que Estou Aqui? E Quem é Deus? .......... 194

Sobre os Homens .......... 204

Energia nas Relações .......... 209

Liderança .......... 213

Minha Vida Como Uma Obra de Arte .......... 218

Rótulos .......... 220

Tempestades .......... 226

Reflexões, Provocações e Questões Sobre Sexo .......... 231

Algumas Questões Sobre o Medo .......... 249

As Lentes Através das Quais Enxergamos .......... 261

Shakti Deve Desaparecer .......... 271

A Profecia .......... 281

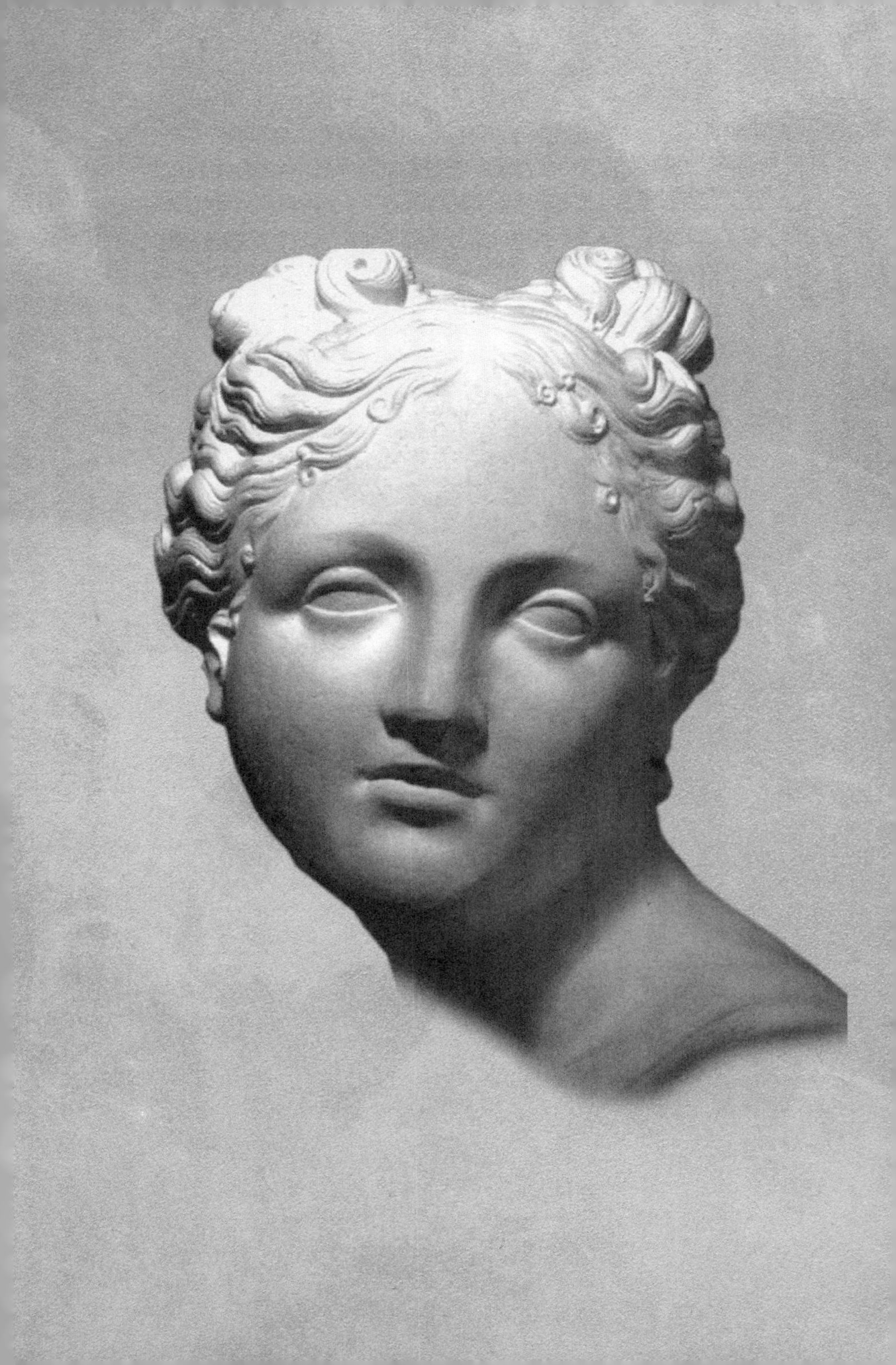

# Parte 1

Como Entender e Usar as Quatro Faces

# O Começo

Meu alarme espiritual disparou quando meu companheiro foi diagnosticado com câncer terminal. Eu e Michael estávamos juntos havia exatamente cinco meses, e ficamos juntos durante apenas mais cinco antes de sua morte. Entretanto, esses cinco meses subsequentes se estenderam para abraçar uma vida – ou talvez muitas vidas – de experiência. A partir da nossa vivência em uma "vida festiva" na indústria do entretenimento, nossas vidas se transformaram da noite para o dia.

Durante os últimos cinco meses, aprendemos a meditar, comíamos bem, acordávamos às 4 da manhã, em vez de ir nos deitar nesse horário. Começamos a "enxergar" uma vida que nenhum de nós jamais havia enxergado antes. Começamos a "sentir" um mundo que não sabíamos que existia. Um véu foi removido dos nossos sentidos e viemos para a vida... ainda que Michael estivesse a caminho da morte.

Foi um período notável, no qual aprendi realmente o que significa compromisso, o que é o amor e quão importante é a compaixão em um mundo sem piedade. É claro que houve momentos difíceis, mas no geral fomos abençoados.

Dez dias antes da morte de Michael, percebi que estava tudo acabado, que não podia salvá-lo ou mantê-lo comigo. Eu havia chegado ao fundo do poço. Enquanto meus sentimentos desmoronavam, finalmente me entreguei, sabendo que não podia controlar a situação, não podia repará-la, independentemente de quão forte fosse meu desejo.

Quando me sentei, no andar de cima, na sala de meditação da nossa amiga Judy, com dor no peito, chorando e soluçando, eu me lembrei de dizer a Deus: "Está certo, não sei quem você é ou o que faz na vida, mas isso é difícil demais, não aguento mais, agora é com você".

Naquele instante, eu descobri um mundo diferente. Toda a tristeza cessou – a dor, os soluços, o medo. Ao deixar os sentimentos fluírem, eu me senti envolvida no amor mais excelente que já experimentei na vida. Ao me entregar, fui tomada, detida pela paz mais suave e poderosa possível.

Depois recebi orientação... de forma muito clara. Os pensamentos eram como se alguém estivesse falando direto na minha mente: "Esta alma não lhe pertence, vocês são como dois atores que estão juntos para representar uma cena. Você não precisa saber a próxima cena, você apenas tem que representar da melhor forma possível. E a melhor maneira para fazer isso é encontrar a alegria em cada momento".

Essa foi minha primeira "experiência" com Deus, com alguma coisa Divina, além da simples crença ou doutrina. Quando compartilhei essa experiência com algumas pessoas, elas tentaram me dizer que não era Deus, e sim o melhor de mim. Foi muito amável da parte delas, mas eu sei que o melhor de mim já havia surgido nos meses que antecederam esse acontecimento. Portanto, eu sabia a diferença entre o que surgiu de dentro de mim e o que foi a dádiva da graça Divina vinda de fora.

E a dádiva transformou a minha vida para sempre.

Quando Michael se foi, eu tive o grande privilégio de me deitar do lado dele na nossa cama, em casa. Eu senti a suave graça Divina envolvendo-o conforme ele concentrava a sua luz vinda de dentro do seu corpo debilitado. Seu último suspiro... um momento que se prolongou para conter a eternidade enquanto ele permanecia imóvel para me amar mais uma vez. Depois, do meu coração emergiu a palavra "voe"... e ele voou.

As semanas que se seguiram foram, em grande parte, felizes. A graça Divina entrou na minha vida e permaneceu. Às vezes, eu me encontrava extremamente triste por causa das possibilidades que haviam sido arrebatadas com um pensamento que me acompanhava: "Não é justo". Eu não nutria esse pensamento e geralmente o repudiava como sendo inútil. Um dia eu o compartilhei e uma das minhas irmãs disse: "Você não acha que está em negação?".

Ai, meu Deus, pensei, eu estou em negação! Então, na próxima vez que o pensamento surgiu, decidi seguir seu caminho. Dentro de dois minutos, eu estava inexorável e emocionalmente arrasada. Levei horas para me recuperar, e o que foi que eu consegui? Não foi real, foi uma experiência criada a partir de uma série de pensamentos que surgiram de um estado muito fraco. Afinal, o que é justo? A vida. Ela acontece, e se quiser você pode encontrar a magia. Além do mais, eu não estava fraca.

Michael havia me dado um presente maravilhoso, talvez até melhor que o fato de ter estado comigo. Nós dois sabíamos que tínhamos sorte; mesmo durante aqueles últimos meses, estabelecemos uma relação muito profunda através dos olhos e ficamos impressionados com tamanha sorte. Nós realmente éramos afortunados.

Seu mal-estar físico nos ofereceu uma janela para o invisível, uma entrada para o sobrenatural... Ao partir, ele me mostrou um caminho para a minha própria verdade e fortalecimento.

Eu ainda acho que tenho sorte. Minha vida hoje é tão diferente da vida que eu vivia antes de conhecer Michael que as pessoas me perguntam como consegui chegar até onde cheguei – alcancei um grande progresso em relação a onde eu estava há vinte anos. Agora que entendo as Quatro Faces, tudo faz sentido – a espontaneidade, a esperança, a tristeza, a força, a luta, a rendição, a liberdade, o poder, o amor, a graça Divina – é a jornada da alma.

Eu percebi que, enquanto muitas coisas acontecem na vida, elas não se separam de mim. Elas não são aleatórias. Comecei a entender a relação entre o meu mundo interior – meus pensamentos e sentimentos – e os resultados que surgiram no meu mundo exterior. Isso foi desafiante e fortalecedor. Desafiante porque eu não podia mais culpar nada nem ninguém pelas minhas circunstâncias, e fortalecedor porque percebi que minha vida estava totalmente em minhas mãos.

Eu até reformulei os sentimentos de desespero, agitação e descontentamento... eles não foram mais categorizados como depressão. A voz do meu espírito começou a me despertar, chamando-me para um retorno ao meu próprio ser, minha verdadeira natureza original, minha Face Eterna.

## Quais são as quatro faces da mulher?

São as faces que todos nós conhecemos. Elas vivem dentro de nós e através de nós. Elas nos dão beleza e força, amor e compaixão, liberdade e a promessa de liberdade, segurança e a ilusão da segurança.

A Face Eterna nos fala em voz baixa sobre o nosso ego original, a semente de quem somos – o poder autêntico, a inocência, o amor puro, a paz e a alegria.

A Face Tradicional nos convence de que a segurança e o sucesso vêm da nossa definição de nós mesmos por meio dos olhos e crenças dos outros.

A Face Moderna encontra a coragem para rejeitar a imposição dos outros, buscando a volta à verdade de quem nós somos.

A Face Shakti – a face da sabedoria e força espirituais – é a chave para retornar ao nosso ego verdadeiro sem a luta e o custo da Face Moderna.

## Por que mulheres?

Durante anos, tenho sido desafiada muitas vezes no sentido de que essas faces pertencem tanto aos homens quanto às mulheres... e estou certa de que pertencem.

Entretanto, eu estava no meu caminho espiritual havia apenas dois anos quando tive a visão. Ela me mostrou que eu, de certa forma, tinha que trabalhar com mulheres. E assim que comecei a me reunir com elas, a compartilhar histórias espirituais sobre desafios e vitórias, a me impressionar, me comover e me inspirar, descobri o que eu havia perdido... o poder do feminino.

Ao fazer uma retrospectiva, vejo que a cultura e o tempo no qual eu nasci tinham um conhecimento pequeno sobre essa força indefinível, e seu valor diminuía cada vez mais. O Feminino foi maldefinido com relação a ser uma mulher... e depois, uma mulher com relação aos homens.

Em 1995, fiz parte da delegação da Universidade Espiritual Mundial Brahma Kumaris, na Quarta Conferência Mundial das Nações Unidas sobre Mulheres, em Pequim. A Brahma Kumaris (BKs) é uma organização mundial, dirigida por mulheres mais velhas, com oitenta e noventa anos de idade, que trabalham com sua sabedoria e graça Divina para a renovação espiritual da humanidade. Como parte dessa missão, fomos incumbidas pelas líderes da BKs de desenvolver um acompanhamento para Beijing.

Nesta época surgiu a ideia das Quatro Faces, nascida da imaginação de uma australiana chamada Helen Chapman. Desde então, as Quatro Faces têm se referido às mulheres. Entretanto, quem sabe onde elas se encontrarão e quem irá usá-las no futuro?

## A visão – como começou

Em 1993, eu tive uma visão sobre as mulheres. Eu não sabia o que deveria fazer a respeito. Nunca tive nada a ver com as mulheres, além de ser uma delas – e na verdade jamais pensei em mim como uma mulher, elas eram mais velhas, mais maduras que eu. Eu tinha tido poucas amigas mulheres. Tive três irmãs, mas, do meu ponto de vista, elas eram meninas, não mulheres. Apesar de eu ter confiado na minha visão, não fiz nada com relação a isso, não tomei nenhuma atitude.

Eu tinha a mesma visão repetidamente. Ela me perseguiu até que eu finalmente disse aos céus: "Está bem, está bem. Vou fazer alguma coisa!". Eu ainda não tinha ideia do que fazer, mas não estava preparada para ter essa visão me afrontando, sempre desviando a minha atenção em momentos aleatórios da minha vida.

Uma amiga minha chamada Silvana me ajudou. Sentamo-nos durante dias, trancadas na minha casa, escrevendo, reescrevendo, meditando e oferecendo nossas humildes e, às vezes, desesperadoras ideias a uma inspiração mais elevada e Divina. Trabalhamos, esperamos e ficamos na expectativa de que alguma coisa fosse acontecer... e a Mulheres de Espírito nasceu. Tivemos um diálogo breve, mas distinto, com líderes femininas. Depois disso, realizávamos mensalmente reuniões da Mulheres de Espírito no núcleo de Brahma Kumaris, no interior de um subúrbio de Sydney. A cada mês, mesmo sem promover o evento e apenas com um *flyer* deixado no núcleo, cerca de quarenta a cem mulheres compareciam à reunião para ouvir histórias de inspiração.

Eu convidava mulheres que faziam jornadas espirituais, mulheres de diferentes tradições, caminhos e religiões. Mulheres que haviam enfrentado e vencido. Mulheres que, de forma autêntica, compartilharam o processo de seu mundo interior. Em seguida, fazíamos meditações seguidas de chá e bolo. Essas reuniões foram profundamente alentadoras.

Depois disso, eu me mudei de estado e as reuniões foram interrompidas. Foi nesta época que *As quatro faces da Mulher* começou. A Mulheres de Espírito voltou à tona há alguns anos para mim e, em 1995, suas reuniões foram adotadas em muitos países em diferentes partes do mundo e, até hoje, elas existem.

Ao mesmo tempo em que eu confiava em minha visão, não me dedicava integralmente a ela. Dirigi uma empresa de consultoria durante nove anos e, paralelamente, trabalhava com mulheres. A maioria do meu trabalho na área corporativa tinha a ver com uma grande transformação organizacional, na qual a maioria dos meus clientes era composta de mulheres.

Agora estou aqui, em 2007, e a visão continua a dar forma a mim e a minha vida. Quando me pediram que escrevesse este livro, lancei o belo projeto Liderança & Amor, atualmente estabelecido no Chile, um país que elegeu uma mulher, Michele Bachelet, como presidente.

Tudo começou há treze anos, com esta visão:

*Ali estavam elas, mulheres com diferentes vestidos, mas todas com roupas simples e brancas, surgindo por todas as direções, movendo-se, independentes, em direção a um destino invisível. Elas se moviam em um silêncio profundo, andando de forma ereta em seu próprio vigor. De onde eu me encontrava, as qualidades do amor e humildade estavam profundamente gravadas em suas formas vigorosas.*

*Em certo ponto, havia um invisível e silencioso sinal no qual as mulheres se viravam para formar uma fileira até onde os olhos pudessem enxergar. Agora elas se moviam para frente como se fossem uma, concentradas, lado a lado. Elas continuavam silenciosas, independentes, mas totalmente conectadas de forma sutil. Conforme elas avançavam, era como se eu sentisse o mundo – todas as crianças, adultos, animais e natureza – lançar um profundo e agradável suspiro de alívio.*

*Nesse momento, a cena mudou e foi substituída pela visão de um homem.*

*Pelo que eu vi, ele representava para mim o típico líder político-econômico da época – cabelo grisalho e crespo, óculos sem aro, terno listrado, gotas de suor caindo pela testa e*

*sobrancelhas. Ele estava estressado e parecia terrivelmente sobrecarregado. Ele segurava um globo com o mapa-múndi e, embora parecesse heroico, ele estava lutando e esgotando todos os seus esforços para manter o controle. Apenas quando parecia não conseguir mais controlar a situação, olhou para cima e viu as mulheres. Elas se moviam com tanta graça. A humildade, o amor e o poder delas não demonstravam nenhuma ameaça.*
*Depois eu ouvi o pensamento na mente dele: "Graças a Deus... não preciso mais fingir que sei o que devo fazer".*

A visão terminou nesse ponto. Mas, como eu disse, não me deixou em paz. Ela me pedia para fazer algo. Para que eu fosse eu mesma e, dessa forma, uma das muitas mulheres a se tornar verdadeiramente elas mesmas, líderes autênticas, belas, poderosas, amorosas, tolerantes, compassivas, generosas, gentis e fortes. Para que nós fôssemos verdadeiramente nós mesmas para nós e para nosso mundo.

# O Contexto Para a Jornada Através das Quatro Faces

Nesta época em que nos encontramos em uma grande rivalidade, talvez seja um dos momentos mais eficazes para a mudança na história da humanidade. Existem desafios em todos os setores – ambientais, políticos, psicológicos, sociais e familiares. Existem graves ameaças a nossa essencial sobrevivência.

Por outro lado, há uma crescente percepção dessas ameaças, bem como da relação entre elas e nossa consciência individual e coletiva. Muitas de nós no mundo inteiro estamos incumbidas de assumir um compromisso de renovação – para nós mesmas, nossas vidas e nosso planeta.

Na realidade, estamos passando por um incontestável período de mudanças e, se fizermos uma boa escolha e aprendermos o caminho da energização, de nosso próprio fortalecimento, a mudança pode converter-se alquimicamente em uma transformação, levando-nos a um novo nível de consciência, percepção, existência e vida.

Com a mudança, às vezes simplesmente "alteramos as coisas a nosso redor". É como quando mudamos a posição dos móveis em nossa casa. São os mesmos móveis, é a mesma casa, mas a sensação é diferente, torna-se melhor durante algum tempo. Entretanto, quando se trata da jornada de si mesmo, quando descobrimos, depois de algum tempo, que a antiga forma voltou, pode ser desanimador perceber que, de fato, nada mudou realmente sob a superfície e que ainda não nos sentimos livres, nem em paz, nem vigorosas, nem felizes.

O lado bom de tudo isso é que existe a possibilidade da transformação real, de sermos capazes de transcender os velhos padrões de pensamento, de consciência. Se admitirmos de antemão que já somos tudo o que quisermos ser, nós temos apenas que acreditar e nos religar, assim, a jornada será um relaxamento dentro do ser em vez de se tornar algo mais. A pressão é eliminada; na verdade, não precisamos de mais realizações em nossas vidas. O que somos já é o suficiente... se conseguíssemos ser assim com mais frequência.

A arte se encontra simplesmente em descobrir os métodos corretos. Alguns desses métodos ou formas de percepção, de escutar e de ser podem ser encontrados nas páginas deste livro. O restante, ainda irei descobrir. Alguns são universais e outros, certamente, são específicos para minha jornada e podem não estar em sintonia com você, de nenhuma forma. Confie em você mesma. Tente. Experimente. Observe. Experimente novamente. O mundo se torna um laboratório e você, uma cientista. Sua vida é uma tela, você é a pintora.

O método universal que eu sentiria confiança em garantir é que certamente existe a presença acessível do Divino, de Deus, nesse grande período de mudança para guiar cada um de nós.

Nestas páginas você encontrará alguns pensamentos simples, formas de se conectar energeticamente com sua própria divindade, bem como com a Fonte Divina. Essa é uma conexão pessoal profunda e não exige uma estrutura religiosa. Entretanto, apesar de ter dito isso, entendo que uma tradição religiosa para algumas é muito importante e provê sustento, identidade, senso de posse, bem como um "receptáculo" para a jornada espiritual.

A jornada de cada uma é muito particular. Eu descobri que o mais importante é encontrar minha própria voz – às vezes um sussurro suave – para garantir que eu continue guiada para o meu ser verdadeiro. Meu conselho para você seria o mesmo que eu daria para mim: aprenda com todos, ouça poucas pessoas, confie em você mesmo.

# A Energia do 3

Eu gostaria de tomar alguns minutos para compartilhar em que situações a energia do 3 é pertinente para a jornada espiritual.

*3 Energias de transformação:*

1. Criar
2. Sustentar
3. Destruir

Assim que você envia um pensamento ou sentimento que transmite algo parecido como: "Está faltando alguma coisa", "Minha vida precisa mudar", "Preciso de algo mais", "Quem sou eu?", você mobiliza uma força muito poderosa para a mudança. E quanto mais insistente for esse pensamento ou sentimento, maior será a força. Você acabou de ativar a *Primeira Energia da Transformação – a Energia da Criação*.

Uma vez que você criou uma intenção, uma visão, uma esperança, um sonho, você deve sustentar essa criação por meio de visualização, meditação, ação alinhada e outros métodos.

## A sustentação é a segunda energia

Frequentemente, apenas a Primeira Energia ou a Primeira e a Segunda Energias são usadas, mas a *Terceira Energia é a mais complicada: a energia da destruição, do desprendimento do que é velho, do desligamento.*

Durante a jornada espiritual, à medida que a alma desperta para a beleza do seu verdadeiro ser, as máscaras tentarão sobreviver. Afinal de contas, elas são a sua *raison d'etre* (razão de ser). Elas nos ajudam a sobreviver quando perdemos nosso compasso interno, nossa força, nosso conhecimento inato. Portanto, é importante reconhecer que haverá muitos momentos críticos durante o processo de criação nos quais precisaremos invocar conscientemente a Terceira Energia do desprendimento do que é velho. Se invocarmos conscientemente essa energia e a usarmos, a jornada espiritual poderá ser marcada pela luta, o que traz dor e desespero. Naturalmente, isso não é ideal.

Quando você achar que existe um conflito na alma, você pode saber que provavelmente esse é o dilema. Então, simplesmente:

1. Ligue-se novamente a seus impulsos criativos, às sementes de seu sonho.
2. Coloque mais energia para sustentar seu sonho, sua visão. Visualize. Coloque força em sua fé. Sinta a realização como uma realidade. Agarre a experiência positiva, a energia da certeza. Coloque força dentro e atrás de sua visão.
3. Quando houver um sentimento mais forte com relação ao novo, o velho não terá tanta força sobre você. Você ainda vai precisar usar as diferentes Forças para se desprender do velho, mas essa não será mais uma grande luta.

No capítulo sobre Shakti, você irá encontrar muitas ferramentas que irão ajudá-la a usar essas 3 Energias da Transformação.

## 3 Energias do tempo

Ao ler este livro e realizar a jornada espiritual é útil também ter consciência dos três aspectos do tempo – usar o *passado* para entender os padrões e as percepções profundas; predizer o *futuro* e estar presente no *agora*.

Às vezes acho que é um pouco como atravessar uma ponte feita de corda sobre um abismo. Uma vez realizei um exercício ao ar livre de desenvolvimento com cordas que envolvia uma variedade de materiais – cordas, correntes, tábuas, pneus, escadas etc. – suspensos no ar entre árvores e postes. Eu tinha plena consciência do que funcionaria e do que não funcionaria para levantar-me e fazer progresso durante o percurso. Tudo girava em torno da consciência. Pensamentos. Foco. Orientação temporal.

No aspecto físico, eu tenho o que costumo chamar atualmente de "ótima forma". Portanto, escalar dez metros no ar e ficar balançando em uma corda poderia parecer ser quase impossível ou pelo menos um pouco perigoso. Percebi que, se eu deixasse meus pensamentos chegarem a qualquer lugar que não fosse ali onde eu estava durante aquela tarefa, enquanto me agarrava a um foco que era a meta final, perderia meu equilíbrio.

Eu percebi que se ficasse preocupada, se me distraísse, olhasse para trás, para os lados, para baixo ou tomasse consciência de que os outros estavam olhando para mim, estaria perdida. Eu simplesmente tinha um objetivo e trabalhei minha percepção consciente de uma maneira que me ajudou e, assim, me vi concluindo o percurso sem qualquer percalço. Tudo depende da percepção. Em outras palavras, entendi que meus pensamentos naquele momento, a minha presença, criam o meu futuro.

Como parte de um processo para atingir um futuro melhor e com mais força, é importante, primeiro, ver de onde viemos e onde estamos. Não é possível se fortalecer sem antes entender o motivo pelo qual não estamos fortalecidos agora, onde e como perdemos a força que nos lembramos vagamente de ter tido.

É extremamente útil reconhecer primeiro como o comportamento no passado criou o inconsciente, as identidades fracas e os padrões a que recorremos quando perdemos nossa força. Também é útil saber o que impulsiona nosso comportamento, dá forma a nossos valores, determina nossos papéis, designa nossas responsabilidades e cria os resultados que temos em nossas vidas.

Portanto, o jogo consiste em tornar claro o destino que, de muitas maneiras, é igual para todos nós – liberação, amor, força, verdade, felicidade e a volta ao nosso autêntico ser. Como isso é representado, como nós chegamos lá, como conseguimos... são histórias exclusivas de cada um.

Aprenda a viver no presente. Tenha consciência dos seus pensamentos. Escolha-os com cuidado, eles são um recurso precioso, sua força criativa. Pensamentos aleatórios, excessivos e descuidados desperdiçam energia e geralmente se referem ao passado, o que significa que estamos trazendo o passado para o presente e criando, inconscientemente, um futuro baseado no que aconteceu ontem, na semana passada, no ano passado, na década passada.

Entretanto, quando você considera dentro de sua mente e de seu coração o fato de estar simplesmente retornando a sua natureza verdadeira, existe um tipo de familiaridade com a jornada. Quanto mais você relaxar, sintonizar-se, meditar, conectar-se com sua essência interna e eterna, mais clareza e confiança você vai adquirir ao se aproximar de um futuro que está se revelando.

Portanto, se você conseguir quase experimentar a sensação, perceber a experiência, escutar a música da sua própria alma, então você pode ter certeza de que o retorno está determinado, garantido. É apenas uma questão de vivê-lo ativamente a cada momento, escolhendo de forma consciente o caminho a sua frente como se ele nunca tivesse sido revelado antes. Esta é a importância da meditação.

A alma conhece o caminho; é a mente que discute sobre qual caminho tomar. A meditação lhe permite estar presente em seu próprio conhecimento, que se encontra além dos limites de uma mente condicionada ou de um intelecto controlador. Ela possibilita que cada um de nós se sinta estimulado e seguro e avance na esperança e confiança.

# Curiosas Indagações – Como Usar Este Livro

*J*á que este livro não é um "livro da verdade" por si só, e sim uma coletânea de aprendizados, pensamentos em transição, ideias sendo experimentadas e assim por diante, é útil entendê-lo como uma coleção de ferramentas, de autores de pensamentos, de espelhos, de estímulos, de clarezas, de questionamentos e de indagações curiosas.

As próximas páginas contêm apenas convites. Se tudo lhe parecer opressivo demais, então simplesmente não os considere, apenas leia o livro. Você provavelmente poderá achar que, conforme estiver lendo os capítulos sobre as Faces, será preciso parar e reservar um tempo para processar e interpretar as informações. Você também poderá parar de ler o livro, retomar a leitura mais tarde ou passar para as histórias e reflexões da segunda parte, que contém a sabedoria da leitura fácil das Quatro Faces em ação, na vida diária.

Dessa forma, ao longo da leitura deste livro, pense em fazer algumas anotações quando se sentir comovida com alguma coisa, preste muita atenção ao que estiver lendo, fique pensativa, inspirada, ligada. Essas anotações serão o seu trabalho da alma, especificamente identificado por você e muito importante para você neste momento.

# Ferramentas

Existe uma variedade de ferramentas que você pode adotar e, logo, adaptá-las para sua própria jornada. Eu desconfio que você terá de desempenhar dois tipos de trabalho. O primeiro será fazer "sua própria" ferramenta, entendendo-a dentro do contexto de suas experiências de vida e no mundo. O segundo será praticá-la, criando a experiência de tornar-se um único ser com o instrumento.

## Pensamentos

Sabe-se muito bem que temos aproximadamente 60.000 pensamentos a cada dia e que 95% deles são iguais àqueles que tivemos ontem! Portanto, para superar os rígidos padrões impostos durante nossa existência, precisamos realmente usar nosso pensamento para criar outros melhores... e, de maneira ideal, após algum tempo, criar um número menor de pensamentos, mas que sejam mais eficientes. Já que os pensamentos são a nossa energia criativa, seria útil usá-los para gerar novos caminhos, se quisermos criar novos padrões para uma vida futura diferente e melhor.

Enquanto estiver lendo este livro, seria interessante você ter por perto um caderno para tomar nota de quaisquer ideias que chamarem sua atenção – tanto de forma positiva, curiosa ou até mesmo de maneira negativa e reativa. Depois, ao longo do dia, pense nessas ideias. Faça seu intelecto trabalhar a seu *favor*, não *contra* você. Quando se tem uma reação negativa a alguma coisa ou se começa a criticar, sempre acho útil para meu aprendizado perguntar: "Se isso fosse verdade, como eu poderia entender de forma diferente?". Nem sempre acabo concordando com tal proposta; mas fazer essa pergunta me liberta de padrões de pensamento defensivos, rígidos e inflexíveis e me permitem alcançar algum lugar novo e desconhecido dentro do meu entendimento.

## Mapeamento

De forma semelhante, se alguma ideia apresentada fizer com que você perca a autoestima, é importante ressaltar que nada neste livro tem essa intenção. Tudo o que está escrito aqui pretende ajudá-la a enxergar a vida de forma mais clara e ultrapassar os padrões restritivos. Portanto, se um velho padrão estiver lhe impedindo de avançar nesse sentido, crie um pequeno espaço durante o dia – dez minutos provavelmente serão suficientes – e faça um mapa de sua mente.

Além disso, você também pode dar uma olhada nas "Novas Inteligências" e usar a matriz "Como me sinto", se isso for mais conveniente para você. Tanto essa matriz quanto o Mapeamento irão lhe ajudar de muitas maneiras.

Em primeiro lugar, esses procedimentos irão desligá-la de sua mente. E isso é muito, muito útil.

Em segundo, a ajudarão a adquirir uma perspectiva dos padrões ou "grupos" neurológicos que são ativados no processo de sua reação. Você terá a oportunidade de perceber que não são realmente padrões, são apenas atividades recorrentes que sua mente executa pelo hábito.

Por fim, você poderá notar onde começou a semente do padrão e, às vezes, simplesmente perceber se isso poderá ajudar a dissolver o padrão.

Contudo, se você ignorar, oprimir ou repelir a reação, poderá ter perdido uma oportunidade de desfazer algo que não está servindo para você e talvez até esteja lhe causando danos.

## Espelhos

O que me faz falar sobre espelhos? Por que uma situação pode despertar reações diferentes em pessoas diferentes? Uma cena, tanto em seus aspectos internos quanto nos externos, pode ser relativamente inócua. Entretanto, a reação que ela desencadeia pode ser muito perigosa.

Portanto, durante a leitura deste livro, se você se descobrir respondendo ou reagindo de determinadas formas, lembre-se de que não sou eu nem o livro, a sua reação pertence a você... é parte de sua história, é uma oportunidade para descobrir algo sobre você. Quando assume essa responsabilidade, você recupera a sua força; não permite mais que alguém ou alguma coisa seja responsável pela forma como se sente.

Não quero dizer que não sou responsável. Eu me sinto muito responsável. Tomei muito cuidado e dediquei muito tempo para escrever estas páginas. Entretanto, é contrário ao caráter desta obra você culpar a mim, a ela ou às histórias das mulheres descritas em suas páginas pelos seus sentimentos. O ato de culpar é um processo de se autodescapacitar, pois dá ao outro o poder de nos definir.

Dominar nossos sentimentos é uma prova de força, mesmo que eles pareçam insuportáveis algumas vezes. Somente se controlarmos os nossos sentimentos, não os oprimindo nem os evitando, poderemos ter a esperança de ser responsáveis por nossas vidas e, então, tornar-nos mestres do nosso próprio destino.

Às vezes, é verdade, não me sinto forte o suficiente para lidar com uma situação ou dominar um sentimento. A jornada espiritual é um processo em que acumulo força, energia e sabedoria por meio da meditação e que me propicia a capacidade de lidar com o que surgir. À medida que uso essa energia acumulada, percebo que realmente tenho o poder da responsabilidade e isso me dá mais confiança, mais força.

Assim, este livro pode ser um espelho, pois, certamente, todas as relações proporcionam maravilhosos espelhos. Eu me lembro de quando entendi pela primeira vez essa ideia: foi um momento de pura libertação.

Às vezes, ver o seu próprio mundo interior é uma tarefa difícil e, é claro, é muito mais fácil diagnosticar os problemas dos outros do que reconhecer os seus próprios desafios. Entretanto, espelhos podem ser profundamente úteis nessas situações. Tente fazer o seguinte:

Quando alguém me irrita ou me enlouquece, pergunto qual atitude ou comportamento demonstrado por essa pessoa é um espelho de algo de dentro de mim que eu não perceberia de outra maneira?

Quando alguém me inspira, o que essa pessoa mostra sobre mim que eu não teria visto sozinha?

Quando algo me comove, me persegue, me enfurece ou me afronta, questiono o que meu mundo interior está mostrando para mim que me dá uma chance para eu me tornar mais responsável por minha vida?

Isso é pura libertação. Completamente livre. Totalmente responsável. Extremamente fortalecedor.

É improvável que qualquer uma de nós possa mudar o outro, independentemente de como tentarmos. Portanto, até que tenhamos posse de nossa "natureza" e possamos transformá-la, seremos sempre provocadas. Se não for por determinado indivíduo ou situação, será por alguém ou algo semelhante àquele. Isto significa que não somos controladas pelas circunstâncias externas, que nossas vidas não nos pertencem.

Entender que as pessoas e situações são espelhos e que elas nos são úteis é uma chave poderosa para se tornar um mestre nessa jornada. Culpar nos mantém presos. Assumir a responsabilidade de uma maneira não crítica, e sim honesta e amável, nos coloca em movimento.

Espelhos são presentes. O importante é que quando aceitamos o presente em um espelho específico, quando o abrimos e o abraçamos e o usamos para o aprendizado e a transformação, a imagem refletida no espelho desaparece, e, assim, o agente causador é eliminado. A pessoa ou a situação pode permanecer, mas você irá perceber um milagre... que você não mais terá a reação que teve outrora. Além disso, dificilmente irá notar os comportamentos que costumavam lhe enfurecer.

## Estímulos

Além dos estímulos dos pensamentos e dos espelhos, você irá notar que as ideias que lhe chamam atenção neste livro surgirão em seu ambiente externo. Independente de onde você foque sua atenção, seu subsconsciente e ego mais elevado irão examinar o ambiente em busca de outras ideias, situações, pessoas e oportunidades que se alinhem a seu foco.

Desse modo, é útil escolher conscientemente uma ideia, um conceito ou uma prática que estimule o alinhamento no seu ambiente externo.

Uma situação assim ocorreu quando estava lendo o livro mais recente de minha amiga Stephanie Dowrick chamado *Escolhendo a Felicidade*. Eu entendi definitivamente que "o amor pode ser o contexto da vida". Não me refiro apenas a amar uma pessoa ou mesmo a vida, mas ao Amor como uma forma de vida, um filtro através do qual se vê tudo e se contém a experiência de vida.

Com esse pensamento como estímulo, comecei a enxergar coisas, pessoas e situações que eu não apreciava antes. Apreciá-las fez com que eu as amasse e era uma tarefa fácil se eu simplesmente me focasse. A apreciação me devolveu a experiência de amar e também me uniu ao Amor que sou, expandindo-me, unindo-me a todos, proporcionando-me um sentimento de unidade. Sem outras necessidades, sem separações.

Minha irmã me deu um livro que, em uma das minhas mudanças de residência, não sei como, foi extraviado; portanto, nunca consegui lê-lo. Contudo, a proposta da capa mudou a minha vida.

Não consigo me lembrar exatamente do título (embora me lembre de que tinha a palavra "dança"), nem do nome do autor. No entanto, essa proposta deu nova clareza à maneira que eu construo essa jornada, à forma como atualmente me entendo e entendo os outros. Então, muito obrigada para quem quer que seja! Eram apenas algumas palavras:

> *E se a questão fosse não. Por que, tão raramente, eu sou a pessoa que quero ser? Porque, tão raramente, quero ser a pessoa que sou?*

Refletindo a esse respeito e sentindo-me estimulada por tal pensamento, percebi que quem eu sou é mais do que suficiente se eu pudesse apenas ser assim com mais frequência. Esse pensamento, sem dúvida, será repetido muitas vezes neste livro, já que se tornou a razão fundamental para que eu entendesse a jornada espiritual.

À medida que permiti que esse estímulo se fixasse em minha percepção, um grupo inteiro de pessoas e conversas se descortinou para mim, reafirmando essa sabedoria fundamental.

Portanto, pense em usar as ideias deste livro como um estímulo para seu próprio processo ativo de aprendizado ou exploração do aprendizado.

## Clarezas, questionamentos e indagações curiosas

E se alguma coisa não fizer sentido, se você não concordar com algo? Se você tiver uma intuição de que uma história, uma ideia ou um parágrafo traz uma mensagem ou percepção profunda para você... por favor, não ignore esse sentimento. Este livro é seu trabalho pessoal em desenvolvimento. O convite é reconhecer quando uma oportunidade está sendo aberta para você se explorar. O desafio é diagnosticar sua resistência ou ressonância e permitir que elas o levem para algum lugar mais profundo dentro de você mesmo. A proposta é instigar a sua curiosidade, as possibilidades e a natureza da vida, da existência e da jornada espiritual, que é por si só uma indagação maravilhosa.

Conforme descobrir este livro, permita-se abrir para si mesmo de uma nova forma, algumas vezes de maneira desafiadora, mas sempre de uma forma bonita. Na verdade, esse é o único objetivo – e talvez o objetivo real – desta vida: "conhecer a si mesmo".

## Intenção

Agora que você tem uma noção do que está contido nas etapas deste livro, sugiro que, antes de começar a lê-lo, faça uma anotação do que você gostaria, pessoalmente, de ganhar ao se dedicar a essa leitura. Como você sabe, nas milhares de palavras destas páginas, cada leitora descobrirá o que é mais relevante para ela, e deverá interpretar e se conectar a isso. Você pode realizar esse procedimento de forma automática, examinando as páginas com base em padrões passados, inconscientes ou não revisados, ou pode aproveitar a oportunidade para fazer uma atualização. Definitivamente, você vai ganhar mais se sua jornada por este livro for feita de maneira ativa.

O que você pretende hoje?

Quais são as perguntas que tem hoje em sua vida?

O que é importante, relevante, interessante e desafiador hoje?

O que você está buscando, desejando e criando hoje para garantir uma contribuição bem-vinda?

Intenção é diferente do tradicional cenário de objetivos. Ela lhe permite trabalhar em parceria com Deus, com o *universo da ordem correta*, com a magia da jornada espiritual. Ela diz: "Determine uma intenção que seja específica e também aberta. Permita que entrem no seu mundo mais coisas do que você conseguiria criar pessoalmente e fique atento, porque surgirão sinais e situações completamente alinhados à intenção".

Há muitos anos, eu queria comprar um carro novo, novo o suficiente para mim. Não sabia ainda que tipo de carro queria, mas um amigo me disse: "Fale com Doug, ele vai poder lhe ajudar". E Doug realmente me ajudou. Depois de uma xícara de chá e uma enorme lista de perguntas, ele finalmente soltou um contente: "Aha, é este." Fiquei na expectativa. "O que você quer é um Peugeot 505."

"É mesmo? Ótimo!" Depois eu pensei... *"O que é um Peugeot 505?"* Eu nunca havia ouvido falar de um Peugeot, principalmente de um Peugeot 505. Mas não era razão para me preocupar, Doug não havia terminado seu papel de orientador de carros novos. Fomos imediatamente para a concessionária de carros usados da Peugeot que ficava a apenas vinte minutos de minha casa.

Tenho de admitir que me senti muito entusiasmada com a possibilidade de um carro francês. Eu achei bastante exótico, definitivamente peculiar e, embora fosse de segunda-mão, havia algo de especial nisso.

Conforme dirigíamos pelo pátio, Doug apontou dois exemplares do tal 505. Ele estava certo. Era o carro certo para mim. Nós optamos quase imediatamente pelo carro prata com interior de couro preto e teto solar. (Como uma vegetariana, ainda me sinto desconfortável em cima de uma vaca morta durante tanto tempo!)

De qualquer forma, após Doug ter checado o carro completamente e dado seu *ok*, fiz um depósito. Eu logo teria meu próprio automóvel francês, especial e muito particular. Conforme dirigíamos os vinte minutos de volta para casa, juro que vi pelo menos trinta Peugeots 505 na estrada. Por um momento, meu peculiar e especial ego foi devastado. Como poderia ser? Eu nunca havia visto um antes e naquele momento estava vendo centenas! E essa é a questão.

Há um número infinito de informações pairando em nosso mundo. Não temos a capacidade de absorver ou processar todas elas, nem ao menos dez por cento do total. Então, a menos que determinemos uma nova intenção, um novo foco, regularmente, ou atualizemos nossa perspectiva em um nível mais elevado e nos adequemos a isso, não veremos muito do que está disponível. No entanto, ao tornar claras as intenções, abrimo-nos a um mundo inteiro que está a nosso alcance, mas que ainda não percebemos.

Aquilo em que nos focamos é o que percebemos. Então, tornamo-nos participantes ativos de nossas próprias vidas ao elaborar nossos dias de modo a capturar a magia.

O convite é para fortalecer sua intenção de se comprometer com este livro da mesma maneira. Para permitir a si mesmo buscar-se e interpretar-se de acordo com o lugar onde você está agora na sua jornada, mas mantendo em mente onde você deseja estar, qual é seu sonho para o futuro. Pode ser que em um ou dois anos, você redefina esses objetivos, torne-os claros outra vez e consulte o livro de uma maneira nova e diferente. Você irá, então, obter um aprendizado muito diferente. Isso lhe coloca no comando dessa jornada. Isso lhe dá o poder para apreender, criar e mudar.

## A jornada da alma

As Quatro Faces não são religiosas na natureza ou forma, são, mais precisamente, a jornada da alma. Elas certamente nos ajudam a entender a religião institucionalizada – atração para alguns e repulsão para outros –, mas eu acredito que elas podem ser entendidas por qualquer um que queira encontrar respostas para velhas perguntas:

> *Quem sou eu?*
> *Quem ou o que é Deus – se realmente houver um Deus?*
> *O que isso tudo significa?*

Se alguma ou todas essas perguntas fazem parte do seu EU não resolvido, então você certamente achará as Quatro Faces muito valorosas.

A jornada pelas Faces e o seu percurso são tanto brandos quanto poderosos. Esse processo irá desfazer sua percepção de si mesmo e de seu mundo, mas fará isso com grande respeito a sua sensibilidade e beleza essenciais. Ele carrega em si a explicação de seu próprio conhecimento, sua espiritualidade pessoal, seu caminho individual, seu próprio propósito particular de existir.

As Quatro Faces nos provêm uma maneira de nos perceber mais claramente, de conseguimos tanto limitar quanto liberar a nós mesmos por meio de nossos pensamentos, formas de percepção e atitudes. Elas nos oferecem um espelho no qual podemos ver o que mina nossa felicidade. Elas refletem nossa força e beleza interiores, dando-nos a coragem para acreditar que somos importantes, que podemos contribuir com algo de valor real – não importando o quão pequeno ou visivelmente grande possa parecer. Com relação a um propósito, o tamanho não importa de maneira alguma. Mais do que isso, é a vontade e a qualidade de nossa generosidade que importa.

Nesse estado alerta de percepção, juntamente com nosso propósito de existência, podemos, então, mudar, dissolver, destruir, desprender e eliminar velhas atitudes e comportamentos nunca antes questionados. Na verdade, se compreendêssemos nosso próprio poder de transformação, escolheríamos perpetuar gerações de tradições que podem ser entendidas como inerentemente injustas? Usaríamos poderes diferentes e mais sutis para transformar errado em correto em vez de usar violência contra violência? Aprenderíamos como permitir a nós mesmas sermos tão poderosas quanto a mitologia nos diz que a energia do feminino é? Seríamos? Conseguiríamos? Poderíamos? É possível?

Este livro, os retiros e *workshops* de *As quatro faces* conduzidos pela Brahma Kumaris pelo mundo – veja www.bkwsu.org – são destinados especificamente para apoiar mulheres a seguir em frente conscientemente, de uma maneira positiva e transformadora para elas mesmas, suas famílias e seu mundo.

Há muitas mulheres que simplificam esse programa e carregam nuances, experiências e formas de compreensão das Faces com as quais não estou inteirada. E, claro, as participantes, as milhares de mulheres maravilhosas que têm desafiado, questionado, interrompido e confiado nos momentos em que elas não tinham certeza, que compartilharam e sonharam, todas, de alguma maneira, ajudaram a desvendar os segredos por trás de cada uma das Faces. Sem dúvida, você também irá descobrir novas e refinadas percepções profundas à medida que você recepciona As Quatro Faces em sua vida.

Essa é a minha versão, inspirada em minha experiência, em minhas tentativas diárias e em minha memória. Tão perceptivo e tão limitado quanto poderia ser... está aqui.

Por favor, aceite-a com carinho.

# A Face Eterna

*Onde começamos e para onde estamos indo.*

*Contém a verdade de nossa inocência inata e força autêntica.*

*Mantém segura nossa capacidade de questionar e nos concede nossa beleza essencial, nossos dons peculiares e um senso ressonante de conhecimento infinito.*

*É nossa natureza fundamental... é a Essência.*

Definido Internamente

O Início

**Face Eterna**
"Eu sou"

Definido Externamente

## A Face Eterna

## "Eu Sou"

> *Quando a pessoa está viva pela primeira vez, usando corpo e mente, descobrindo relacionamentos e natureza, sua aparência é tão nova e pura, que ela vive sob um senso de questionamento natural...*
> *Eu consigo estar em contato com esta parte de mim; eu posso despertar ativamente essa memória...*
> *Atualmente, na minha vida atribulada, ainda consigo motivar-me pelo poder que surge da lembrança da inocência, da pureza e da beleza que vêm da inovação...*
>
> **Valeriane Bernard**

A Face Eterna é tanto o início de nossa jornada quanto o ponto de chegada. Este é o estado de Eu sou – sem perguntas, dúvidas, confusão, dualidade e sem questionamento, apenas "o ser" e "natureza". Trata-se de respeito próprio, confiança, sem necessidade de provar nada a ninguém, totalmente "eu energia" – de forma pura, não misturado a ninguém ou nada mais.

Sem sombras, sem gris, sem incerteza. Revela limpidez e centralização.

Mas essa face surge apenas em alguns momentos? São vislumbres que duram segundos, talvez dias se não estivermos tão ocupadas, tão absortas nas atividades, exigências e responsabilidades do cotidiano?

Depende. Se nós conseguimos nos lembrar da pureza da certeza, da claridade que o repouso traz. Se conseguimos – e a alma definitivamente é capaz –, então passaremos a vida inteira na arte de reconexão com a própria verdade.

A novidade estimulante é que a Face Eterna está sempre conosco. Ela é imortal e, portanto, nunca poderá ser destruída, embora certamente a intensidade de sua presença possa ser diminuída. Já que ela é a verdade e a verdade é indestrutível, quem somos também não pode ser destruído, é imortal. Entretanto, costumamos expulsar essa Face, a deixamos adormecida, dizemos que não estamos interessadas, não confiamos nela, questionamos sua beleza e sua força. Paramos de acreditar na maravilha dessa existência sagrada e começamos a acreditar nas fórmulas alheias. Mas, uma vez que entramos em contato com nossa própria fonte natural, descobrimos que existe uma grande quantidade de tesouros verdadeiros, com joias e ferramentas preciosas para a vida.

A Face Eterna traz os segredos da manifestação... manifestação pura e fácil, gravada clara e ansiosamente nos contornos da parte invisível de seu ser. Nossa natureza original é a da existência criativa, que nos torna capazes de pensar e mover-nos diretamente para a forma original.

Essa é a arte original de experimentar a vida antes de começarmos a duvidar de nós mesmos e a escutar os outros. Essa era a forma das coisas, o porquê que ecoa em algum lugar de nosso subconsciente: acreditamos que deveríamos ser capazes de fazer muito, muito mais e também de ser mais, muito mais realizadas do que somos.

Simplesmente porque isso existe como uma forte memória, um projeto, um DNA espiritual dentro da alma, nós podemos saber que o caminho das coisas é fluxo e pura ordem; que aquele potencial criativo deve se manifestar; que nós somos seres de felicidade e que a vida era, e, de certa forma ainda deve ser, mais mágica do que mundana.

Mas como? Certamente, não há por que reativar a memória e a esperança de que deveremos ser capazes de viver, ser e proceder dessa forma, se não conseguimos recapturar o método, o caminho, o Tao de tudo isso. Seria um ato cruel e deprimente. Mas é claro que existe uma maneira. Na verdade, há muitas maneiras, com importantes temas de vida, simples práticas que precisam ser acompanhadas de uma atitude de experimentação, com um suave – porém firme – compromisso de reaprender, lembrar e restabelecer o caminho. Esse processo deve ser mantido a salvo na virtude da paciência, porque leva uma vida inteira.

Portanto, sente-se e relaxe. Este livro está totalmente destinado a lhe oferecer percepções práticas e profundas, além de simples métodos para que você se reconecte com a sacralidade natural de sua Face Eterna.

## Determinando sua intenção

Se você ainda não determinou sua intenção (que pode abarcar uma variedade de esperanças, sonhos, sentimentos e pensamentos como foco), conforme esboçado em Como Usar este Livro, posso sugerir que o faça agora, antes de seguir adiante? Garanto que você vai achar isso extremamente útil.

## Revelando a joia oculta

A Face Eterna fala de percepção, de uma forma de ver e uma forma de ser. Se olharmos para novas pequenas almas, recém-chegadas, há uma incrível inocência e também uma força ultrajante que elas possuem para influenciar inclusive o adulto mais ríspido. Quando falo de bebês, não estou falando daqueles que parecem ter trezentos anos de vida – você reconhece aqueles que já estiverem por aqui antes. Eu falo sobre os novos, estreantes de maneira absoluta, recém-chegados que estão aqui pela primeira vez. Quando eles chegam naquela idade em que realmente se conectam com você, eles simplesmente possuem a força para transformar. Eu percebi em aeroportos, em *shopping-centers* e cinemas a forma pela qual é possível modificar as condutas dos adultos por meio da inocência das crianças. Sua curiosidade natural, seu poder de verdade, sua abertura e natureza objetiva são puro encanto para nós, almas mais antigas que foram tomadas pela forma social, que já tivemos as asas de nossos espíritos aparadas.

O mesmo fenômeno ocorre com animais recém-nascidos. Geralmente, eles são bonitinhos demais! Por quê? Eles não são autoconscientes de nenhuma maneira, ainda não aprenderam mecanismos de proteção para inibir sua naturalidade.

Em um ensolarado dia de semana em Melbourne, na Austrália, onde eu estava morando, fui para a cidade que ficava a apenas dez minutos da minha casa. Era mais fácil pegar o bonde do que dirigir e estacionar na cidade, além disso, esse meio de transporte sempre me oferecia uma janela através da qual eu poderia ver as maravilhas da humanidade. Nesse dia, um grupo de jovens estudantes estava causando transtornos. Eles gritavam, corriam para cima e para baixo no meio da multidão dentro do bonde, transformando o passeio em um evento incômodo. Algumas pessoas se aventuraram a pedir-lhes que se comportassem melhor, mas foi em vão. Então aconteceu a coisa mais incrível. Uma mulher de mais idade, por volta dos setenta anos, subiu no bonde carregando um pequeno filhote. Era um típico filhote: macio, fofo, branco e ultrajantemente bonitinho, mesmo para aqueles que particularmente não gostam de cachorros. Dentro de cerca dez segundos, os garotos haviam parado com sua brincadeira superagitada e se derretiam pelo filhote. A inocência foi tão poderosa, que fez com que a inocência deles viesse à tona. Eles ajudaram a mulher a descer do bonde depois de algumas paradas e todos eles se sentaram silenciosamente até chegar a hora de descerem, o que fizeram demonstrando certo respeito natural pelo resto dos que estavam no bonde. Depois que desceram, todos os passageiros que restaram se olharam surpresos. Realmente, estávamos bastante chocados com tal cena, com a completa transformação dos jovens.

Essa inocência é assim tão poderosa porque reflete para nós o estado original dos nossos seres. Estando face a face com as coisas sagradas naturais, com o espírito simples e com o ser autêntico, somos, tanto de maneira consciente quanto inconsciente, lembrados e também reconectados ao sentimento de nossa própria essência, de nossa própria verdade. Trata-se de uma presença, de um estado de estar no agora, que nos desperta para algo profundo dentro de nós mesmos.

Quando podemos estar presentes, sem ter de pensar a respeito, sem nos preocupar com o futuro, sem nos arrepender, sem resgatar ou lamentar o passado, enfim, totalmente focados no Agora, então podemos nos sintonizar na frequência da energia da Face Eterna.

Platão disse que se você pode encontrar seu caminho no fio da navalha do Agora, você vislumbrará a eternidade.

Como sabemos que não teremos nosso corpo por mais do que uma centena de anos, então a eternidade deve ser algo tênue, não deve ser vislumbrada com os olhos físicos. É nessa circunstância que surge o termo "terceiro olho" ou visão Divina.

Quanto mais estivermos conectamos com as sutis qualidades da alma ou do ego, mais começamos a nos tornar conscientes e a experimentar o tênue mundo do pensamento e da energia. Quando começamos a "ver" esse mundo invisível, a reconhecer que esses estados de existência são o que repercutimos, desejamos e buscamos, então estamos no caminho para desfrutar estados como amor, paz, felicidade, poder, verdade, contentamento e alegria com mais frequência em nosso cotidiano. Estamos de volta à Face Eterna.

Isso não significa que não tentamos; é claro que o fazemos. A todo momento, todos os dias, nas atitudes que tomamos, buscamos encontrar o caminho de volta para nossa Face Eterna, nossa essência.

As músicas que adoramos, os filmes a que assistimos, as histórias que permanecem em nossas vidas, os pores-do-sol que desfrutamos, as paisagens que nos tranquilizam, as pessoas que nos fazem rir, nos confortam ou nos fazem sentir especiais, as igrejas, os templos, os mosteiros e outros locais de adoração que visitamos, a maquiagem que usamos, os novos calçados que compramos, as refeições que preparamos... todos esses elementos são sinceros, mas, geralmente, são tentativas sem brilho de recuperar a ternura de nosso estado original.

Isso pode não estar claro, mas se examinarmos cada ação que tomamos em nossas vidas, analisando profundamente, com certeza descobriremos que a motivação condutora, subordinada e – geralmente – inconsciente é vivenciar uma ou mais dessas qualidades originais.

No seminário, fazemos um exercício com as Quatro Faces, no qual procuramos encontrar nossas mais profundas motivações por trás da ação. Você deve escolher três ações mundanas que desempenha em sua vida e então começar a "cavar". Com o parceiro (ou sozinha) você começa a procurar o que jaz sob as tarefas superficiais. Os resultados podem parecer extraordinários, mas não são.

Algumas vezes, fazer compras na mercearia consiste em experimentar paz. Apesar de parecer ridículo, especialmente se você não aprecia fazer compras na mercearia, leia a seguinte experiência de Rose, em Nairóbi, e veja se isso faz sentido.

> Por que vou fazer compras?
> Para encher o armário.
> Quando o armário está cheio, o que isso provoca?
> Faz com que todas as pessoas na casa fiquem felizes.
> Quando todos estão felizes, o que isso me causa?
> Sinto-me aliviada.
> Quando me sinto aliviada, o que isso me faz sentir?
> Paz.

Você pode duvidar de que essa seja a maneira ideal para sentir paz, e provavelmente estará correta. Entretanto, essa não é a questão do exercício. Ele simplesmente se destina a nos ajudar a identificar o que existe por trás de cada ação, não importando quão mundana, grandiosa ou mesmo negativa ela pareça.

Outras percepções profundas desse exercício têm sido:

Eu dirijo no trânsito para encontrar paz.
Eu como para vivenciar o amor.
Eu trabalho para me sentir contente.
Eu cozinho para me sentir feliz.
Eu corro para me sentir contente.
Eu limpo o banheiro para me sentir feliz.
Eu fico brava com o meu filho para me sentir em paz.
Eu controlo para me sentir seguro.
Eu excluo para sentir poder.

As atividades negativas, como "brigar com o meu marido", podem apresentar resultados semelhantes. Mesmo se hesitar em admitir, se você seguir o processo, o questionamento a conduzirá a algo mais nobre e mais alinhado com as qualidades da alma humana: as qualidades da pureza, do poder, da paz, da felicidade, do amor e da verdade.

A maneira como passamos de um estado para outro até chegar a essas qualidades terá consequências inauspiciosas e a obtenção da experiência, sem dúvida, durará pouco; além disso, somos quase programados para retornar à Face Eterna, mesmo se o fizermos em um nível profundamente subconsciente.

Agências de publicidade no mundo inteiro sabem que essa é a natureza humana. Estão totalmente certas de que somos atraídos, de forma constante, para o retorno a nossos valores do âmago, a nossa essência original, às nossas qualidades eternas. Mas é improvável que publicitários se enquadrem nesses termos; entretanto, eles sabem que cada ser humano neste planeta está à procura de amor, paz, felicidade, liberdade, verdade, poder e alegria.

Na próxima vez que passar em frente a um *outdoor*, leia o que está escrito:

Na Austrália você pode comprar amor por apenas $24.990 (um carro).
Outro carro – você não o dirige, você o namora!
Uma pequena garrafa de água de coloração verde com bolhas e açúcar lhe proporcionará liberdade.
Uma específica marca da moda lhe oferece um estado "legal" – a promessa de aceitação e autoestima por uns cem dólares.
É claro que um feriado em uma ilha tropical irá lhe proporcionar paz de espírito, liberdade, amor em potencial, provavelmente alegria e definitivamente felicidade.
Computadores proporcionam poder.
E a lista continua.

Nós compramos as mercadorias anunciadas e expostas à venda porque somos inconscientemente impelidos a retornar a nossos egos essenciais que são comercializados como se fossem uma versão ideal de nós mesmas. Gastamos nosso dinheiro para preencher a lacuna entre o ideal do que queremos ser e o que realmente somos e podemos ou não obter sucesso no que estávamos buscando; mas, se agirmos assim, como acontece com qualquer droga que promete lhe levar às alturas, a sensação de plenitude não durará muito.

Quando começarmos a revelar a Face Eterna, há uma sensação enorme de alívio. Lentamente, torna-se claro que muitas das coisas que fazemos são desnecessárias quando sabemos como realizar nossos desejos mais profundos por meio da conexão com a Face Eterna, da essência do ser e da prática de técnicas e percepções simples.

No mundo inteiro, mulheres estão acordando para elas mesmas, para seus desejos reais, para suas esperanças e sonhos verdadeiros. Não é surpresa ver que essas mulheres estão descobrindo que a cultura do acúmulo e do materialismo não as tem deixado satisfeitas por muito tempo. Temos sido iludidas; tudo tem sido uma ilusão.

Uma coisa é acordar e dizer que isso não está funcionando para mim, outra totalmente diferente é saber o que fazer a respeito disso.

A Face Eterna é a realidade encontrada por trás do desejo e da memória. O primeiro passo para reivindicá-la seria reconhecer a sua existência.

Se eu procurar o amor, tenho de conhecer o amor.
Se eu desejar a paz, tenho de a ter sentido antes.
Se eu quiser a felicidade, então ela tem de ter feito parte do meu mundo em algum momento.
Se eu conseguir imaginar a pureza da vida, então tenho de repercutir intrinsecamente com ela.
Se ser autêntico é importante para mim, então faz sentido a verdade ser o núcleo de minha natureza pura.

Durante muito tempo, temos tido o hábito de olhar para fora, de perguntar aos outros qual é o caminho. As Quatro Faces é virada para si mesma. A Face Eterna está, certamente, disponível para cada um de nós, entretanto, exige um real compromisso para fazê-la reviver.

A Face Eterna tem sido enterrada durante muito tempo pela maioria de nós. É um milagre que ainda tenha sobrevivido. Mesmo porque a verdade nunca pode ser aniquilada, o espírito nunca morre – e a Face Eterna é puro espírito.

Retornar à Face Eterna como um caminho integral da vida em vez de simplesmente vislumbrar a sua beleza, é um compromisso, uma promessa que recebe força e coragem de um anseio profundo do interior da alma. Saber que existem milhões de mulheres e homens no mundo inteiro começando e retomando o caminho da alma, também proporciona conforto ao viajante. O processo é uma jornada que dura a vida inteira, é cheio de aventuras, belo e repleto de magia.

O processo de ir para casa, para a Face Eterna, é guiado pela Face de Shakti, nosso ser e conhecimento mais elevados. Essa é a Face que assume o papel do sábio, do protetor da essência, do observador e do alquimista. Shakti nos resgata da ilusão que experimentamos nas Faces Tradicional e Moderna e exala vida e força para que nos voltemos para dentro da alma.

Ela é a porção mais sábia de nós mesmos. É a Quarta Face.

Seu caminho engloba:

Conhecimento
Conexão
Ser
Compartilhamento

Shakti nos conduz para nós mesmos. Essa Face tem poderes, perspectivas e está sempre disponível. Ela é a Face dentro de cada um de nós e se expressa no tempo do Agora. Shakti é a Face que nos alinha à prática da recordação e da reconexão com quem nós somos realmente.

**Prática da recordação**
As seguintes sugestões explicam como trazer o conhecimento a respeito da Face Eterna para a realidade. São práticas simples, que realmente fazem diferença para o mundo.

Afirmações repetidas durante o dia:

"Em minha essência, sou pura. Sou luz. Sou amor."
"Em minha essência, sou poderosa e serena."

Tente observar seus sentimentos após ter completado as tarefas, atividades e interações com sucesso. Repare na "recompensa" ou na motivação subjacente.

Tome consciência da energia que está viva em seu corpo, que se revela por meio de uma espécie de sensação de formigamento. Mergulhe nessa percepção sempre que possível.

Essa energia é a força da vida que se estende da alma na forma física. A alma, a essência e a consciência se encontram por trás da fronte, usando a admirável faculdade do cérebro para trabalhar o corpo e tomar atitudes. A partir desse ponto, estendemos nossa força da vida por todo o corpo, proporcionando energia para todas as outras partes.

**Prática da Conexão**
Pratique estar "presente" no Agora.
Há uma variedade de formas para fazer isso:
- ✓ Ouça... o outro, sua respiração ou mesmo o mundo; apenas ouça.
- ✓ Desenhe, pinte, esculpa, dance... realize expressões artísticas sem julgamento... esteja apenas na expressão.
- ✓ Fique "atenta", igual ao termo Budista. Perceba conscientemente todas as ações que você toma, mesmo as menores.
- ✓ Imagine você mesma como uma minúscula estrela cintilante, subsistindo atrás do centro da fronte, brilhando. Isso é uma grande metáfora visual e nos ajuda a nos desprender do que é frágil, inclusive das identidades falsas com as quais nos associamos constantemente.

Quando você percebe o corpo energético interno e a fonte que origina a energia de seu próprio ser, torna-se fácil, então, vivenciar isso como a experiência de seu "corpo de luz".

Quanto mais você sentir essa energia interna como um corpo de luz, mais facilmente irá conseguir se desconectar do constructo do ser e se reconectar às sutilezas de seu verdadeiro EU.

## Meditação

Uma das melhores formas de se conectar – e fortalecer sua capacidade de estar conectada – à sua própria essência é a meditação. Existem muitos tipos de meditação que você pode acessar facilmente por meio da internet, de livrarias ou de cursos.

Eu não tentei todos os tipos, mas do que mais gosto é a meditação Raja Yoga porque é uma forma silenciosa e você pode meditar com os olhos abertos ou fechados. Isso significa que você pode exercitar a meditação em qualquer lugar e quase sempre que quiser. Trata-se apenas de uma questão de mudar sua percepção e usar sua capacidade de raciocínio de uma forma útil, consciente e de maneira mais inspirada.

Fundamentalmente, Raja Yoga (Raja significa rei, soberano, mestre; Yoga significa conexão) é a prática de buscar conexão e tranquilidade em sua própria energia tênue, a alma.

Você pode usar a imagem da estrela, qualquer das práticas mencionadas ou mesmo pensamentos e palavras para guiar a mente a uma experiência do EU, a sua consciência e percepção do momento antes de nosso nascimento no corpo físico.

Quanto maior for a capacidade de nos reconectar com a "semente" de quem somos antes de experimentar qualquer tipo de condicionamento, mais fácil fica agarrar a distinção e o sentimento na ação diária. Logo, é apenas uma questão ou a lembrança daquele sentimento.

O que vem a seguir é apenas uma visualização bastante simples. Se você achar difícil visualizar durante a meditação, não há problema algum, apenas sinta o que se sugere ver.

## Seres de meditação de luz

*Então imagine você mesmo, seu EU que pensa e sente, que é a sua percepção, aquele que vê, que observa, que percebe os pensamentos e sentimentos, viajando para o céu além do céu.*

*Esse céu é uma sutil dimensão de luz vermelha-dourada, profundamente silencioso e completamente estático. Permita-se conhecer a sintonia com o sentimento presente nesse local, pergunte-se como seria a frequência desse lugar, essa dimensão da luz quente, dourada e silenciosa.*

*À medida que estiver repousando, você irá perceber minúsculas centelhas de pura consciência, seres de luz, que emanam naturalmente uma luz branda e poderosa. Eles são completamente estáveis e absolutamente seguros.*

*Preste atenção se você consegue sentir a atmosfera de segurança total e completa proteção. Observe ou sinta como eles estão totalmente protegidos.*

*Nessa dimensão, esses seres de luz são mantidos no poder e no amor com muita leveza. Eles estão junto da Fonte, o ser Supremo que, como eles, é um ser de luz; e, ao mesmo tempo, é uma Fonte radiante de puro amor.*

*Enquanto vir ou sentir esses seres, fique atenta, se você conseguir, em como eles são conectados de uma forma muito natural com o Supremo – à Fonte. Procure entrar em sintonia com uma dessas almas e sentir o amor que os preenche a partir dessa Fonte. Faça isso agora. Sinta a energia que parte da Fonte em direção a esse ser de luz. É amor puro. Sinta também a frequência dessa energia tão pura. Entre em convergência com o sentimento de proteção e aprecie esse sentimento por alguns minutos.*

*Agora, de modo suave, visualiza-se trazendo sua percepção de volta ao plano físico – seu corpo e seu ambiente trazendo com você os sentimentos com os quais se conectou durante a meditação.*

## Sintonizando-se com a meditação da essência

*Essa forma de meditação usa uma metáfora familiar para transportá-la do mundo físico para o sutil. Lembre-se de que a conexão com sua Face Eterna consiste em uma transformação mais alinhada aos sentimentos puros e tênues do que em uma identificação associada ao corpo. São papéis e relações. Envolve sintonização com a essência.*

*Dessa forma, sente-se confortavelmente e imagine que iremos visitar a "casa do ser".*

*Visualiza-se de pé em frente a um belo portão. Enquanto está lá de pé, você sente um pouco de entusiasmo ao pensar que está indo para "casa", para você mesma. Mas você também se sente paciente, pois sabe que esse é um processo suave que chegará na hora certa.*

*Então, você sente o metal frio da chave em sua mão, olha para baixo e vê seus pés. Lembre-se de que se trata de sua chave, de seu portão, de sua casa. Você estende a mão, coloca a chave na fechadura e o portão se abre facilmente. À medida que caminha pela vereda que a conduz ao lar extremamente encantador, você percebe o calor do Sol em sua pele e uma leve brisa acariciando seu cabelo. Você também ouve o som de seus passos ao longo do caminho e sente a textura do chão sob seus pés.*

*Ao chegar à porta, você para. Nesse local, você tem a oportunidade de deixar qualquer "bagagem" que possa ter acumulado durante essa jornada. Você vai passar por aqui quando sair e, portanto, poderá reavê-la depois, se quiser. Portanto, deixe o que quiser deixar agora.*

*Feito isso, você começará a caminhar em direção ao local, o espaço que é a Face Eterna. Pode ser um cômodo dentro da casa ou um lugar especial no jardim ou no gramado. Não pense, apenas vá até lá agora.*

*Onde quer que você vá, será um lugar muito bonito, muito confortável e você se sentirá totalmente em casa. Se, por acaso, sentir qualquer coisa que não seja amor e conforto, então você fez um desvio e foi para o lugar errado. Simplesmente, vire-se e vá para o lugar certo, de maneira tranquila e natural.*

*Quando chegar lá, permita-se sentir-se muito, muito confortável. Sinta como é se sentir "em casa". Quanto mais se permitir "descansar nesse lugar", mais sentirá que você é esse lugar. Um ajuste perfeito.*

*...Imagine que você pode, simplesmente, se estabelecer, abrigar-se e ser absorvida pela atmosfera desse lugar.*

*...Somente submirja e permita-se ser uma só.*

*...Deixe-se permanecer, por alguns minutos, apreciando os sentimentos sutis desse lugar.*

*Depois de algum tempo...*

*Agora, de modo suave, comece a reunir sua consciência, trazendo com você, para a porta da frente da casa, os sentimentos sutis e as energias com as quais você entrou em contato nesse lugar. Eles são seus: leve-os com você para o mundo externo.*

*Junte toda a bagagem que você não está preparada para deixar para trás e retome seu caminho para a vereda, trancando o portão atrás de você.*

## Como refletir na prática

Afirmar as suas realizações faz com que a próxima experiência seja mais atrativa, pois, além de proporcionar mais confiança para começar, você deixa a prática com um resultado positivo. É muito melhor começar o dia se sentindo bem com você mesma. Lembre-se também de que o ponto de enfoque é o que você vê e é para isso que você direciona a sua energia. Portanto, faz sentido dar vida às pequenas realizações ou momentos de experiência em vez de perder minutos de distração, pensamentos negligentes ou torpor. Concentre-se no que você quer reforçar em sua vida. Isso lhe dá a força, a coragem e o entusiasmo para tratar das áreas que precisam ser desenvolvidas.

Faça algumas anotações em seu diário. Por exemplo, você pode notar que conseguiu ficar alerta o tempo todo, você não conseguiu pegar no sono. Ou, se você aparentemente não viu nada, note que definitivamente sentiu paz. Mesmo se seus pensamentos forem em direções diferentes, você, de certa forma, conseguiu ir àquele lugar. Além disso, você pode ter notado que deixou a bagagem na porta e não quis pegá-la ao sair, ou mesmo a brisa em seu cabelo antes de pegar no sono.

**Prática Avançada**
*Vá para sua casa, como na prática anterior, mas, dessa vez, deixe que o espaço se abra e convide Deus, a Fonte e o Divino a entrar no local.*

*Deixe que a luz do Supremo a conforte, a preencha, e permita que sua própria divindade reflita sobre você.*

# A Face Tradicional

*Tenta conter a essência, tenta protegê-la. Estabelece regras, limites, que se empenham em proteger.*

*A boa intenção se torna o controle e, logo o nosso mundo se enche de "nãos".*

*Na sua tentativa de manter a ordem, segurança e harmonia, ela diminui o nosso mundo e limita a nossa capacidade de vivenciar a maravilha e a alegria da existência.*

*Conforme o nosso mundo encolhe, nós encolhemos. Rótulos e papéis se tornam a nova identidade.*

Definido Internamente

O Início
**Face Eterna**
"Eu sou"

**Face Tradicional**
"Eu sou quem você diz que sou"

Definido Externamente

## A Face Tradicional

### "Eu sou quem você diz que sou"

> *Em um determinado momento da vida surge a socialização; devido ao medo de algo não visto ou perigo visível e realidades complexas, a Mulher tem um novo papel a desempenhar...*
> *Bela portadora de crianças, curandeira, Terra, guardiã da família, das crianças...*
> *Ela se cerca pela lei e pelo sistema de proteção.*
> *Da proteção ao temor, do temor à proteção, medo da tristeza, o nascimento da maldade está declarado...*
> *Do estado circundado ao estado encarcerado, o passo é muito pequeno...*
> *E o mundo está cheio de mulheres que foram feridas e prejudicadas em nome das leis, aquelas visíveis... Apedrejadas até a morte... aquelas invisíveis... culpa e imperfeição rastejam como cobras na escuridão da solidão...*
> *Invisíveis para a igualdade do ego.*
> *Sinto-me abalada e estou "naturalmente" circundando o meu EU em leis, sinto segurança em poderosas regras, eu me sinto insegura sem elas, nem sempre entendo ou percebo isto na minha própria vida.*
>
> **Valeriane Bernard**

Quando nos perdemos e, em vez de desempenhar nos tornamos nossos belos papéis, seja o de mãe, parceira, amante, amiga, dona de casa, curandeira, professora ou defensora da sabedoria, estes papéis logo modelam uma mudança para limitadas armadilhas que confinam nosso espírito e diminuem nossa expressão.

Uma vez ocorrido isso, desconectamo-nos do nosso conhecimento inato, nossa sabedoria natural e começamos a confiar mais nos outros do que em nós mesmos. Procuramos orientação de especialistas, sublimando nosso inerente conhecimento. O aprendizado é uma coisa, mas a deferência é totalmente diferente. Quantas mulheres, inerentemente, souberam que alguma coisa não estava certa com os seus filhos ou seus próprios corpos e, entretanto deixaram que um especialista em medicina dissesse a elas outra coisa apenas para descobrir depois que estavam certas e, algumas vezes, tarde demais. Por outro lado, quando nos conectamos com a nossa existência Eterna, somos intuitivamente sábios e confiamos na nossa sabedoria. Sabemos como viver, como ser pai e mãe, como amar e como curar. Não precisamos dos outros para nos dizer como fazer. Podemos nos associar a um especialista, mas é uma sociedade. Entretanto, quando perdemos nossa conexão com a nossa natureza eterna, a história sutil da nossa própria energia da alma, nós perdemos nossa fonte de poder e damos aos outros o poder de sermos definidos por eles.

Ao perdermos a conexão com nós mesmas, perdemos nossa conexão natural com os outros e com o nosso ambiente natural. Nós nos separamos e, portanto, não nos tornamos responsáveis. A partir da separação, o isolamento também emerge como um estado normal, aceitável, embora geralmente solitário. Entretanto, já que a natureza do ser humano é estar conectado, vivenciar a "unidade", sentir-se inteiro e em paz, quando perdemos isso, fazemos tudo que podemos para retomar estes sentimentos. Posse, aceitação e o encontro com a paz tornam-se importantes e são motivações consideráveis da Face Tradicional. Negociamos partes de nós mesmos para manter a paz, para sermos aceitos, para termos nosso próprio lugar. Agimos de acordo para que haja harmonia, unidade. Entretanto, precisamos suprimir o descontentamento subjacente para alcançar estes estados. Finalmente, a superficialidade não é satisfatória para a alma – ainda estamos separados e somos vulneráveis.

Logo, nosso mais profundo ímpeto surge e procuramos formas de permanecermos seguras. Procuramos estar com aqueles que se parecem conosco, ressoam como nós, se assemelham conosco – aqueles nos quais "nos refletimos" e assim não nos sentimos perdidas, nos sentimos seguras. Estabelecemos fronteiras, limites, estruturas a fim de manter a sensação de unificação, unidade, para afastar o perigo da diferença, o perigo que nos faz lembrar que não somos mais um todo, que não nos sentimos seguras, que somos uma ruptura.

Na consciência da Face Tradicional, o perigo pode ser representado por qualquer coisa que signifique uma "ameaça inferida" à nossa segurança física, emocional, psicológica ou espiritual. Portanto, sentimo-nos mais seguras com aqueles que se parecem mais conosco. Qualquer pessoa que for diferente (homens/mulheres, brancos/negros, mestres/escravos, conservadores/criadores e assim por diante), qualquer um que não entendemos ou não nos entende, ameaça nosso senso de segurança e, como tal, de algum modo, torna-se o "inimigo".

Um jovem amigo me contou que ele e seu irmão chileno pegaram o avião de Jacarta, logo após a bomba em Bali. O irmão dele tinha por volta de vinte anos, pele escura e barba farta. Conforme os dois jovens embarcaram no avião, alguns passageiros norte-americanos começaram a entrar em pânico e, desembarcaram. A pessoa em questão é um dos jovens mais amáveis, carinhosos e serenos que alguém poderia conhecer, mas a sua aparência foi julgada como malevolente devido às atuais circunstâncias sócio políticas.

Isto é o que fazemos como seres humanos quando perdemos a nossa identidade e assumimos a "forma" como sendo "o que somos". O que não entendemos devido às muitas diferenças relacionadas ao corpo, nós o excluímos. Rotulamo-nos e rotulamos os outros, a fim de nos sentir melhor com relação a nós mesmos. Rotulamos os outros para sentir o controle, para sentir-nos seguros.

Estes rótulos são interpretativos e superficiais, mas os adotamos e os designamos como se tivessem o selo da própria Verdade de Deus.

Logo tomamos decisões baseadas nestas interpretações. As perseguições às bruxas durante a Idade Média são um exemplo claro. A tentativa de extermínio dos judeus na Segunda Guerra Mundial é outro exemplo, a perseguição aos terroristas, o banimento nas escolas devido à cultura, aparência física, habilidade nos esportes, religião, inteligência, preferências artísticas, orientação sexual e muito mais, são todos exemplos da Face Tradicional em ação.

Então, como são formadas as tradições? Onde começam as regras? Como nós realmente aprendemos o que podemos ou não, devemos ou não fazer ou ser? Nem todas as condições predominantes estão escritas. Poucas são leis. Então, como se transformam em realidade?

Alguns destes limites são necessidades egoístas em nome de outros enquanto muitos nascem a partir do esmero e com a nossa proteção, com o benefício da mente. Não se aproxime da margem, você pode cair e se machucar, ou pior ainda, morrer. Não fale com estranhos, é perigoso, você pode sofrer uma violência sexual, sequestro ou assassinato. Seja um bom aluno na escola, assim poderá prosperar (e talvez você também poderá fazer com que seus pais ou professores se sintam orgulhosos de você e satisfeitos). Não seja amigo de pessoas de outras raças ou religiões ou práticas culturais, porque você nunca sabe que tipo de influência elas podem ter sobre você ou suas crenças. Mais sutil do que isso, se você quiser ser daqui, você tem que parecer "assim", assemelhar-se "assado", conhecê-"lo" ou "-la". Se quiser sobreviver e se tornar "alguém", você precisa pensar como nós, vestir-se como nós, investir como nós, agir como nós. Rótulos como menina legal, menina inteligente, esposa obediente, filha bem-comportada são todos produtos da Face Tradicional.

Esta Face precisa pertencer, ser aceita, ser amada, ser aprovada, ser afirmada. Estas são todas necessidades humanas e espirituais básicas e, portanto, para preencher nossas necessidades, adotamos os rótulos, tornamo-nos os rótulos, somos quem precisamos ser, fazemos o que precisamos fazer. Quando esquecemos quem somos nós, também esquecemos que estamos naturalmente conectadas e, consequentemente, pertencemos a tudo de forma inerente. Inclusive perdemos o conhecimento de que somos amor, amadas e amorosas.

Quando esquecemos quem somos nós, que somos eternas, somos energia, poderosas, amorosas e um todo, subconscientemente nos empenhamos em emular estes estados através de externas identidades construídas... e o Ego nasce. O ego se torna uma forma de se mover no mundo, se torna uma forma de sobrevivência.

Infelizmente, o ego é frágil e pode ser destruído a qualquer momento – um insulto passageiro, uma exclusão, rejeição, crítica, descuido, comparação, perda de emprego, divórcio, morte, deficiência. Portanto, o ego constantemente encontra a ansiedade subjacente da perda em potencial, do fim iminente e, logo, é necessária mais energia protetora, defensiva. Vidas construídas absorvem vasta energia pessoal sem quaisquer garantias finais da passagem segura.

## O papel da mãe

Uma das identidades mais enganosas e mais sutis do ego é aquela da mãe. Já que a natureza deste papel é tão íntima – emocionalmente, psicologicamente e fisicamente – é quase impossível para as mulheres que são mães não perderem a si próprias ao desempenharem este papel. Para muitas, a quase completa subordinação da identidade no papel da Mãe significa que elas existem somente com relação às crianças, a maioria suas próprias crianças, mas também pode incluir outras crianças. A Mãe, portanto, *precisa* das crianças para sobreviver, para ser aceitável, para ser. As crianças se tornam um meio para sua sobrevivência, sua energia, uma fonte para o seu poder.

O bonito poema de Kahlil Gibran dá uma percepção profunda deste belo e importante, mas desafiador papel.

*Seus filhos não são seus filhos.*
*São os filhos e filhas do desejo pela própria Vida.*
*Eles vêm através de você, mas não de você,*
*E embora eles estejam com você, eles não pertencem a você.*
*Você pode dar a eles o seu amor, mas não seus pensamentos,*
*pois eles possuem seus próprios pensamentos.*
*Você pode alojar seus corpos, mas não suas almas,*
*Já que suas almas habitam a casa do amanhã,*
*Que você não pode visitar, nem mesmo nos seus sonhos.*
*Você pode lutar para ser como eles, mas não procure convertê-los em ser como você é.*
*Já que a vida não anda para trás nem permanece como ontem.*
*Você é o arco do qual seus filhos, como flechas vivas, são lançados.*
*O arqueiro vê o alvo no caminho do infinito e ele o arca com sua força fazendo com que suas flechas possam ser rápidas e ir longe.*
*Deixe que sua curva na mão do arqueiro seja a felicidade;*
*Pois já que ele ama a flecha que lança, ele também ama a curva que é o estábulo.*

Dizer é fácil, fazer é difícil. Sem dúvida. Entretanto, Kahlil Gibran nos oferece tal beleza, tal inspiração ao genitor como sendo um guardião amoroso e desapegado em vez de se sentir perdido no domínio e na existência vicária. Minha irmã Donna é uma mãe maravilhosamente consciente e geralmente compartilhou belas e profundas percepções do livro de Sarah Napthali: *O Budismo Para as Mães*: uma tranquila abordagem sobre carinho com você e seus filhos. Donna jura que este livro é um suporte favorável às mães contemporâneas que procuram encontrar formas mais holísticas para praticar a maternidade.

## Perdendo-nos no trabalho

Em termos tradicionais para os homens e, atualmente, para as mulheres também, um fenômeno semelhante acontece dentro do domínio da carreira. Fora do dever, na identidade do papel de provedor, os homens tradicionalmente entregaram o significado do eu ao trabalho.

Ao longo do tempo, o mundo da profissão tornou-se tênue, frágil, incerto, o que significa que eles também se tornaram assim. Empregos sob ameaça significam identidade sob ameaça. Durante a grande depressão e a queda no mercado das ações nos anos 1980, muitos homens que perderam suas fortunas, perderam-se também. Inclusive cometeram suicídio. Na Austrália, entre 2006-2007, os suicídios relatados de fazendeiros são, aproximadamente, de um homem a cada quatro dias. Para estes homens, o significado do EU é a terra, o gado, a colheita, a identidade de gerações em ser um fazendeiro. A seca tem sido tão violenta que conforme a colheita não rendeu frutos, o gado morreu e as dívidas aumentaram, o estresse tornou-se tão opressivo que eles preferiram escolher o único caminho que encontraram como saída. Tirar a própria vida.

A tragédia é uma consequência da Face Tradicional. Suas definições limitadas às vezes dão pouquíssimas escolhas. Enxergando através dos olhos desta identidade, parece não surgir mais nada, nem esperança. A alegria do papel já se foi e tudo que resta é a prisão de um EU diminuído do qual parece não haver salvação.

Entretanto, a Face Tradicional nem sempre é traumática, pode funcionar muito bem para alguns e, geralmente durante longos períodos de tempo. É totalmente consolador saber seu papel e seu lugar no mundo e, se o sistema predominante for complacente e benevolente e você for muito querido, então poderá ser perdoado por viver na negação das limitações, por articular os braços e gritar: para que todo este estardalhaço?

Na Lituânia, uma jovem mulher trouxe sua mãe de meia-idade para o seminário das Quatro Faces durante um fim de semana. A mãe realmente lutou para entender sobre o que estávamos conversando com a Face Tradicional. Ela era completamente feliz como esposa e mãe. Ela nos contou que seu marido tomava conta dela muito bem, gostava dela, ganhava bem, que ficaria bem financeiramente caso ele viesse a falecer, que ela gostava de cozinhar, limpar a casa e tomar conta da família. Ela gostava que ele tomasse todas as grandes decisões. Ela era feliz. Não preciso dizer que ela não voltou no segundo dia.

Na verdade, a felicidade de não ter em que pensar, de não ter seu significado inteiro do EU lançado no ar e irrompido em mito, de não ter que começar uma comprometida jornada de descoberta, descobrir quem você é realmente após acreditar anos e anos que você é outra pessoa, a alegria da ignorância definitivamente é tentadora. Mas nunca dura. Ou se durar, raramente dura para sempre.

Nada é estático e este tipo de atitude não ajuda quando a coragem da mudança começa a ser alterada. Eu acho que uma pergunta importante a ser feita é: esta atitude em uma mãe pode ajudar as crianças a se prepararem para a vida em um mundo que é dinâmico e sempre mutante? E enquanto a existência em um sentimento relativamente seguro for totalmente compreensível, esta negação seria a melhor forma de desempenhar este papel?

## Qualquer coisa além de "eu sou" é vulnerável

Quando adotamos um rótulo como uma identidade, mesmo o rótulo "eu sou mulher", nos identificamos dentro das normas, termos e contexto de culturas, religião, família, raça. Quando fazemos isso, nos trancamos em regras, papéis e restrições, silenciamos nossa consciência, diminuímos nossos espíritos. Se, por outro lado, nos recusamos a participar do que se espera dos nossos EUs definidos externamente, corremos o risco de sermos rejeitadas, excluídas e condenadas.

Então, por que adotamos definições externas, determinando-nos, basicamente, como sendo vulneráveis?

Porque nos esquecemos de quem somos nós, e ficamos perdidas na forma. Mas para nos sentirmos seguras, o que talvez seja a central necessidade subjacente, temos que ter algum significado do EU. E assim, construímos um...dois...três...e mais. É uma ironia, é claro, ao tentarmos sentir segurança nos transformamos em pessoas vulneráveis. Entretanto, é o melhor que podemos fazer.

Aprendi ao longo destes anos a eliminar os rótulos do bom e mau ou certo e errado. Portanto, a Face Tradicional não é "má", não é "errada". De fato, é inevitável que continuemos a viver na sua sombra contanto que estejamos desconectados dos nossos EUs originais. Talvez a forma mais eficiente de trabalhar com a Face Tradicional é entender sua motivação. Fundamentalmente, ela tenta proporcionar segurança – física, emocional, psicológica e espiritual. Esta não é uma má motivação. Ela é natural já que a segurança é a necessidade humana mais importante. Entretanto, o modo de ação da Face Tradicional resulta apenas na segurança condicional, vulnerabilidade com uma extensão de custos para o espírito. Não é ruim, apenas não é eficaz.

Na realidade, também não há nada de inerentemente, mau ou errado em desempenhar papéis ou ter posses, em cuidar do seu corpo, em comprometer-se em um relacionamento ou ganhar dinheiro. Apenas quando perdemos o nosso senso do EU nestas coisas que são externas à nossa natureza inata é que nos tornamos dependentes e vulneráveis e assim, sob ameaça.

Então vivemos do medo... e isso não é vida. É apenas sobrevivência. Merecemos mais do que isso.

Não importa com quais rótulos você se identifica, se você é rica ou é uma mulher com uma carreira de sucesso ou uma artista lutadora ou uma aspirante espiritual ou uma mãe e dona de casa sustentada ou que vive de salário-desemprego ou uma mulher modesta que vivencia tanto momentos bons quanto ruins ou uma supermãe. Não há um rótulo melhor ou pior para ser atribuído. O fim de todos eles é a tristeza.

Durante vinte anos explorando este trabalho interno, constatei que todas as mulheres vivenciam fragilidade em algum momento ou em algum aspecto de suas vidas. Algumas vivem com uma ansiedade padrão em se sentirem seguras de que serão "vistas", reconhecidas como "falsas". Isto certamente fez parte da minha experiência durante algum tempo e, se também lhe parece ser verdadeiro, talvez seja bom saber que você não está sozinha. Hoje existe inclusive um nome para isto – A Síndrome do Impostor.

Parece que a maioria dos executivos sofre disto. Na realidade, todos nós somos falsos até certo ponto. Entretanto, conforme recuperamos nossa autenticidade, nosso poder autêntico, descobrimos que não precisamos fingir, que somos surpreendentes em nossa imparidade, que nossas capacidades criativas são enormes. A cada passo que damos a partir da Face Tradicional, estamos mais próximos em perceber a verdade de quem nós nascemos para ser. Não há necessidade em copiar ou clonar.

Em toda a nossa simplicidade e em toda a nossa complexidade, somos competentes, capazes e notáveis. A Face Tradicional é uma ilusão. Ela promete uma imagem vaga do vasto tesouro que nós já somos, mas que esquecemos. A questão é simplesmente continuar se transformando e reconectando com o nosso poder autêntico e recuperando nossa beleza Eterna.

Definido Internamente

O Início

**Face Eterna**
"Eu sou"

**Face Tradicional**
"Eu sou quem você diz que sou"

Conformar-se para adquirir...
Aprovação; Segurança; Posse;
Aceitação; Amor; Paz

Definido Externamente

## Pensamentos

*A Face Tradicional*

*O que eu conquisto ao adotar esta Face*
- ✓ um sensação de segurança
- ✓ sentimentos de posse
- ✓ ser aceita
- ✓ ser amada
- ✓ faço parte de uma comunidade, sou aceita; portanto, estou segura, estou bem

*Como essa Face modela a minha autoestima*
- ✓ minha autoestima se baseia em quão bem eu adiro às leis e em que grau eu sou aceita
- ✓ geralmente minha sensação de autoestima vem do sentir-se melhor do que aqueles que são "estranhos"

*O que eu sacrifico ao usar essa Face*
- ✓ liberdade
- ✓ verdade
- ✓ pura criatividade (a fração passa a ser diferente das variações incrementadas no passado)
- ✓ conhecimento interior
- ✓ consciência
- ✓ individualidade, imparidade
- ✓ revelação do meu destino

*O que me custa*
- ✓ autoexpressão desembaraçada

*Quais* sanskars *(hábitos de personalidade) desenvolve*
- ✓ defensiva
- ✓ complexo de superioridade/inferioridade
- ✓ natureza supersticiosa – medo do que existe "fora" dos limites
- ✓ criticidade
- ✓ mente fechada/estreita
- ✓ exclusividade
- ✓ rigidez
- ✓ fanatismo em potencial

*Como a Face Tradicional me ajuda e me limita*
- ✓ proporciona-me um alicerce consideravelmente forte no qual crio a minha vida.
- ✓ se eu jogar com as regras, sou recompensada com grande lealdade, incentivo e apoio.

Um exemplo é a comunidade judaica. Alega-se que existem por volta de dez milhões de judeus no mundo inteiro e alguns dos mais finos talentos e mentes nas artes, ciência e negócios emergiram desta cultura.

É um exemplo perfeito da Face Tradicional porque é uma tradição profundamente instituída na lei. Os Dez Mandamentos foram o início e as regras fundadas a partir deles.

Há uma fantástica sensação de pertencer se você for judeu... você nunca pode "não ser judeu", não importa o que você seja.

Isto oferece à criança uma grande vantagem no mundo. Entretanto, se você não for judeu, você nunca poderá ser um.

Há uma qualidade indiscutivelmente fascinante a respeito da comunidade, sobre a forma como um cuida do outro. Uma forte e estável base de amor (embora condicional), de saber quem você é, e que estará bem não importa o que acontecer. É um presente raro com o qual começamos uma vida.

Na Índia, isto também é real, principalmente para o sexo masculino. Os meninos começam a vida com a experiência de serem totalmente e completamente adorados. Sabem indiscutivelmente que está tudo "bem" com eles. Na família ampliada, se a sua mãe não estiver contente com você ou seu pai o ignorar e favorecer outra criança, sempre há uma tia ou um tio pronto para dar amor e atenção... e, geralmente, eles moram na mesma casa. É uma extraordinária linha de base a partir da qual começamos.

Por outro lado, esta mesma cultura que faz com que o ponto de entrada para a vida seja tão sólido para os meninos, na maioria das vezes, é negado para a criança do sexo feminino. Em outras circunstâncias, seria mutilação genital, incesto consentido, escravidão infantil, confinamento pela igreja com trabalho árduo por ter praticado sexo antes do casamento, assassinato cometido pelo pai ou irmão por ter envergonhado a família ou, simplesmente, fazer faxina em casa para os irmãos. Há histórias vindas de todas as culturas, todas as religiões, todas as tradições que mostram como esta Face realmente limita a expressão e a liberdade natural da jornada da alma.

*Que sentimentos ela gera*
- ✓ medo
- ✓ conforto
- ✓ segurança
- ✓ cordialidade
- ✓ sensação de estar preso
- ✓ perda e tristeza

*Quais são seus pontos fortes*
- ✓ comunidade
- ✓ apoio
- ✓ estabilidade
- ✓ inacessibilidade
- ✓ confiança

*Quais são seus pontos fracos*
- ✓ exclusividade
- ✓ tendência à conformidade
- ✓ intolerância
- ✓ mente estreita
- ✓ controle

*Quais são seus principais condutores*
- ✓ confiança
- ✓ posse
- ✓ aceitação
- ✓ amor
- ✓ certeza

*Quais são os principais desafios*
- ✓ mudança
- ✓ aceitação de diferenças
- ✓ espera ansiosa
- ✓ aprendizagem da tradição "a partir do lado de fora"
- ✓ generosidade com estranhos sem ser condescendente

*Como eu lido com a mudança ao usar essa Face*
- ✓ negar
- ✓ resistir
- ✓ sabotar ativamente

*Qual é a capacidade de liderança do indivíduo que usa a Face Tradicional?* Em nosso ambiente atual, esta Face não é uma boa líder. Irá lhe dizer por que não precisamos mudar. Olhará para o passado buscando perguntas e estará relutante em procurar a sabedoria a partir de outras tradições, outras fontes. Terá medo do desconhecido e, é claro, que hoje o futuro é completamente incerto. Não convive bem com o caos e precisa sentir-se no controle. Nem a Face Tradicional vai bem com ambiguidade e paradoxo. Já que tem uma tendência para "cessar o pensamento rigoroso", ela pode achar extremamente difícil agarrar as duas extremidades do espectro, ou os opostos e seguir em direção à integração.

*Como essa Face se relaciona com o poder?*
Ela possui uma relação hierárquica com o poder. Ao usar esta Face, há sempre alguém superior ou inferior na escada do poder. A posição é o poder e, com essa Face, competimos uns com os outros, reverenciamos alguém ou esperemos que nos reverenciem. Em ambas as formas, é completamente um mal-entendido do poder. O poder está no sistema e nos papéis, não nos indivíduos para seu próprio valor.

*Qual é a sua orientação com o tempo?*
Esta é a Face inextricavelmente ligada ao passado. Designa o presente e o futuro baseados no que ocorreu anteriormente.

*Qual é a sua relação com a emoção?*
Já que sua origem é o passado, a emoção é o domínio desta Face. As emoções são o domínio da lembrança e da comparação. A perda do que foi, do que sempre foi, pode ser devastador para esta Face; portanto, o medo da perda fica profundamente embutido dentro dela.

Uma vez que sua identidade é uma grande parte do coletivo, quando alguma coisa na comunidade mais ampla muda, morre ou se perde, o indivíduo naturalmente sente esta dor.

Entretanto, neste paradigma, determinadas emoções são aceitáveis para determinados papéis. As mulheres podem chorar, mas não devem ser agressivas. Os homens podem ficar bravos, mas não devem mostrar tristeza ou vulnerabilidade.

*Qual é o principal desejo compulsivo?*
Orgulho. As aparências para os "estranhos" é tudo. Não permitirá que ninguém descubra seus segredos. O que estiver errado dentro da família, religião, organização, grupo... permanece ali. Não falamos sobre nossos problemas no lado de fora. Devemos ser vistos como perfeitos por todos que desejam lançar os olhos no nosso caminho.

*Como essa Face se relaciona com Deus?*
Como protetor, punidor, pai. Se seguirmos todas as regras e formos boas meninas, então deveremos receber atenção. Se quebrarmos as regras, então provavelmente receberemos a ira de um Deus que, como uma ampliação dessa Face, é vingativo e punidor. Deus é geralmente usado como uma ferramenta em jogos do poder humano. Se precisarmos colocar pessoas em um degrau inferior que o nosso para a obediência, nós geralmente conseguiremos colocar o "medo de Deus" dentro delas.

Já que este mundo está limitado, já que ele se baseia fortemente em uma identidade que tem a ver com o mundo físico, com nossos corpos e com outros seres humanos, Deus então é uma reflexão disto. Se Deus for poderoso, então Deus é uma autoridade, o topo da hierarquia.

Em ambientes religiosos (atualmente, a quase pura Face Tradicional), vemos seres humanos atuando como "representantes de Deus". Isto eleva sua posição no poder e tornam-se capazes de desempenhar toda a variedade das questões em nome de Deus.

Esta Face também é a geradora de guerras "em nome de Deus". Protege o seu clã e, se for religiosamente formada, então Deus será o guia e protetor. Deus será o derradeiro anúncio final ao ir para a guerra. É claro que não será Deus, mas um ser humano sendo interpretado através das necessidades do seu próprio ego, usando o nome de Deus para provar que o "errado está certo".

Infelizmente, é nesta Face que se atribui um nome ruim a Deus. Que se coloca limites em torno do Ilimitado. Entretanto, isto não é feito de forma consciente e maliciosa. A identidade e capacidade de Deus estão sempre contidas dentro do nosso próprio pensamento, experiência, existência, amor, esperança e sonho. Nossos limites foram formados pela combinação da nossa própria jornada de vida e de outros – cheios de permutações e distorções ao longo do tempo quando histórias e regras foram editadas para uso ou benefício pessoal.

Não há outra escolha a não ser constatar que, se nós somos limitados, então nosso entendimento e experiência com Deus serão limitados a apenas o que é imaginável ou capaz de ser vivenciado. E certamente Deus estará muito, muito acima e além dos nossos humildes egos. Seremos sempre menos, simples mortais, pecadores e corruptos.

Se for possível acreditar que Deus irá me perdoar e me salvar se eu seguir as regras da melhor forma que eu puder, então, quando eu não conseguir mais, poderei ser perdoado.

Com a Face Tradicional, será difícil manter uma relação de beleza íntima e pessoal com Deus e, por outro lado, esta realmente é a verdadeira natureza do nosso relacionamento com o Divino.

## A Face Moderna

*Aquela que sentir a dor e a constrição da Face Tradicional pode, então, adotar a Face Moderna para lutar contra os limites e fugir deles, em busca de liberdade.*

*Esforçando-se para manter os limites do lado de fora e não reconhecendo a resistência que habita o íntimo do ser, essa Face mobiliza grande energia para escapar, porém, não consegue. E, ao mesmo tempo em que a Face Moderna é desejada pela coragem e pelo compromisso, ela é incapaz de se libertar e criar um novo caminho, pois é a Face da reação e seu descontentamento com a energia central nasce da semente da tradição.*

*E da semente surge a fruta. E da fruta nasce a semente... nesse processo não há libertação.*

*Entretanto, esse é o primeiro passo.*

Definido Internamente

O Início
**Face Eterna**
"Eu sou"

**Face Moderna**
"Eu não sou quem você diz que sou"

**Face Tradicional**
"Eu sou quem você diz que sou"

Conformar-se para adquirir...
Aprovação; Segurança; Posse;
Aceitação; Amor; Paz

Definido Externamente

# A Face Moderna

## "Eu não sou quem você diz que sou"

> *O círculo da proteção tornou-se uma prisão.*
> *A Face Moderna rebela-se, procura libertar-se de todos os abusos do poder e rigidez esperados do papel de uma mulher. Pensadora, lutadora pela liberdade, ativista, mágica...*
> *Há muitos momentos em que o mundo dos sentimentos e desejos internos, bem como o mundo dos relacionamentos, é como uma selva incompreensível e contraditória...*
> *Quem sou eu? O que quero? Por que me sinto insatisfeita?...*
> *Raiva, oh raiva, de onde você vem?*
>
> **Valeriane Bernard**

Quando perceber que se perdeu nas Tradições dos outros; quando sentir que quem você é foi essencialmente apagado; quando não souber mais o que "eu" sinto, nem em que "eu" acredito; quando perceber que não tem poder ou liberdade para ser você; quando despertar para o fato de que simplesmente adotou os pensamentos, crenças e opiniões dos seus pais e amigos, nessas ocasiões a raiva irrompe, podendo ser experimentada com pouca ou muita intensidade, desde um mero aborrecimento até um sentimento de raiva.

Geralmente, sentimos raiva daqueles que nos moldaram: família, religião, cultura, cônjuge, instituição. Não queremos mais ser "quem você diz que sou" e começamos a encontrar a nossa própria voz... e é uma voz furiosa! A afirmação "Eu não sou quem você diz que sou" transforma-se em um grito, às vezes em um sussurro, mas pode ser claramente ouvida se você estiver atenta. Rebelamo-nos e então procuramos fazer aquilo que é diverso ou diferente do que nos moldou. Lutamos para não ser o que somos.

Infelizmente, o que ansiamos – verdade e autoexpressão – não é simplesmente encontrado na resistência ou no que é efetivamente uma anti-identidade. A Face Moderna é uma luta pelo poder em um sistema impotente de relacionamentos. Vivemos a maior parte de nossa adolescência nessa Face.

Em sua forma aparentemente mais favorável, a Face Moderna adota a agressiva postura passiva do retraimento. Rebela-se pela não participação, retendo a energia suplementar da felicidade, do entusiasmo ou do amor que alguém pode produzir ao desempenhar um papel, em um emprego, em uma tarefa e também em um relacionamento.

Trabalhei para um banco há muitos anos e, durante uma sessão, pedi para que o grupo refletisse sobre as coisas pelas quais sentiam paixão. Uma mulher compartilhou uma história comigo e, à medida que ela expunha o fato, era como se estivesse revivendo a situação ao contar-me sobre a beleza e precisão do seu bordado. Perguntei-lhe como poderia trazer a essência do que amava nas situações de criação em seu trabalho; não o bordado, mas a beleza e a precisão que essa tarefa exige. Seu rosto deformou-se e se converteu em uma máscara de desprezo e espanto, deixando escapar: "de jeito nenhum – não estão entendendo o que eu disse!".

Essa foi sua agressiva postura passiva, pois achou que não estava dando-lhes seu poder, quando na verdade estava roubando de si mesma o que lhe proporcionava energia – a conexão com sua própria essência. Entretanto, ao reter energia, ela se rebelava, reagindo ao domínio do grande sistema bancário com seu sentimento de impotência. Ela estava procurando ganhar o poder, a autoridade ou mesmo "alguma coisa" que havia perdido.

Em sua forma mais evidente, quando alguém está usando a Face Moderna, assume-se, comumente, a face da enorme coragem, da força notável e do compromisso em ressuscitar o significado da verdade. Esta é a Face do revolucionário, do rebelde, do reformador social, da criança que lança sua raiva ao recusar-se a ser coagido por regras de outra pessoa.

É a face do lutador pela liberdade, do igualitário, daquele que busca justiça e direitos iguais em resposta às inconsistências e injustiças do presente – um legado das tradições passadas.

Essa face questiona onde a mente estreita pode ser encontrada, enfrenta hierarquias e também inicia os golpes súbitos. É a Face reativa, aquela que avança impulsionada pelo princípio fundamental de não aceitar o estado atual.

Entretanto, tome cuidado, pois *"Eu não sou quem você diz que sou"* parece que nos faz avançar, e, de certa forma, realmente, conseguimos, mas apenas como um primeiro passo no processo total.

Se permanecermos presas nessa rebelião, ficaremos tão perdidas quanto nos sentíamos na Face Tradicional. Se não acordarmos para isso como uma reação de "anti-identidade", infelizmente, não seremos levadas para mais perto do *"Eu sou"* da Face Eterna.

Sem saber o caminho que está adiante e na tentativa de reinventar-nos, reconstruímos nossas vidas. Criamos novas regras, novas formas e novos sistemas, que, geralmente, são tão rigorosos em sua intenção quanto eram as velhas regras. Há muitos "deveria", "não deveria", "tem de", "não têm de"... mesmo se for "não deveria existir nenhuma regra" ou "todos tem de ser incluídos".

Essa é a Face que dá o impulso inicial da democracia sobre a ditadura, do socialismo sobre o capitalismo, do feminismo sobre o patriarcado, da rebelião em adolescentes, de separações religiosas, de qualquer tipo de golpe político que lute pela liberdade.

Por meio da natureza pura da Face Tradicional, a Face Moderna deve ser banida, porque, ao usá-la, desafiamos as regras da família, que são inexoráveis, sagradas – modelam as identidades dos indivíduos. Se questionarmos as regras, questionaremos a pura existência de nossa "família". De fato, costumamos chamá-los de mentirosos, de impostores ou fraudulentos.

Pessoalmente, entendo que a Face Moderna rouba meu direito à paz. Sacrifico o amor na esperança de obter a verdade. Devo fechar meu coração para tudo que amei, pelo que me sinto traída, se tiver coragem para resistir. E a liberdade que penso ganhar e a verdade que acho que irei descobrir, estão perdidos na ofuscante e incitante emoção. De forma alguma sou livre, mais propriamente estou presa pelo ritmo da repulsão e, assim, a verdade é velada, mais uma vez, porque proibi a mim mesma de abraçar toda a vida. Tornei-me tão seletiva e estreita quanto o que procurei deixar para trás. Ao usar essa Face, comparo o que estou fazendo com a situação antiga – mesmo em um nível subconsciente – dizendo a mim mesma e aos outros, que o novo, o que eu ou nós criamos, é muito melhor.

O que não posso ver enquanto uso a Face Moderna é que, embora o exterior tenha mudado, o mundo invisível, que realmente impulsiona tudo, ainda é o mesmo. Ainda é uma luta por poder limitado, uma tentativa de se sentir seguro e no controle por meio de um conjunto de ideias externas.

A Face Moderna é simplesmente o reflexo do que a Face Tradicional opõe e despreza tanto.

No entanto, embora não possamos reconhecer isso de forma clara, certamente tal atitude nos fará sentir insatisfação, talvez até mesmo tão presos e tão contidos como nos sentíamos na Face Tradicional, mas poderemos não compreender verdadeiramente a causa. É possível que venhamos a ignorar, ou mesmo suprimir, os sentimentos que ameaçam nos roubar a esperança. Entretanto, a velha ânsia pela busca de nós mesmos, pela reconexão com nossa verdade, nosso poder e nossa liberdade, que nos fazem arriscar tanto, não irá embora.

Se não prestarmos atenção nessa história, poderemos repelir e culpar novamente ou usar toda nossa coragem e energia mais uma vez para começar algo novo... de novo. Procurando, buscando com ansiedade, de maneira que se torne exaustivo. Novamente regredindo, em vez de seguirmos em direção ao sonho.

E todo esse percurso equivocado é feito, em geral, com tanta esperança e boa intenção. Apenas com o método equivocado. Isso é tudo.

## As boas notícias

Dessa forma, se continuamos a reagir ao sistema, às pessoas e ao controle, teremos uma grande dica de que ainda não encontramos o caminho para nós mesmas. Estamos no rumo, no curso; estamos experimentando a jornada, mas precisamos de um novo método. E, para fazer isso, precisamos deixar essa luta. Mas permitir isso é a parte complicada. Algumas vezes nós nem percebemos o quanto estamos "aguentando", o quanto estamos resistindo, porque, simplesmente, essa luta tornou-se um modo de vida.

Contudo, há caminhos, e você já leu sobre isso e experimentou alguns deles no capítulo "A Face Eterna". Ocasionalmente, apenas ler, reconhecer ou se tornar atento é suficiente para iniciar a libertação. Como meu colega Rob Mallick me escreveu: *A noção da Face Moderna "balançou o meu mundo". Apenas por me mostrar que estou ciente do que é esse arquétipo, como você sabe, transformacional.*

Quando nos referimos a Shakti, há uma vasta gama de histórias, ferramentas e métodos que aliviam a Face Moderna, ao mesmo tempo em que asseguram levar adiante a grandeza dessa face.

## Um modo diferente de olhá-lo

Não é possível, como disse Einstein, resolver problemas mundanos com o mesmo nível de pensamento que os criou. Precisamos de um novo pensamento, o que impõe a necessidade de uma nova identidade.

Se a Face Eterna é a Forma Original, a Face Tradicional é a Face Convencional.

Então, a Face Moderna é a Face que Restaura... não se trata de uma nova forma, mas é meramente a correção do sistema de adaptação.

O novo pensamento, ou melhor, a nova identidade precisa ser aquela que transcende os sistemas existentes, aquela que nos proporciona destacamento, tal qual a visão de um pássaro, que permite uma perspectiva de um sistema inteiro e nos proporciona o poder de voltar ao nosso ser genuíno, a Forma Original.

E essa Face irá entender que, para avançar e criar – para mim mesma e para outros – um mundo em que valha a pena viver, precisarei, primeiramente transformar meu pensamento, minha consciência. Preciso reorientar minha percepção e o significado do meu ser para uma condição estável, uma condição que se prenda a uma verdade eterna e não apenas a um conjunto maleável de ideias externas.

Precisarei cultivar minha mente e meu coração e alinhá-los a uma condição genuína do ser, tornando-os uma ressonância de minha própria verdade. Quando meus pensamentos, meus sentimentos e minhas ações são uma expressão de minha verdade eterna, então a transformação se revela.

Finalmente, é útil saber como acessar o poder a partir de uma fonte ilimitada de energia pura, em vez de ser continuamente capturado em lutas pelo poder que marcam a existência humana diária. Ser independente e compartilhar com os outros a beleza, a criatividade e a inspiração pela essência é uma maneira de influenciar a criação de um novo mundo a partir da semente genuína. Então, a fruta daquela semente também será de fato genuína?

**Definido Internamente**

O Início
**Face Eterna**
"Eu sou"

**Face Moderna**
"Eu não sou quem você diz que sou"

⟷ inseguro

**Face Tradicional**
"Eu sou quem você diz que sou"

Repelir para adquirir...
Liberdade; Independência; Criatividade; Verdade; Poder; Autoexpressão

Conformar-se para adquirir...
Aprovação; Segurança; Posse; Aceitação; Amor; Paz

**Definido Externamente**

## Pensamentos

*A Face Moderna*

*O que eu conquisto ao adotar essa Face*
- ✓ eclosão de Energia
- ✓ um senso renovado do ser
- ✓ confiança
- ✓ a ilusão da obtenção de poder
- ✓ uma sensação de liberdade
- ✓ entusiasmo
- ✓ uma nova identidade (não apenas identidades tradicionais)

*Como essa Face modela a minha autoestima*
Começo a me identificar com a honradez da causa de que tomo partido e, assim, me sinto íntegra. Começo a comparar-me aos outros, sempre me enxergando como superior.

*O que sacrifico ao usar essa Face*
Sacrifico segurança, lar, posses, aceitação, apoio, estabilidade, amor. Embora dentro da Face Tradicional esses elementos sejam condicionais, se eu tiver de ser verdadeira em minha causa, terei de renunciá-los. Irei criá-los novamente no novo domínio que eu construo em oposição à Face Tradicional e eles também serão condicionais. A Face Moderna irá, ainda, reverter-se e se tornar Tradicional.

*O que me custa (todos condicionais)*
- ✓ paz de espírito
- ✓ sinceridade do coração
- ✓ estabilidade
- ✓ posses
- ✓ segurança

*Quais* sanskars *(hábitos de personalidade) desenvolve*
- ✓ desassossego
- ✓ intelecto crítico – sempre percebendo o que está errado

*Como a Face Moderna me ajuda e me limita*
Permite que eu desenvolva um senso de independência. Faz-me sentir que não estou meramente vivendo no comando dos limites e das condições impostos por outra pessoa.
Limita-me, no entanto, por exaurir quantias máximas de minha energia em uma percepção falsa do ser e de segurança.

*Que sentimentos ela gera*
- ✓ raiva
- ✓ ressentimento
- ✓ aversão
- ✓ honradez
- ✓ liberdade
- ✓ independência

*Quais são seus pontos fortes*
- ✓ coragem
- ✓ determinação
- ✓ inovação
- ✓ visão

*Quais são seus pontos fracos*
- ✓ arrogância
- ✓ projeção (foco externo, raramente olhando para o ego)
- ✓ limitação (geralmente rejeita até mesmo a parte boa daquilo que opõe)

*Quais são seus principais condutores*
- ✓ motivo para uma percepção de poder
- ✓ motivo para a liberdade
- ✓ motivo para a verdade
- ✓ motivo para uma autoexpressão desacorrentada

*Quais são os principais desafios*
- ✓ desesperança
- ✓ depressão
- ✓ cansaço
- ✓ ... porque tudo que eu tento fazer, todas as mudanças que tento efetuar, nunca dão certo realmente
- ✓ ser rejeitada – separação/isolamento
- ✓ solidão
- ✓ insegurança

*Como eu lido com a mudança ao usar essa Face?*
Geralmente, eu seria aquela ou um daquelas que conduzem a mudança e assim me sentiria no controle e, de certa forma, poderosa. Entretanto, se outra pessoa tenta me impor uma mudança quando estou usando essa Face, provavelmente irei resistir, desafiando sua capacidade. Se posso me tornar parte da mudança, ajudando a conduzi-la, irei cooperar. Do contrário, poderei inclusive sabotar a mudança.

*Qual é a capacidade de liderança do indivíduo que usa a Face Moderna?*
Por um tempo, essa Face parece ter potencial de liderança. Geralmente, pode reunir recursos e pessoas, já que inspira a mudanças. Assim, sabemos como falar a almas insatisfeitas e inspirar pessoas a um novo caminho.

Entretanto, quando a mulher usa essa Face percebe que nada realmente se transformou, que apenas as aparências foram modificadas – por exemplo, comunismo a partir do capitalismo – apenas um grupo diferente tem o dinheiro e o poder.

Quando ocorre a compreensão de que todo o esforço realizado de fato não libertou ninguém, pode existir um sentimento de desesperança, de desalento e de cansaço. Nesse ponto, "desistir" é uma opção natural, pois, o potencial de liderança esgota-se. Contudo, se a mulher que estiver usando essa Face continuar a "projetar", a culpar os sistemas externos por sua dor e decepção, irá novamente reagir contra o sistema e rumar, mais uma vez para um caminho adiante, com uma nova mania. Quando essa situação se repete muitas vezes, seus seguidores irão deixar de acreditar em sua capacidade de liderança.

*Como essa Face se relaciona com o poder?*
Essa Face tem fome de poder. A mulher que a usa ou não tem nenhuma posição na hierarquia da tradição, ou conseguiu fazer o jogo e subir a escada hierárquica apenas para descobrir que o poder que pensava encontrar naquele lugar não se encontra lá. Ela é tomada por indignação e desilusão e, em vez de "utilizar" o sistema como ele é, ela o culpa por seu sentimento de impotência e reage vestindo a Face Moderna.

*Qual é a sua orientação com o tempo?*
A Face Moderna é extremamente voltada para o futuro, e, consequentemente, traz consigo sua natureza agitada. Se eu estiver usando essa Face, acharei muito difícil aproveitar o hoje, relaxar ou estar em paz, pois estarei sempre pensando que as coisas deveriam ser diferentes e planejando o próximo passo. Terei negado o passado, geralmente suprimindo as lembranças. Entretanto, será justamente o passado que irá, de maneira subconsciente conduzir meus pensamentos e minhas ações.

Tudo o que *não quero* será mantido no passado. Tudo o que *realmente quero* será medido pelo que *não quero*. Acharei que estou fugindo de meu passado, mas, de fato, estarei apenas modelando meu futuro com base em tudo que detesto. O antiapartheid na África do Sul era, em sua essência, uma parte do sistema do apartheid e, como tal, eles não conseguiriam destruir a segregação sem destruir a si mesmos, o que naturalmente não logrou êxito. Foi só depois que entenderam essa relação e se mobilizaram para definir a Terceira Coisa – que se tornou conhecida como Nacionalismo – que os sistemas do país começaram a se transformar. Foi um processo criativo e não reativo.

*Qual é sua relação com a emoção?*
Essa Face é guiada pela emoção, contudo, na maioria das vezes, reconhece a razão. Se eu estiver usando essa Face, planejarei e criarei estratégias. Emoções tais como raiva e entusiasmo estarão presentes, mas terei perdido a conexão com as suaves emoções ou sentimentos, que serão frequentemente associados à fraqueza.

*Qual é o principal desejo compulsivo?*
A autointegridade. Essa Face acha que sabe como reparar o que percebe estar errado e a pessoa que a veste acredita ser aquela que estará incumbida dessa tarefa.

*Como essa Face se relaciona com Deus?*
Há talvez duas maneiras principais pelas quais essa Face percebe Deus. Como já analisamos aquilo que poderia ser interpretado como a maneira negligente pela qual os outros se relacionam com Deus por meio da Face Tradicional – por uma "fé cega" – essa Face geralmente denuncia Deus como uma mera "necessidade" daqueles que são fracos demais para andar com os próprios pés.

A Face Moderna pode interpretar mal a autenticidade e independência, impondo um estilo de vida que se baseia em uma autoconfiança arrogante e, dessa maneira, evitar Deus.

Além disso, em ambientes religiosos, pode-se julgar que seja o desejo de Deus eu ser a ferramenta para aquele que emitirá a luz Divina no novo caminho.

# A Face de Shakti

*A Face de Shakti é aquela que possui a chave do segredo que abre a porta para a autenticidade, a beleza e o poder – a liberdade. Essa é a Face mais sensível às limitações da tradição, entretanto, tem também a capacidade de assumir a responsabilidade e recuperar o poder, pois não reage nem censura.*

*Ela é capaz de desconectar e perceber que todos estamos enredados na teia da reação, que alguém pode continuar apontando o dedo da imperfeição e que, dessa forma, essa ação não terá fim.*

*Shakti vem para "observar" a si mesma e os sistemas nos quais ela age com sabedoria e imparcialidade.*

*Sua ação cheia de propósitos propaga reverberações silenciosas de pura energia a fim de ressuscitar sua essência e transformar os velhos e aflitos sistemas.*

*A transformação começa.*

Definido Internamente

O Início
**Face Eterna**
"Eu sou"

**Shakti -
A Face Capacitada**
"Eu acesso o Poder para
ser quem eu sou"

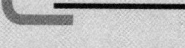

**Face Moderna**
"Eu não sou quem
você diz que sou"

inseguro

**Face Tradicional**
"Eu sou quem você
diz que sou"

Repelir para adquirir...
Liberdade; Independência;
Criatividade; Verdade; Poder;
Autoexpressão

Conformar-se para adquirir...
Aprovação; Segurança; Posse;
Aceitação; Amor; Paz

Definido Externamente

## Shakti – A Face Capacitada

### "Eu acesso o Poder para ser quem eu sou"

> *Liberdade a partir do medo e da tristeza, liberdade a partir da raiva, e injustiça proveniente do fato de estar no espaço interno certo...*
> *Conectada com os eternos poderes internos para reencontrar a Divindade...*
> *É acessível, é uma realidade que me conduz, docilmente, a recordar de minha capacidade de ser livre e vigorosa em um espaço onde o amor e a beleza não têm cuidado com a face humana. Eu posso despertar em mim a Face Shakti.*
>
> ***Valeriane Bernard***

Shakti deriva do idioma mais antigo da terra, o sânscrito, e sua crença tem sido igualmente adotada por uma das culturas mais antigas da terra, a indiana. Shakti possui três significados diferentes, porém interconectados.

- ✓ Poder
- ✓ Energia criativa de Deus
- ✓ Feminino Divino – os arquétipos da Deusa do panteão hindu são chamados de Shaktis

## A época para Shakti

Existem muitas histórias a respeito de Shakti, acerca do feminino Divino lembrado como aquele que restituiu a harmonia para o mundo por meio de seus poderes sagrados. Esses relatos não existem apenas nas tradições orientais, podem também ser encontrados em mitos de diferentes culturas no mundo inteiro.

Especialistas em mitologia, tais como Mircea Eliade, contam-nos que a mitologia é a narração de eventos que ocorreram nos tempos primordiais, isto é, são relatos de acontecimentos com seres humanos que têm como pano de fundo o começo de nosso mundo. Se isso for verdade e se trabalharmos o contexto do tempo como circular, cíclico, então é possível que as recordações de nossa mitologia estejam relacionadas à época da grande transformação que estamos experimentando hoje. Não estamos invocando os atos benevolentes dos seres etéreos, mas estamos fazendo emergir novamente a época em que as mulheres iam além das limitações de nossos sistemas de mente estreita e trabalhavam juntas em categorias mais elevadas de pensamento e essência a fim de efetuar transformações.

A pergunta é como? Como fazemos isso? Como podemos fazer isso de novo, agora?

## Uma mudança de identidade

A capacidade de transcender a forma existente e os sistemas atuais que nos enfraquecem, transformando-os em uma maneira melhor e mais harmoniosa, em apenas um mundo, exige que cada um de nós transcenda, primeiramente, às antigas formas de pensamento. Conforme a Física:

Não é possível solucionar qualquer problema com o nível de consciência ou pensamento que o tenha gerado. E o pensamento de cada um nasce exclusiva e totalmente de sua identidade.

Já constatamos que a identidade é uma questão complexa, nascida de existências marcadas pelo conformismo e pela revolta e, talvez na maior parte, essa é uma existência de identificação como mulher.

O desafio apresentado pela identidade de nosso gênero é sermos moldadas, tanto consciente quanto subconscientemente, e conduzidas, há milênios, ao que significa ser "mulher": a admirável, a notável, a limitada e a destrutiva.

Se tivermos de encontrar maneiras para mudar nosso pensamento, para transformar nossas ações, para sentir-nos suficientemente capacitadas para criar a vida que queremos para nós mesmas, nossas famílias e nosso mundo, então é fundamental que encontremos uma nova identidade livre do condicionamento que temos experimentado nos últimos mil anos.

Se tivermos de retornar a nossos seres Eternos, pelos quais continuamente ansiamos e com os quais constantemente tentamos nos conectar, então talvez seja por esse caminho que devemos começar... "ser o que eu busco".

## A jornada do inteiro ao sutil

Estamos acostumadas a nos focar naquilo que nossos sentidos percebem, a identificar o que podemos ver, sentir e ouvir – o que existe no mundo físico. Olhamos para o efeito e nos esquecemos de procurar a causa. Olhamos para os problemas sociais, tais como fome, pobreza e maus-tratos e esperamos resolvê-los oferecendo ajuda ou combatendo aqueles que parecem gerar problemas.

Atualmente, existe um movimento que busca educar comunidades e pessoas com necessidades em diferentes áreas, como na agricultura, finanças e gestão de recursos. Isso é melhor do que manter as nações dependentes, mas ainda é uma forma de lidar com o problema e não com a causa. Raramente, procuramos o passado da causa no mundo sutil da identidade e do pensamento.

Se ao nível da alma nos sentirmos incertas, ameaçadas ou inseguras, iremos acumular dinheiro, alimentos e outros recursos para nos prover caso haja um possível futuro de escassez. Se nos sentirmos incertas, formaremos identidades egoístas para nos sentirmos bem com nós mesmas. Essas necessidades vão exigir muito esforço para sua manutenção, algumas delas precisarão de uma gama de recursos materiais para reforçar a sua longevidade – a mansão georgiana, carros importados, etiquetas de *designers* famosos, mais sapatos do que uma pessoa precisa durante toda a vida, cosméticos, cirurgia plástica, e assim por diante.

Podemos fazer uma doação para World Vision e apadrinhar uma criança na África por quarenta dólares ao mês, fornecendo recursos para alimentação e educação, recebendo uma foto e cartas; assim, pelo menos, sentiremos que estamos fazendo alguma coisa. No entanto, nosso mundo pertence a uma raça que é primeiramente incerta, autoprotetora, interessada em si mesma e que tenta se sentir segura usando os meios do mundo material.

Com o desejo de retornar à segurança do ser Eterno – que nos oferece amor, poder, paz, pureza, alegria e verdade –, esquecemo-nos para onde devemos olhar. Esquecemos que o sutil, o invisível, é onde tudo começa – o mundo dos pensamentos e sentimentos internos.

Tudo é, primeiramente criado no mundo sutil do pensamento e da imaginação. Aquilo que eu sou existe sem a interpretação, difamação e exultação de ninguém. Eu sou porque eu sou. E eu sei quem sou. (Referência interna.)

No método Conformista (a Face Tradicional), identificamo-nos como parte de um grupo mais amplo e nosso pensamento e comportamento serão um correlativo daquela identificação. Pensaremos e agiremos de acordo com as regras do grupo, sob a ilusão de que, agindo de tal maneira, permaneceremos seguros.

Dentro desse modelo, tornamo-nos a mulher submissa – a esposa e a mãe subserviente. Ou então manipulamos o poder ou o buscamos onde quer que o possamos encontrar, geralmente por meio da posição dentro da família, estrutura social ou profissional. Uma vez que a posição tenha sido atingida, as jovens mulheres que estão "abaixo" de nós podem apresentar uma ameaça para o poder limitado que percebemos no sistema e, portanto, são mantidas impotentes como éramos nós. Nesse método, eu identifico meu lado exterior e mantenho o sistema vivo. (Referência externa.)

No método Reformista (a Face Moderna), nós deixamos de nos identificar com o grupo. A identidade torna-se, assim, uma anti-identidade que, por definição e forma, ainda faz parte do mesmo sistema. Desse modo, o pensamento e o comportamento irão se manifestar como uma polaridade para suas tradições: serão o yin para seu yang, o oposto, a tensão do "outro" que também mantém o sistema vivo.

Tendo buscado a liberdade, nunca poderei ser livre porque carrego o sistema que odeio dentro do meu coração e da minha mente. Todas as ações são conduzidas consciente ou subconscientemente pela ligação (meu desprezo) com o sistema. Minha percepção do ser está relacionada às mudanças que estou efetuando. (Referência externa.)

## Uma nova identidade

No método Transformista (a Face de Shakti), eu acesso o poder para me autorredefinir, não com base em qualquer coisa externa, mas no autêntico apelo vindo do interior. Começo a jornada do reconhecimento notando que posso recuperar os poderes e as virtudes do ser Eterno e, portanto, poderei causar impactos no mundo exterior. Ao lutar com o sistema em que vivo, ofereço o meu poder.

Com essa transformação interna, sou capaz de regenerar minha energia, escutar o que sei que é real, entender a ação correta, explorar a criatividade, tornar-me destemida, saber meu destino.

O mundo ao meu redor torna-se um espelho para verificar meu progresso, o que me permite enxergar a mim mesma. Conforme mudo minha forma, meu pensamento e minhas capacidades internas, meu mundo também irá mudar.

Onde houver *intenção* pura e forte seguida da *atenção*, perceberei seu reflexo no meu ambiente físico – higiene pessoal, lar e local de trabalho, relacionamentos pessoais e relações profissionais, saúde física e bem-estar, felicidade, prosperidade. Se meu mundo externo estiver impedido de prosseguir, ele está me dizendo que meu mundo interno está impedido de prosseguir.

Shakti é a Face que transforma o mundo por meio da profunda atenção direcionada para o mundo interno. Como uma mulher que usa essa Face, sei que focar em causas externas e brigas significa evitar olhar para meus próprios desejos compulsivos, minhas próprias necessidades e meu próprio ser ferido. Direcionar toda a atenção às injustiças do mundo significa alimentá-las com o pouco poder que ainda me resta.

Como Shakti, experimento o sutil, o espiritual; provo os princípios e leis da vida e percebo que o mundo invisível de pensamentos e sentimentos é diretamente responsável pelos resultados que vejo em meu mundo externo. Aprendo a confiar em minha intuição, pois ela é aprimorada com o poder espiritual.

Diante da face da oposição, aprendo a não lutar em vez de atribuir poder por trás do meu conhecimento intuitivo. Entendo que a oposição vem para roubar meu poder, pois se sente ameaçada. Inicia-se a luta para desviar minha atenção de minha visão, meu foco, e, dessa maneira, não me sinto iludida, e sim permaneço firme em minha nova identidade e acesso meus poderes e qualidades internos, mantendo-me estável durante minha trajetória. (Referência interna – Controle externo.)

## Shakti é poder

O simples exercício de mudar de identidade de mulher para Shakti proporciona a experiência de tornar-se livre e poderosa. O desafio é livrar-se do condicionamento de milhares de anos que diz que as mulheres são...

- ✓ inferiores
- ✓ burras
- ✓ impuras
- ✓ irracionais
- ✓ uma entrada para o inferno
- ✓ objetos de luxúria
- ✓ propriedades ou criadas dos homens

O desafio é parar de acreditar na pessoa que o mundo existente diz que sou e avivar na lembrança de quem sou realmente.

O puro ato de remover meu foco do externo para o interno dá início à jornada da transcendência.

- ✓ Eu não sou mais uma mulher (uma identidade física), eu sou Shakti – o feminino Divino, um instrumento para a energia de Deus, o trabalho transformativo de Deus no mundo.
- ✓ Eu não sou mais limitada a meu papel de mãe, eu me torno uma Mãe Mundial compartilhando amor, a tolerância e os poderes protetores com toda a família humana mundial.

## Entendendo o sistema

O sistema mundial existente (falando em termos gerais) é patriarcal, o sistema da dominação masculina, no qual aqueles nascidos como homens nascem com o direito da regra. Esse sistema tem sido fortalecido de geração em geração, em diferentes culturas em todo o mundo. Esse sistema de dominação, de poder sobre os outros, é, portanto, adotado por todos que vivem nele. Mulheres dominam outras mulheres para readquirir o poder que foi tomado pelos (e entregue aos) homens dentro desse sistema.

Em 2005, antes de ir embora da Austrália, escutei Mary Robinson falar. Ela era maravilhosamente inspiradora, contando muitas histórias fantásticas sobre sua vida durante e depois da época em que ela foi a primeira mulher a ser presidente da Irlanda. Seu mandato durou sete anos e seu posto foi seguido por outra mulher que estava na metade de seu segundo mandato em 2005, quando ela relatou essa história.

Mary Robinson nos contou que ela conhecia uma mulher cujo filho tinha onze anos de idade. Seu filho um dia perguntou a ela: "Mãe, um menino pode se tornar presidente um dia?". Geralmente, conhecemos o outro lado da história: uma menina pode se tornar presidente um dia?

Esse exemplo me revela que nosso sistema de consciência humana desenvolveu-se dentro do sistema de domínio baseado em diferença, nascido da insegurança.

O sistema de domínio é um regime de falta de poder, que funciona com quantias limitadas de energia. Além disso, estrutura-se no subconsciente, onde há apenas uma determinada quantia de energia disponível para nós, assim, esse sistema toma o poder dos outros porque não conhecemos outra forma de nos reabastecermos.

Quando agimos com base em uma identidade corporal do masculino ou feminino, somos limitadas pelo sistema do físico e pelas leis que se aplicam no universo físico.

Entretanto, se transcendermos esse sistema de consciência limitada, personificando nossa identidade original da energia sutil, de virtudes, de poderes, de espírito, então, temos acesso à energia que está fora e além das limitações desse sistema.

Conforme mudamos nossa identidade, tornando-nos mais seguras em nossa percepção do ser, alteramos os limites e removemos as fronteiras do confinamento, enxergando a nós mesmos e aos outros como seres inteiros de possibilidade e poder.

Se nos sentirmos seguras dentro de nós mesmas e poderosas, não nos sentiremos ameaçadas, não nos tornaremos defensivas, existirá, enfim, paz. Na realidade, podemos nos tornar um canal para alimentar o limitado sistema humano com energia Divina, Shakti, capacitando nós mesmas e outras a retornar ao ser da Face Eterna.

## A maneira de ser Shakti

A maneira é simples e complexa, e é um processo. A simplicidade está em saber que se trata meramente de uma mudança na identidade. A complexidade está em manter essa mudança de forma duradoura por longo período de tempo.

*Simples:*
   Eu sou alma, espírito, luz, energia.
   Eu sou o poder que gera minha vida.
   Eu sou o sutil, a causa, a intenção, o criador.
   Eu sou amor, paz, verdade, beleza, divindade.
   Eu sou o que eu busco.
   Eu vivo dentro desse corpo perecível de matéria, a origem da consciência energizando o cérebro e o corpo a partir da base do terceiro olho.

*Complexo:*
Continuamos enredadas nas limitações da Tradição e da Modernidade porque nos identificamos com o físico, acreditando completamente no sistema de domínio, de jogos de poder e lutas entre gêneros, de hierarquias, de culturas, de religiões, de clãs, de grupos e assim por diante.

   Entretanto, quando reconhecemos e entendemos isso, então cada uma de nós pode ininterruptamente fazer e reafirmar a escolha consciente para acessar o poder a partir de outra fonte.

## A maneira de ser Shakti envolve três passos

1. A arte e disciplina de lembrar que eu sou o que eu busco: eu sou alma, sou tudo o que é sutil, beleza, amor e poder.
2. O relacionamento ativo e totalmente participativo com o Divino, com Deus, a fonte provedora de poder.
3. Ser receptivo para a "orientação" e confiar que eu sou um instrumento para a mudança transformacional: eu tomo atitudes no mundo.

   Então, como isso tudo funciona de uma maneira prática? Entre dizer "sim" e fazer, é certo que existe uma lacuna. Então, como a preenchemos?
   Depois de reconhecer, entender e perceber surge o aprendizado. Ao aprender a teoria, existem quatro passos para integrar o aprendizado.

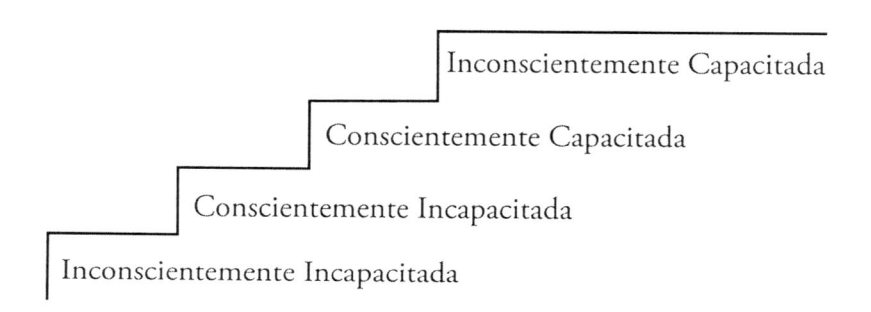

```
                                    Inconscientemente Capacitada
                         Conscientemente Capacitada
               Conscientemente Incapacitada
   Inconscientemente Incapacitada
```

Inconscientemente Incapacitada, logicamente, é quando estamos adormecidas, sem qualquer consciência sobre como a vida funciona; temos pensamentos que criam nossas vidas, somos subservientes ao estímulo externo, e assim por diante.

Depois, acordamos e nos tornamos Conscientemente Incapacitadas, ou seja, nos tornamos conscientes de algumas coisas e conscientes de que somos ineptas, incapazes, sem habilidade, método ou poder. É importante reconhecer que esse passo é uma parte natural do processo de aprendizado, pois isso nos ajuda a reconhecer que queremos aprender, mudar, acumular mais capacidade para estar no comando. Portanto, se nos tornarmos conscientes significar que às vezes temos um sentimento igual a "Oh, meu Deus... que bagunça!", então estamos em um passo fundamental.

Lembro-me de que achava que meus pensamentos, após começar a meditar, eram extremamente mais viciosos, agitados e destrutivos do que anteriormente, até que percebi que antes de meditar não tinha absoluta consciência do meu mundo interno.

Assim, é normal ficar um pouco chocada com o que você vê quando se torna consciente. E essa é uma boa motivação, tomar os passos necessários para passar para o próximo estágio. É importante lembrar que não é um processo único e exclusivo, você irá continuar despertando para novos aspectos de você mesma ao longo de toda a jornada.

Depois surge a parte do Conscientemente Capacitada. Esse é o passo no qual você começa a aprender, a praticar e a experimentar. Você experimenta e verifica os resultados. Você ouve, vê e sente, e se apropria do que quer que surja para você em forma de conhecimento. Em seguida, integra esse novo conhecimento dentro de si mesma. Você vê como se ajusta a isso e, se houver uma adaptação, deixará com que ressoe com a sua pura essência. Às vezes, o conhecimento surge antes da hora correta. Se algo não fizer sentido, se não ressoar da maneira certa, então deixe-o de lado. Se for correto para você, será correto na hora certa. E se a hora for adequada, você se integra e então... você se torna.

Esse é o passo final. Inconscientemente Capacitada. Você se tornou o aprendizado. Ele tornou-se você. Você é uma. O conhecimento tornou-se a sua experiência, que é sua autoridade. Você não precisa de um pedaço de papel ou de um título, sua autoridade é inquestionável porque é poder, verdade, autenticidade.

Portanto, nos próximos capítulos iremos cobrir uma variedade de diferentes ferramentas, percepções profundas, práticas e métodos que irão torná-la apta para aprender, tornar-se e ser de forma contínua.

## Os diferentes aspectos de Shakti

Para simplificar um pouco o papel de Shakti, vamos dar uma olhada nas três diferentes áreas da Inteligência:

- ✓ Emocional – Ego e outra percepção.
- ✓ Espiritual – Quem sou eu? Para que eu estou aqui?
- ✓ Criativa – A lei da manifestação.

O papel da transformação de Shakti significa que ela funciona com a energia do "3":

- ✓ Três Faces – Eterna, Tradicional, Moderna.
- ✓ Três Inteligências – Emocional, Espiritual, Criativa.
- ✓ Três aspectos de tempo – Presente, Passado, Futuro.
- ✓ Três energias de manifestação – Desconectar-se, Sonhar, Fazer.
- ✓ Três energias de transformação – Criação, Suporte, Destruição.
- ✓ Ela usa o terceiro olho para ter uma visão clara.

Shakti torna-se o alquimista, transformando as sombras em luz e a liga em ouro.

Shakti é um papel muito ativo. Um papel proativo, nutrido e fortalecido no silêncio, onde o conhecimento se transforma em sabedoria e a sabedoria se transforma em experiência.

## Pensamentos

## A Face de Shakti

*O que eu conquisto ao adotar essa Face*
- ✓ segurança
- ✓ liberdade
- ✓ acesso à verdade
- ✓ amor
- ✓ paz
- ✓ poder
- ✓ felicidade
- ✓ a pureza de meu próprio ser

*Como essa Face modela a minha autoestima*
- ✓ Ela me entrega para minha própria fonte do EU – para o centro da verdade e da beleza.
- ✓ É a face que me devolve a autoestima, o autorrespeito, a autoconfiança.

*O que eu sacrifico ao usar essa Face*
- ✓ Ligação com a maneira como as coisas têm sido.
- ✓ Realização e conquista limitadas.
- ✓ Desejo compulsivo ou ligação com o suporte temporário.
- ✓ Não assumir a responsabilidade por mim mesma e pela minha vida.

*O que me custa*
No princípio, pode custar-me aceitação e paz, já que meus entes queridos irão querer saber o que está acontecendo, por que estou mudando e por que estou causando perturbações em suas vidas. Às vezes, isso fará com que eles projetem sua insatisfação e insegurança em mim. Se eu não tiver consciência que isso pode acontecer, não terei nenhuma estratégia para me autogovernar e apoiá-los durante as mudanças.

Entretanto, sendo consciente, eu consigo usar os 8 Poderes para manter minha estabilidade e, durante minha meditação e no decorrer do dia, consigo enviar uma positiva energia estabilizadora a meus entes queridos.

Eles poderão, inclusive, esperar de mim orientação, se conseguirem perceber meu contentamento e meu sucesso. Eles sentirão a minha força e o meu amor e, contanto que eu não tente "convertê-los", provavelmente eles irão querer senti-la também.

*Quais* sanskars *(hábitos de personalidade) desenvolve*
- ✓ pura independência e interdependência
- ✓ não julgamento
- ✓ cooperação
- ✓ tolerância
- ✓ amor
- ✓ compaixão
- ✓ assertividade
- ✓ clareza
- ✓ discernimento
- ✓ resolução
- ✓ criatividade
- ✓ receptividade
- ✓ intuição
- ✓ determinação
- ✓ foco
- ✓ confiança
- ✓ alegria
- ✓ estima
- ✓ tranquilidade
- ✓ sabedoria
- ✓ generosidade
- ✓ precisão
- ✓ respeito
- ✓ integridade
- ✓ autenticidade
- ✓ pureza
- ✓ responsabilidade
- ✓ humildade

*Como a Face de Shakti me ajuda e me limita?*
Ajuda-me a retornar para minha Forma Original, meu Eterno EU, as qualidades sutis que busco em cada ação que desempenho, em cada dia da minha vida.

Limita-me nas coisas ordinárias e mundanas que não me satisfazem mais, mesmo se eu persistir com elas.

Uma vez despertada, é muito difícil adormecer novamente e, se eu vestir a mediocridade e resistir ao chamado, terei de suprimir a voz interna, negando, assim, minha própria verdade. Finalmente, terei de sentir as consequências por desconsiderar meu próprio conhecimento.

*Que sentimentos ela gera*
- ✓ força
- ✓ compaixão
- ✓ fé
- ✓ certeza
- ✓ alívio

*Quais são seus pontos fortes*
- ✓ persistência
- ✓ firmeza
- ✓ visão
- ✓ aceitação
- ✓ amor
- ✓ silêncio

*Quais são seus pontos fracos?*
Não há nenhum. Ao retornar a meu ser interior, passarei a agir sem fraqueza alguma; mas isso não é atribuído à Shakti; às vezes, esqueço tudo e acabo dando umas escapadinhas ao Tradicional e ao Moderno.

*Quais são seus principais condutores?*
Não é nem conduzido nem compelido.

Quando uso essa Face, recebo inspiração para minha própria verdade, meu próprio destino; para voltar para a morada do eu.

Eu também sou inspirada para contribuir para a humanidade como parte de meu destino, para encontrar meu propósito em estar aqui neste momento, com estas escolhas.

*Quais são os principais desafios?*
- ✓ Não voltar aos padrões antigos como reações inconscientes às circunstâncias.
- ✓ Contrabalancear todos os poderes e não se tornar dependente de alguns apenas.
- ✓ Estabelecer o tempo para o "EU" e o tempo para os outros.
- ✓ Confundir o pensamento e o comportamento da velha Face Moderna com o de Shakti (isso exige muita honestidade com o EU e um entendimento muito sutil que surge da reflexão e da tranquilidade).
- ✓ Criar tempo durante o dia para nutrir o silêncio interior.
- ✓ Adquirir minha subsistência da Fonte e não de pessoas, coisas, atividades, papéis, conquistas, artigos de consumo.

*Como eu lido com a mudança ao usar essa Face?*
Eu abraço a mudança, deixo que flua para dentro de minha vida, sabendo que é um sinal de que estou no caminho.

*Qual é a capacidade de liderança do indivíduo que usa a Face de Shakti?*
Essa é a Face do Líder Transformacional, o tipo de líder necessário no mundo atual.
- ✓ Sentir-se confiante o suficiente para crer no mundo invisível de virtudes, poderes e conhecimento interior.

- ✓ Permanecer em um caminho sem mapa, apenas com uma bússola interna, a intuição e sinais vindos do universo para poder me guiar.
- ✓ Defender princípios e libertação quando outros estão agindo movidos pelo medo.
- ✓ Saber realmente que o amor é o maior poder transformacional que existe...
- ✓ ...Que a humildade é um ponto forte e a arrogância, um ponto fraco...
- ✓ ...Que o intelecto Divino é um intelecto completamente prático...
- ✓ ...Que uma mente calma é um puro recurso criativo...
- ✓ ...É um tipo de liderança necessária para concretizar um mundo sustentável; uma liderança que pode e realmente ocorrerá em todos os níveis da sociedade.

*Como essa Face se relaciona com o poder?*
É um poder e como tal não precisa tentar tomar o poder dos outros. Usando essa Face, eu doo poder porque estou conectada com a Fonte Suprema do poder. Ao doar, eu não perco o poder, mas rejuvenesço e me regenero.

Qual é a sua orientação com o Tempo?
- ✓ Essa é a Face que engloba os três aspectos de tempo...
- ✓ Ao usá-la, serei capaz de viver inteiramente no presente e desfrutar dos benefícios da "essência".
- ✓ Tenho consciência de onde eu venho e para onde estou indo.
- ✓ Aprendo com o passado para que o presente possa ser o melhor possível, entendendo que minhas ações hoje terão consequências amanhã.
- ✓ Trabalho com o futuro, criando uma pura visão para mim mesma e para meu mundo, uma visão que me apoia, puxando-me adiante e expulsando-me da força magnética dos padrões anteriores.
- ✓ Inspira meu pensamento, minhas escolhas e minhas ações atuais.

Finalmente, quando eu tiver praticado o uso dessa Face de forma adequada, terei me transformado no meu EU Eterno mais uma vez. Nesse período, viverei naturalmente, inconsciente no "Agora".

Meus pensamentos e ações se juntarão e formarão uma unidade. Serei a personificação da receptividade, da ação correta, e a manifestação do pensamento em ação será um processo limpo, claro e natural.

Durante a jornada, irei vivenciar momentos, dias ou semanas nesse estado até ser sequestrada pelas Faces da sobrevivência. Depois, o jogo consiste em voltar facilmente para um estado mais elevado, sem lamentação ou tristeza pela perda temporária.

*Qual é a sua relação com a emoção?*
Se definirmos a emoção como reações energéticas ao estímulo externo com o qual estou ligada, essa Face se encontra além da emoção porque está além da reação e da ligação. Os sentimentos puros são o domínio de Shakti.

*Qual é o principal desejo compulsivo?*
Aquela que usar essa Face pode se tornar dependente da transformação. O objetivo da transformação é finalmente "tornar-se" e não "transformar-se" eternamente. O desejo compulsivo pode ser o movimento, a análise, a mudança e o processo contínuos, mas nunca será uma parada no simplesmente ser e na apreciação da essência.

*Como essa Face se relaciona com Deus?*
Ao usar essa Face, a relação com Deus é de parceria. Eu compreendo que Deus é poderoso, maravilhoso e magnífico porque Deus nunca nos esqueceu.

Quanto mais tempo passo me conectando com Deus, com essa fonte de pura energia e beleza, mais eu percebo que essa é minha própria natureza intrínseca. Minha relação com Deus é a de ser ensinada, guiada e amada para me tornar igual. Eu também percebo que não há dependência, dívida ou tristeza nessa conexão.

Como Fonte, sou capaz de experimentar todas as relações com esse Ser Único; a energia ímpar de uma mãe, um professor, um amante, um amigo, um companheiro, um pai, enfim, um consolador do meu coração.

Todas as necessidades de minha alma podem ser satisfeitas nessa conexão, o que significa que posso limpar minha energia e purificar minha essência, e, assim, permitir que eu tenha uma relação com os outros de uma maneira totalmente não dependente, não necessitada e não arrebatadora.

Na Face de Shakti, minha relação com Deus é inteligente e sensível. Sei que Deus é um ser de luz constantemente benevolente. Apenas quando eu entrar na energia inferior ou em pensamentos e ações de frequência inferior, realmente me desconectarei daquela Fonte. Por outro lado, o fluxo de pura energia, de bênçãos contínuas e de visão poderosa é constante e encontra-se completamente disponível para mim. Essa é a maior recompensa ao empreender essa jornada.

## Shakti domina as Novas Inteligências

Eu cresci em uma época em que a inteligência era medida pelo QI. Com o passar dos anos, e à medida que melhoramos nossas formas de compreensão, passamos a entender que o QI (Quociente de Inteligência) é uma forma de medir uma porção muito pequena da capacidade neurológica. É a medida, principalmente, da capacidade de usarmos o cérebro lógico, linear, verbal e matemático esquerdo. Pesquisas indicam que a explicação das capacidades de aprendizado e conhecimento é mais complexa do que a simples divisão do cérebro ao meio e a indicação de dois hemisférios: o da direita e o da esquerda; entretanto, para facilitar as coisas, geralmente essa é a maneira pela qual esse assunto é apresentado.

| Hemisfério Esquerdo | Hemisfério Direito |
|---|---|
| ✓ Lógica | ✓ Criatividade |
| ✓ Necessita de estrutura | ✓ Acomoda o caos |
| ✓ Processamento linear | ✓ Intuição |
| ✓ Sequencial | ✓ Processamento holístico |
| ✓ Matemática | ✓ Aleatório |
| ✓ Palavras | ✓ Simbólico |
| ✓ Concreto | ✓ Reconhecimento padrão |
|  | ✓ Visionário |

É evidente, mesmo nesse esboço de visão geral, que o QI realmente lida com uma perspectiva muito estreita sobre a inteligência.

Quando estive no sul do Brasil, em Canela, havia uma mulher em um seminário sobre as Quatro Faces que disse que um dos motivos pelo qual ela estava presente era porque queria aumentar a sua memória por meio da meditação. Quando a questionei um pouco mais, ela me disse que sempre se sentiu tola, que não era tão inteligente quanto as outras pessoas e ficou sabendo que a meditação poderia melhorar sua capacidade cerebral, mais especificamente sua memória e a aptidão com números. Por fim, essa mulher se tornou uma artista talentosa, ela é uma mãe inspirada, uma costureira brilhante, narradora de histórias, treinadora e tem muitos outros talentos.

Disse a ela que a meditação definitivamente pode melhorar a memória assim como ajudar a acessar com mais facilidade a capacidade do cérebro. Eu espero que a tenha ajudado a entender que o que ela procurava desenvolver era apenas um tipo de inteligência e não a inteligência. Disse também que há muitos tipos diferentes de inteligência, mas que a maioria de nossos sistemas de educação em todo o mundo instrui principalmente o hemisfério masculino, o do lado "esquerdo" e depois mede a aptidão de cada pessoa naquela área que é chamada de inteligência. Essa é uma visão de inteligência limitada e restritiva.

Howard Gardner codificou nove inteligências, afirmando que, para uma educação completa e culta que nos prepare competentemente para uma vida capacitada, precisamos desenvolver todas elas.

- ✓ Lógica-matemática
- ✓ Linguística
- ✓ Musical
- ✓ Visual/Espacial
- ✓ Corporal-cinestésica
- ✓ Interpessoal
- ✓ Intrapessoal
- ✓ Naturalista
- ✓ Existencial

Sermos inteligentes em termos de QI realmente é bastante útil, pois nosso mundo externo é elaborado com base nele; entretanto, os tempos estão mudando.

Daniel Goleman lançou a parte principal do trabalho intitulado *Inteligência Emocional* no final dos anos 1990. Desde então, houve ainda a apresentação de Dana Zohar sobre *Inteligência Espiritual*. Há também *Inteligência Adversa*, *Inteligência Criativa* e *Inteligência Divina*. Recentemente, no Chile, foi lançado um artigo sobre um livro escrito que fala da *Inteligência Maternal*.

Ao mesmo tempo em que poderíamos ser considerados um tanto monótonos e pouco criativos ao repetir o "código" da inteligência, parece-me que há uma natural necessidade na psiquê humana no atual momento de reconhecer o valor e a validade de um número de formas diferentes de ser considerado inteligente.

## As novas inteligências reúnem as energias masculinas e femininas dentro de todos

As novas inteligências destacam o valor e a validade das aptidões mais "brandas" e invisíveis, especialmente nessa época de enormes mudanças. As qualidades associadas ao hemisfério direito do cérebro são tipicamente codificadas como energia feminina, já as capacidades mais lógicas e tangíveis do lado esquerdo são classificadas como energia masculina.

O processo de contrabalancear as duas energias em nosso mundo e em nós mesmas encontra-se no âmago da nossa jornada espiritual.

Na mitologia oriental, existe um símbolo para o perfeito equilíbrio entre o masculino e o feminino dentro de cada indivíduo. Na cultura indiana, ele é encontrado em Vishnu, a imagem com as quatro armas que diz ser a energia da sustentabilidade. Na tradição chinesa, há o Tao do símbolo do Yin e Yang. No budismo, existe o Buddha e Kuan Yin, a forma feminina do Buddha.

Carl Jung falou sobre *Anima* e *Animus* dentro de cada um de nós. Nas mitologias grega e romana existem os arquétipos masculino e feminino – os deuses e as deusas simbolizando o equilíbrio de energias dentro dos seres humanos.

Quando falamos sobre Shakti, estamos falando de Shiva-Shakti, que é a forma combinada de Shiva e Shakti, das divindades masculina e feminina.

As novas inteligências estão retornando para esses equilíbrios arquetípicos, a fim de personificar dentro de nós as puras energias emanadas do feminino e do masculino. Não é possível que esse equilíbrio exista em nosso mundo, a menos que exista primeiro dentro de cada um de nós. Continuaremos a desempenhar os papéis dos homens e das mulheres, mas com base na totalidade e na plenitude que nos fazem sentir seguras e poderosas; isso nos permite a libertação do medo e também que sejamos mais generosas, amorosas, confiantes, compassivas e criativas.

Nas próximas páginas, irei apresentar as Inteligências Emocionais, Espirituais e Criativas, pois elas estão relacionadas à jornada espiritual proposta pelas Quatro Faces.

Caso queira explorar essas inteligências mais a fundo, você poderá encontrar facilmente vastos volumes sobre Inteligência Emocional (*EQ – Emotional Intelligence*) e Inteligência Espiritual (*SQ – Spiritual Intelligence*) e alguns sobre Inteligência Criativa (*CQ – Creative Intelligence*).

# Inteligência Emocional, Espiritual e Criativa

## Inteligência Emocional – EQ

A Inteligência Emocional foi classificada de diferentes maneiras. A mais popular pode ser encontrada no livro escrito por Daniel Goleman, *Inteligência Emocional*. O trabalho de Goleman baseia-se, primeiramente, no cenário do desenvolvimento empresarial e da questão da liderança nesse setor. Grande parte de sua pesquisa em associação com o Hay Group destaca que a EQ é um grande diferencial na formação de líderes no mercado atual. Seus argumentos demonstram claramente que o QI pode fazer com que você consiga o emprego, mas a EQ faz com que você seja promovida.

As pesquisas de Goleman demonstram consideráveis pontos fortes:

- ✓ O raciocínio analítico aumentou o proveito em 50%.
- ✓ Capacidades autogestacionais aumentaram o proveito em 78%.
- ✓ Habilidades sociais aumentaram o proveito em 110%.
- ✓ Habilidades sociais + autogestão aumentaram o proveito em 390%.

Contudo, neste livro não estamos focadas, de forma alguma, nos negócios, na carreira ou no dinheiro. Estamos concentradas nos resultados reais e tangíveis que a jornada e as ferramentas de As quatro faces da Mulher produzem. As estatísticas citadas acima são exemplos de como trabalhar com as capacidades internas está se tornando mais valioso e reconhecido, mesmo no último bastião da predominância do cérebro esquerdo, o domínio dos negócios.

Portanto, para aquelas que não estão familiarizadas com o conceito de EQ existem, efetivamente, quatro áreas de aplicação. Eu adaptei os seguintes pontos com base em Goleman et al.

*Autoconsciência*
- ✓ Conhecer suas próprias emoções
- ✓ Conhecer seus padrões – positivos e destrutivos

*Autogestão*
- ✓ Manter um nível de desligamento dos velhos padrões
- ✓ Administrar as próprias emoções
- ✓ Ser autêntica a respeito de quem você é hoje
- ✓ Motivar a si mesma

*Consciência social*
- ✓ Reconhecer os sentimentos dos outros
- ✓ Fazer uma contribuição
- ✓ Ter consciência dos sistemas nos quais você existe

*Gestão de relacionamentos*
- ✓ Entender e administrar a dinâmica dos relacionamentos
- ✓ Identificar e articular as necessidades e expectativas na relação
- ✓ Apoiar e inspirar os outros
- ✓ Administrar a transformação nos relacionamentos

**Inteligência Espiritual – SQ**
Certamente, o livro inteiro dedica-se ao desenvolvimento da Inteligência Espiritual (SQ). SQ fala da autoconsciência, que é justamente a consciência além da gestão das coisas obrigatórias do dia a dia como EQ. SQ propõe que haja:

- ✓ um maior significado;
- ✓ um maior contexto;
- ✓ e um maior propósito para cada vida à qual todos nós estamos conectadas, com nossa própria divindade, com a divindade dos outros e também com a Fonte da Divindade.

SQ está ressurgindo e revitalizando:
- ✓ as qualidades ou virtudes originais da alma (veja A Face Eterna);
- ✓ e desenvolvendo os poderes da alma (veja A Face de Shakti).

SQ faz as perguntas profundas da vida:
- ✓ Quem sou eu?
- ✓ Por que estou aqui?
- ✓ Quem ou o que é Deus?

Diferente da EQ, que diz que tenho de me tornar melhor, SQ diz apenas que eu preciso ser meu autêntico EU, que é poderoso. Esse processo funciona com o princípio fundamental de que o que é inerente em cada um de nós é a cópia da "essência" pura e perfeita; sugere que, se conseguirmos aprender a arte da introspecção e da tranquilidade, a invocação das puras qualidades naturais internamente, a conexão silenciosa e profunda com a Fonte Suprema que nos faz lembrar que somos criados à sua semelhança, juntamente com a ciência energética da transformação alquímica, então somos capazes de voltar à plenitude do nosso exclusivo ser.

A partir desse estado, fazemos boas contribuições além das tarefas diárias ou mesmo do desempenho exemplar. Nesse estado também carregamos a energia do "paraíso" dentro de nós e, simplesmente, começamos a invocar nos outros as mesmas memórias com as quais nos conectamos.

## Inteligência Criativa – CQ

O estado natural do ser humano é a alma, a única expressão criativa. Somente quando nos desconectamos de nossa eterna segurança e começamos a depender dos outros para nos sentir seguros, começamos, realmente, a ceder e a perder essa capacidade inata. À medida que envelhecemos dentro de nosso sistema de educação, temos a tendência de nos tornar menos criativa se, portanto, perdemos nossa capacidade de inovar.

Sally costumava dar aulas. Ela me disse que quando perguntava a um grupo de crianças de cinco anos de idade: "Quem sabe cantar?", todos levantavam as mãos e gritavam: "Eu!!!". "Quem sabe dançar?", de novo, todos gritavam juntos: "Eu!!!!!!".

Nos *workshops*, palestras e seminários que conduzo, quando faço a mesma pergunta, é um milagre se um por cento das pessoas presentes dá uma resposta positiva. Na maioria das vezes, ouço as pessoas se lamentarem e dizerem: "Eu não!".

A inteligência criativa não consiste em ser uma artista aclamada, mas em viver a vida como uma arte. Isso significa expressar sua singularidade de forma desembaraçada, com a alegria que surge, sem restrições externas. Entretanto, hoje nos mandam "ser convenientes". A pergunta que vem a minha mente é: "convenientes de acordo com os critérios de quem?". À medida que envelhecemos, temos tendência de nos tornar mais cautelosas, receosas, inseguras. A fragilidade do corpo alimenta a ideia de que precisamos ter cautela, de que podemos cair, ser atacadas, ficar doentes, ter um ataque do coração. E, dessa forma, antes de morrermos, paramos de viver; devido à insegurança e ao medo, encolhemos nosso mundo e perdemos a arte de viver.

CQ nos conecta novamente a essa arte perdida. Seria programar nosso futuro em alinhamento com nossa essência mais preciosa; seria entender a lei da manifestação; as dimensões e as energias da transformação e, então, usar os 8 Poderes para limpar o caminho, avançando com o rio da inovação, conforme ele flui através de nossas vidas.

## Ferramentas para o desenvolvimento das Inteligências Emocional, Espiritual e Criativa

As Inteligências Emocional, Espiritual e Criativa – EQ, SQ e CQ – compartilham ferramentas semelhantes. Quando você atinge, na prática, diferentes níveis, as ferramentas se transformam e passam a ser utilizadas como poderes, armas e magia. É o mesmo processo de um cozinheiro-chefe, um jogador de tênis ou um escritor. Todos nós possuímos os mesmos componentes para jogar, usar e empunhar. No entanto, é a nossa habilidade, nossa experiência, nossa prática e nossa energia que criam a funcionalidade, a arte e a alquimia.

### Respiração
Em nossa vida atribulada, temos a tendência de passar pelas barragens emocionais sem dissolver ou liberar energia. Essa "energia em movimento" fica acumulada e retida em nossos corpos físicos, bem como em nossos corpos energéticos. Ao longo do tempo, podemos experimentar dor, cansaço e mesmo exaustão. Ter o cuidado de respirar e escolher respirar de maneira mais profunda é de grande ajuda na liberação da tensão emocional acumulada.

### Exercício
O exercício é uma coisa que eu considero bastante difícil de inserir na rotina diária. Entretanto, encontro-me totalmente comprometida em fazer um passeio rápido, dançar ou fazer alguma atividade quando sinto que tenho emoção acumulada que não consigo deixar fluir por meio da ponderação ou do simples entendimento. Tenho consciência de como essa energia acumulada pode aumentar e explodir, ou implodir, se eu não achar um meio para liberá-la.

**Emoções**
Geralmente, temos um conjunto limitado de emoções para escolher. Em nosso mundo pós-industrial, onde não tínhamos permissão para "sentir", muitos de nós se tornaram entorpecidos em relação aos sentimentos e emoções.

Lembro-me de muitos anos atrás quando frequentava a universidade e estava indo falar com a orientadora. Tenho a nítida lembrança de sentar em um almofadão verde claro de vinil e dizer a ela que estava assustada, que não sabia mais o que estava sentindo. Lembro-me de que ela era uma pessoa muito amável, mas não conseguiu me ajudar de forma alguma. Até que consigamos identificar nossas emoções de maneira correta, não somos capazes de verdade de nos liberar delas totalmente. Quando você não tiver certeza de como está se sentindo, pode ser útil fazer essa pergunta: "Eu estou triste, furiosa, assustada ou feliz?". E, a partir daí, você pode aprimorar o sentimento. Caso contrário, alguma coisa que a está meramente aborrecendo pode receber o rótulo de enfurecedor. Algo perigoso pode ser mal interpretado como um pouco assustador. Algo deliciosamente alegre pode ser sabotado como "bom". Uma vez que você tem certeza do que está vivenciando, pode então controlar o dano e abraçar a fascinação.

A tabela a seguir é uma boa maneira para estruturar os sentimentos e pensamentos perturbadores de uma pessoa, para que seja possível adquirir alguma clareza e perspectiva. Ela está desenhada de uma forma que a ajudará a fazer escolhas para alcançar o progresso.

| Como me sinto | O que desencadeou a forma como me sinto | Como gostaria de me sentir | Passos fáceis e realizáveis que preciso tomar dentro de 24 horas | Pontos fortes que eu sei que tenho e que vão me ajudar a recuperar a dignidade |

## Meditação

O ato de se desligar do caos de suas responsabilidades, de seus papéis, seus relacionamentos, suas ações e seus sentimentos oferece oportunidade e alguma perspectiva para retornar, então, para seu mundo com clareza e tranquilidade.

### EQ – Inteligência Emocional

A meditação a torna apta para reconhecer que as emoções não são simplesmente "você", mais propriamente, são energias que foram postas em movimento e desencadeadas por reações inconscientes, provocadas, sobretudo, por estímulos externos.

A meditação proporciona um universo silencioso que lhe permite reconhecer a distinção e libertar-se da crença inconsciente de que "Eu sou minhas emoções e, portanto, o que posso fazer?".

### SQ – Inteligências Espiritual

A meditação nos conecta novamente a nossas qualidades/virtudes originais. O ato de permanecer calma, de aprender a alcançar a tranquilidade no âmago central de sua essência, é a prática para a verdadeira vida – viver em um estado interior livre de preocupações, de perturbações, dos temores. A meditação também desenvolve os Poderes de Shakti. Ela desperta novamente o significado de sua própria eternidade, a imortalidade da "alma" e a distinção da forma da matéria – o corpo – e isso proporciona uma sensação enorme de segurança. A meditação desenvolve ainda a relação inegável entre a Alma e a Alma Suprema, que é uma relação perfeitamente doce, fortalecedora e estimulante, amorosa e purificante. É como permitir a construção energética do alicerce e da espinha dorsal da alma.

*CQ – Inteligência Criativa*
A meditação é fundamental para aprimorar e alinhar os poderes criativos da mente e do intelecto a fim de centralizar toda a energia na manifestação da Alma. Utiliza-se formas de visualização, afirmações e a área sutil do ser para invocar, no mundo materialista, a magia de seu próprio sonho.

**Estar presente**
Estar no "Agora" é uma prática verdadeira. A prática budista da atenção é muito útil para estar presente; estar "atenta" ou consciente e enfocada em cada momento, em cada tarefa, com cada indivíduo.
No hinduísmo essa consciência é chamada Karma Yoga. É o estar presente; em conexão com o momento; ouvindo o "Agora" de forma profunda e desembaraçada.

*EQ – Inteligência Emocional*
Situações, reações e emoções nos regem quando não estamos atentos para eles. Entretanto, quando estivermos presentes no "Agora", conscientes de nossos sentimentos, reconhecendo-os como "meus" sentimentos ou reações e não de responsabilidade de outros, as emoções não nos dominam tanto assim. Dê nome aos sentimentos, anote-os, descreva-os, corra, ande, fale com você mesma antes de expressá-los. Em todas as situações possíveis, não expresse os sentimentos até que tenha tido a chance de entendê-los. Tampouco os reprima. Estar presente possibilita experimentar os sentimentos sem ter de reprimi-los, além de ser capaz de observar e, consequentemente, não associá-los a meros sentimentos.

Assim, também é possível dizer: "Eu estou me sentindo irritada, desapontada, um pouco assustada, perturbada, magoada, traída", e assim por diante. Ao dizer "estou me sentindo", você se desliga do fato de realmente "ser" o sentimento. "Eu me sinto irritado" é melhor do que "Estou irritado". Isso quer dizer que há um processo de transição nesse jogo e não uma identidade absoluta.

Se eu sentir alguma coisa, consigo observar e, portanto, desligar-me do sentimento mais facilmente do que se acreditasse que sou a experiência. Quando mudamos a linguagem que usamos, mudamos também nossa realidade.

"Eu sinto" é uma posição melhor para dar início em uma relação do que "você é um...". Seria assumir uma responsabilidade de como você se sente em vez de atribuir a culpa. Quando você assume uma responsabilidade, está entrando em um local de essência poderosa. Quando você atribui a culpa, você é uma vítima que acredita ser fraca para influenciar a situação.

## SQ – Inteligências Espiritual

Apenas no "agora" você é capaz de se conectar a seu próprio eu verdadeiro. Na maioria das vezes, focamo-nos no futuro ou no passado, envolvidos na atividade inconsciente dos 60.000 pensamentos da mente por dia. Estar presente significa estar na tranquilidade do "Agora".

- ✓ Nessa tranquilidade, você irá se encontrar.
- ✓ Nessa tranquilidade, você irá encontrar sua verdade, seu propósito, seu significado e seu caminho.
- ✓ Nessa tranquilidade, você poderá escutar a voz do Divino suspirando seus conselhos.
- ✓ Nessa tranquilidade, você irá enxergar o mágico, mais além do mundano.
- ✓ Nessa tranquilidade, você tem acesso a todos os poderes e a todas as virtudes.

- ✓ Nessa tranquilidade, não existe medo.
- ✓ Nessa tranquilidade, só há um sentimento de segurança, de confiança.
- ✓ Nessa tranquilidade, sua intuição está totalmente viva e clara.
- ✓ Nessa tranquilidade, existe você e Deus.
- ✓ Com base nessa tranquilidade, você se torna a criadora de seu mundo.

*CQ – Inteligência Criativa*

Estar presente possibilita que o ser fique fora do processo de manifestação. Atingir esse estado significa que você é capaz de ver, de ouvir, de sentir, de experimentar e de cheirar os sinais sutis que surgem do jogo da vida.

Quando você é, você se torna o Mestre Tecedor e é capaz de alertar todas as linhas da criação que surgem, segurando-as, lubrificando os fios, girando a roda de fiar, esperando pacientemente à medida que os pontos entrelaçados se juntam para formar o padrão revelador.

No agora, sem temores, você encontrará a tranquilidade para avançar em direção ao futuro. Passo a passo, momento a momento do "Agora", o futuro surge como o Divino revela.

## O observador isolado

Essa posição equivale à do helicóptero. Imagine que você se encontra em uma sacada e está acima, isolada. É uma boa prática para aprimorar sua capacidade de observar a si mesma de forma precisa. Além disso, esse exercício permite que você observe a si mesma em comparação aos outros e que perceba a dinâmica que se estabelece entre você e outra pessoa, ou dentro de um grupo. Isso ajuda a facilitar o diálogo, a reconhecer as energias conflitantes, a enxergar onde você, a relação ou o grupo está preso.

Independentemente do nível no qual estamos trabalhando, essa é a condição chave para EQ, SQ e CQ.

*EQ – Inteligência Emocional*
Quanto mais nos engajamos na luta com alguma coisa, menos poder temos dentro da situação. Acabamos absorvidas pela luta e nossas perspectivas e percepções se restringem à órbita do adversário. Se nos tornamos absorvidos pelo "problema", descemos ao mesmo nível e todo nosso pensamento e visão estarão voltados para tal. Nadamos dentro do caldo da tensão e nos perdemos.

Quando estivermos lidando com nosso mundo interior e nossas reações emocionais, tanto volúveis como passivamente agressivas, é crucial manter o desligamento delas. Você não deve pôr fim ou separar-se delas; continue responsável por essas emoções e consciente delas, mas não fique absorvida, pertencida ou possuída. Não seja controlada por elas.

*SQ – Inteligências Espiritual*
Ao mesmo tempo, desligar-se dos papéis que desempenhamos, sem identificar-se como professora, mãe, executiva, ajudante, estrela, vítima, perdedora, vencedora, como qualquer coisa que não seja intrínseca, proporciona-nos uma grande capacidade de permanecer conectadas com nossos egos verdadeiros.

Assim que você se perder em um papel ou rótulo e, este estiver, de alguma forma, ameaçando-a, a sobrevivência irá reger seu comportamento e tudo se moverá para o fortalecimento dela.

Logicamente, a verdade é que você continuará desejando desempenhar o papel de uma executiva depois que você deixar de ser uma, continuará desejando cuidar de seus filhos depois que eles crescerem, continuará desejando seu namorado depois que ele a deixar ou continuará desejando permanecer jovem depois que a maturidade chegar. Se permitirmos que esses papéis nos definam, então eles terão controle sobre nós e perderemos não apenas nossa segurança, como também nós mesmas, nossa espiritualidade e qualquer conexão com o propósito de existência intencional. Retornamos ao temor, à disputa e à insegurança.

O Observador Isolado – o primeiro poder de Shakti – nos permite saber, primeiro, de forma consciente e, posteriormente, de forma intuitiva qual virtude ou poder é necessário para devolver harmonia a todos nós e ao sistema em uma situação que nos seja apresentada.

O Observador Isolado, o Testemunho – Consciência da Alma – é a ferramenta de transformação mais profunda.

Na consciência do Observador Isolado, consigo me conectar com o meu ser sutil, a luz da consciência que sou eu.

Quando me encontro dentro da consciência da luz, sou um simples pensamento distante da dança na luz do Divino. Quando sou alguém com a luz de Deus, então estou totalmente segura e cheia de beleza, e o amor passa a ser uma condição de ser e não um sentimento, assim tudo o que vejo e sinto é um reflexo desse encanto.

## CQ – Inteligência Criativa

O Observador Isolado nos permite reconhecer os sinais, as coincidências, os padrões criativos que surgem no processo de manifestação.

Permanecendo isolado do resultado, podemos, então, permitir que a mão do Divino flua da manifestação. Isso garante longevidade, sustentabilidade, beleza, desenvolvimento e evolução naturais porque não trancamos a criação dentro dos limites de nossa própria imaginação limitada.

O Observador Isolado significa que podemos perceber vastas redes de conexão do movimento, o que permite que desempenhemos nossos papéis com humildade, que façamos nossas contribuições com alegres riscos e que desfrutemos dos resultados obtidos sem a ansiedade ou a angústia que o não isolamento provoca.

## Espelhos

Entende-se aqui que "o que quer que esteja desencadeando a emoção dentro de mim é apenas um espelho de alguma coisa ainda não vista dentro de mim". Compreenda claramente esse conceito e você iniciará a jornada para libertar-se da reação emocional. Isso nem sempre é tão simples quanto parece. Às vezes, é uma relação direta, por exemplo, você fica furiosa porque alguém está sempre atrasado. Talvez você se atrase com frequencia também ou, quando olhar para a questão implícita nesse problema, pode ver que você fica aborrecida quando alguém está atrasado para ir ao seu encontro porque não se sente respeitada. Será que em algum momento você não está mostrando respeito pelos valores e pelo tempo do outro?

Em uma ocasião, ou melhor, em uma relação, levei cinco anos para finalmente conseguir olhar para o espelho de forma clara. A cada olhada, eu me aproximava cada vez mais – a pessoa é irresponsável, em que sentido eu sou irresponsável?

Ela não fica emaranhada na carga da responsabilidade, talvez eu esteja sentindo inveja porque eu gostaria de ser livre como ela? Todas essas e outras coisas me ajudaram a enxergar aspectos de mim mesma e trouxeram algumas mudanças valiosas, mas eu ainda me sinto provocada por esse indivíduo. Por fim, consegui entender, mas era um "ponto morto", era alguma coisa que eu não conseguia ver dentro de mim.

Mesmo quando outros tiveram a coragem de me dizer, eu ainda não conseguia enxergar que era uma relação prejudicial e destrutiva. Foi só depois que me dispus a entender, depois que consegui enxergar sem reações defensivas que esse era um traço meu que precisava de alguma disciplina, que finalmente me libertei.

Sentindo-me controlada e impressionada pela mutabilidade e falta de compromisso dessa mulher; nunca me ocorreu que minha contínua "inspiração pela novidade" era realmente igual à dela e essa descoberta causou um nível semelhante de perturbação em outras pessoas que estavam conectados com minha vida e liderança. Hoje eu sou um pouco mais cautelosa e espero que, de certa forma, mais consciente de meu impacto sobre os outros.

*EQ – Inteligência Emocional*
O uso dos "espelhos" como uma ferramenta da EQ é inestimável: ajuda-nos a perceber que não há pontos para atribuir alguma culpa e que essa atitude apenas nos transforma em vítimas fracas.

    O significado dos espelhos é assumir a responsabilidade de seu próprio mundo interno e, quando perceber que já se tornou normal agir dessa forma, seu mundo externo, as circunstâncias que a cercam e os relacionamentos em que está envolvida também mudarão. Quando eu reconhecer que o aquilo que me irrita no outro é alguma coisa que eu não consigo ver em mim mesma, quando tiver absoluta consciência disso, eu posso me tornar muito mais livre da reação compulsiva que me leva a julgar ou a culpar os outros. Preciso ser dona de minha própria reação, perceber o que está me provocando, ver onde consigo enxergar isso em minhas ações e em minha vida. Uma vez descobertos esses fatores negativos, então serei livre e o milagre é que eu jamais irei reagir de novo da mesma maneira.

*SQ – Inteligência Espiritual*
Na SQ, você conta com a ferramenta dos "espelhos" para enxergar de forma mais clara. A jornada espiritual consiste em retornar à beleza, e é profundamente útil ser capaz de ver cada mancha no espelho de sua própria pureza. Você pode limpar e polir o diamante do ser. Os espelhos são sempre uma dádiva no domínio da SQ.

    O aspecto positivo é que se você se sentir atraído ou impressionado com qualquer pessoa, o Espelho é uma ferramenta útil para lhe mostrar o que você está valorizando em outra pessoa mas que talvez não esteja presente em você mesma. Qualquer coisa percebida no espelho de outra pessoa é algo não reconhecido dentro de você. Essa é uma extraordinária forma de inutilizar sentimentos como ciúmes e inveja. Se você admirar alguma coisa em uma pessoa que instiga ao máximo o sentimento de inveja, tudo o que você precisa fazer é reconhecer que você acabou de receber uma dádiva: a capacidade de enxergar essas qualidades em você mesma. Então, esse trabalho começa a concentrar energia, atenção e poder por trás de uma intenção, a fim de fazer essas virtudes emergirem da escuridão.

*CQ – Inteligência Criativa*
Se estivermos reagindo, sendo persuadidas pelas qualidades e defeitos de qualquer pessoa, então o fluxo da manifestação e o modo de vida de nossas vidas serão desviados. Olhe rapidamente para o espelho, limpe-o, afaste essa reação, pare, esteja consciente e permita que o rio da vida continue fluindo.

O Espelho nos ajuda a manter o foco e a atenção em nossa criação e não na jornada de outra pessoa. É, assim, uma ferramenta poderosa e crucial no domínio da Inteligência Criativa.

**Os 8 Poderes**
Os 8 Poderes são uma forma de olhar para as sutis energias internas da transformação. Eles são o ensino principal da Brahma Kumaris World Spiritual University (www.bkwsu.org).

Esses poderes podem ser utilizados em qualquer lugar do espectro, pois é útil, sustentador, fortalecedor, transformacional e até alquímico.

Existe uma exploração detalhada de cada um dos poderes após essa introdução.

*EQ – Inteligência Emocional*
Todos os 8 Poderes são úteis para a autogestão e a administração das relações. Eles proporcionam ordem e estrutura para o mundo interno invisível, fazendo com que você enxergue de forma clara as diferentes possibilidades que surgem como respostas ao seu mundo emocional.

Por exemplo, eu gosto muito do Poder da Tolerância e do Poder da Aceitação como formas de sermos capazes de viver com as emoções e não oprimi-las ou evitá-las. Uma vez aceitas, o Poder do Discernimento pode identificar qual é a emoção e também o que a desencadeou. O entendimento dos Espelhos ou da Projeção também é uma ótima ferramenta nesse caso se houver outra pessoa envolvida na situação. Uma vez Discernido, Decida o que fazer.

Por fim, o Poder do Afrontamento é, sem dúvida, muito útil. Permite que você avance, enfrentando os demônios interiores, o que a leva a Cooperar com sua própria Decisão e com o apoio que certamente você irá receber do jogo da vida.

*SQ – Inteligência Espiritual*
Esses poderes se tornam as armas de Shakti à medida que você atravessa o abismo entre a ilusão e a verdade. São as armas que você usou para se autoextrair – sua pura essência – com base nas Faces da sobrevivência, da ilusão e também nas Faces Tradicional e Moderna.

Shakti usa esses poderes para proteger a inocência do seu ser desvelado, a Face Eterna. Conforme você lança esses poderes no silêncio, eles se revelam a você como energias invisíveis, prontas e colocadas à sua disposição para resolver, revelar, redirecionar, juntar e rejuntar, revelar, determinar, libertar e vivenciar.

Na Inteligência Espiritual, os 8 Poderes de Shakti proporcionam a fortaleza na qual se estabelece o laboratório de sua busca espiritual, sua jornada para sua própria casa e para toda sua virtude, ou seja, para sua beleza natural.

Quando usados em alinhamento com o Divino, eles são verdadeiramente alquímicos e transformacionais. Libertam o sobrevivente de suas necessidades e o transformam naquele que é liberdade e luz, realização e poder.

## CQ – Inteligência Criativa

A manifestação é uma lei natural, uma forma de passar pela vida com uma condição espontânea de pensamento voltado para a ação, para a forma. A perda da verdadeira identidade dá início às Faces da sobrevivência e essas Faces têm como elemento principal o medo, o que impede o fluxo natural do processo criativo.

Quando Shakti forma uma união com o Divino como Shiva Shakti, você se torna capaz de iniciar o papel de purificação desses Poderes a fim de remover os padrões do medo e da insegurança na alma que desvia, atemoriza ou debilita a criação. Logo, esses Poderes são os poderes de Deus que você alega serem seus direitos, à medida que você manifesta seu caminho para a luz e garante a harmonia do seu próprio paraíso pessoal.

# Os 8 Poderes de Shakti

**Afastamento**
Saiba quando recuar – desligue-se do papel, da situação... fique atento a sua perspectiva.

**Cooperação**
Entregue o ego e o vigor. Empreste seus talentos aos outros e às circunstâncias – leia os presságios e flua com eles.

**Libertação**
A partir de você mesma, a partir das correntes do passado... quando estiver terminando, acabe e siga em frente.

**Enfrentamento**
A coragem e a força para lidar com o que acontecer, com o que você sentir, com o que você vir... dentro e fora.

**Tolerância**
Vá além da insistência da reação. Seja superior... busque a sabedoria do entendimento.

**Decisão**
O poder de tomar uma atitude, de comprometer-se e seguir o rumo que você acha que é certo.

**Aceitação**
Deixe para trás a fantasia do "deveria": trabalhe com a verdade do "o que é".

**Discernimento**
O poder de ver realmente o que está acontecendo, de avaliar claramente o que é verdade e o que não é.

## Introduzindo os 8 Poderes

Estes 8 Poderes são nossos. O papel de Shakti é de liderança, independente de onde você estiver na sua vida. Se você estiver trabalhando no caixa de um supermercado, você pode influenciar vidas de milhares de pessoas com a sua atitude, seus poderes e virtudes. Você pode ter a liderança de transformar os dias, as relações e as vidas das pessoas através da sua interação com elas, da energia que você transmite, da forma como você "olha" para elas.

Da mesma forma, se você for mãe, professora, aluna, gerente, cientista, apresentadora de televisão, presidente de um país ou de uma organização, você tem o poder de liderar, de liderar pessoas além da experiência limitada que, de certa forma, concordamos que é aceitável.

Os 8 Poderes da liderança de Shakti estão esboçados nas páginas a seguir:

## Trabalhando com os 8 Poderes

Há cinco maneiras de aumentar e melhorar estes poderes na sua vida.

A primeira é saber simplesmente que você os possui, que eles são seu direito inato.

A segunda é contemplar os poderes. Pense muito neles e no que eles significam e como podem funcionar a seu favor na sua vida. Entenda as nuances de cada um deles e como o ajudam a ver a sua vida e situações de novas formas, possibilitando a presença de mais harmonia e magia no seu mundo.

A terceira é praticá-los. Como qualquer coisa, quanto mais você usa, mais eles se tornam uma forma de arte poderosa, transformando o seu mundo. Entretanto, é importante praticá-los em situações que não requerem alto nível de domínio.

Não é uma boa escolha tentar lidar com o Poder da Tolerância pela primeira vez na sua vida, quando a sua mãe, com quem você sempre teve uma relação difícil, vier para ficar na sua casa durante um mês. Pratique a tolerância quando alguém for agressivo no trânsito ou quando seu sócio estiver fazendo alguma coisa que o deixa louco ou quando as crianças não quiserem jantar.

O quarto método é resplandecê-los no fogo da meditação.

A simples atitude de transformar-se neles, conectar-se com a sua própria Fonte de Força Interna, ajuda a conscientizar-se destes poderes sutis e a desenvolver esta energia.

O quinto e mais poderoso método é suscitar estes poderes da Fonte de Todo Poder. Ao transformar-se em sua própria forma de luz, você poderá, então, sintonizar-se com a frequência da Luz Divina de Deus, trazendo mais energia/poder para você mesmo.

Ao conectar-se com a Fonte Suprema, você acessa poderes muito reais e práticos. Esses poderes ajudam a definir e a proteger o caminho adiante; eles possibilitam que você faça um trabalho transformacional dentro de você e dentro do seu mundo. Ao reconhecer que o externo é um correlativo ao interno, esses poderes trazem luz, claridade e força para o primeiro sinal de criação... o mundo interior.

Quando o mundo externo estiver confuso, Shakti desobstrui o caminho volvendo-se para dentro e removendo o caos interior.

Estes 8 Poderes são ferramentas fundamentais para a transformação do ego em atividade e, como tal, a transformação do nosso mundo.

## Formas de se relacionar com os 8 Poderes
Neste capítulo, você irá descobrir que existem inúmeras maneiras de se relacionar com os Poderes. Elas estão especificamente destinadas a apoiá-la de tal forma que você aprenda, lembre-se, integre-se e se sinta inspirada da melhor forma.

### A reflexão
Há uma pequena metáfora que conecta o poder com a imagem.

### A história
Tem o objetivo de apoiar o entendimento prático e intuitivo de cada poder a partir de simples situações de vida real. Você pode notar que cada história tem um número de diferentes poderes que imergiram dentro dela; entretanto, eu destaquei apenas um em cada história.

### A sabedoria
Para aqueles que querem ir mais a fundo. Se você for um deles, eu sugiro que escreva mais sobre cada poder, proveniente do seu próprio pensamento, sentimento, percepção. Escrever é uma ótima maneira de transformar as ideias de outra pessoa em sua própria ideia.

### Os arquétipos
Usando 8 Deusas (conhecidas como Shaktis) a partir da tradição oriental, você pode trabalhar com a energia destes arquétipos para mudar a consciência. Assuma as identidades quando você precisar se mostrar para aquele poder transformacional.

Talvez você queira procurar imagens em outras tradições e culturas que se identificam mais com você e com a sua jornada. Em um momento, eu comprei uma pequena estátua de Kuan Yin, a figura feminina de Buda. Foi conveniente para mim, durante a minha busca, ser mais compassiva, já que ela é a representação arquetípica da compaixão.

Durante os últimos anos, tenho trabalhado com amor. Um dia, eu abri a porta do meu carro e vi uma pequena medalha de prata da Virgem Maria no chão do lado do motorista. Eu não tinha a mínima ideia de como ela foi parar lá, mas eu a guardei na minha carteira como lembrança do desenvolvimento do amor incondicional.

## A distorção
É simplesmente para destacar que, já que estes poderes são recursos da alma, eles sempre existem e, portanto, são usados pelas Faces da sobrevivência – Tradicional e Moderna – de uma forma distorcida.

Exemplos dessas distorções são incluídos para que haja clareza ao serem usados.

## As virtudes
Existem quatro qualidades fundamentais – virtudes – que se unem a cada poder. Concentre-se em trazer estas virtudes para a sua atitude e comportamento, pois isso ajuda a ancorar o poder dentro da sua essência.

## As cores
Através da meditação, como praticante de ioga e cromoterapeuta, examinei cada um dos poderes e cheguei às cores correspondentes. As cores são simplesmente expressões de diferentes energias ou frequências, da mesma maneira que são as ideias, pensamentos, sentimentos. Se as cores derem certo para você, use-as para despertar a sua lembrança dos seus poderes. Use as cores, visualize as cores, faça decorações com as cores. Faça o que for preciso para fazê-la lembrar dos Poderes que você tem. Você irá encontrar a roda das cores no site www.fourfacesofwoman.com.

## A imagem
Existem imagens que usam as mesmas cores que tem relação metafórica com cada poder. Para alguns, é mais fácil lembrar-se de uma imagem do que de um conceito.

## Alguns conselhos... discernindo o poder

Conforme você lê sobre os poderes, eles podem parecer absolutos demais, inclusive inalcançáveis. E já que são poderes, eles realmente são absolutos, puros e poderosos. Se forem mesclados com a consciência das Faces Tradicional e Moderna, eles se tornam manipulações distorcidas dos poderes. Mas relaxe... certamente fazemos isso porque é o que fazemos para sobreviver. Ao mesmo tempo, elevando a nossa percepção consciente neste instante, estamos no momento em que podemos purificar nossos poderes, usando-os cada vez mais como eles são. Portanto, quando "acertamos o alvo" com os poderes, eles irão agir para transformar completamente o sentimento, a situação. Quando não acertamos o alvo, não quer dizer que isso é bom ou ruim, nós simplesmente saberemos por que a situação não estará totalmente resolvida.

## Acumulando o poder

O objetivo é desenvolver o domínio sobre os poderes, como faríamos com qualquer outra habilidade. Pratique então o Tornar-se. Mesmo dispensando pouca atenção, você irá obter profundos resultados. Os 8 Poderes tornam-se ferramentas incríveis que você pode exercer à vontade para fortalecer a sua vida e suas escolhas e para ser útil aos outros e ao mundo. Quando você vivenciar esses sucessos, é importante reconhecê-los, perceber que vieram do uso desses poderes. Isto ajuda a acumular os poderes e o incentiva a continuar desenvolvendo-os.

## Honrando o poder

Sentir-se grato também é uma forma útil de proteger o ego, de permanecer humilde enquanto poderoso. Na realidade, quanto maior a aquisição do domínio sobre os poderes, mais autoridade você acumula e, ironicamente, mais humilde você vai se achar. Você não terá que provar nada, você irá ver-se fortalecida e simplesmente se sentirá profundamente grata por ter sido guiada de volta à sua fonte pela Fonte.

## O Poder do Afastamento

### A reflexão
*Há momentos em que preciso afastar minha energia de uma situação. Às vezes, eu posso recuar na minha mente,... ficar na sacada, observando todo mundo... inclusive, eu mesma... e, há momentos em que eu preciso sair, deixar a cena completamente.*

*Eu penso como deve ser para um astronauta ver o planeta Terra do espaço pela primeira vez. Totalmente afastado... uma perspectiva tão diferente.*

### A história
Durante um retiro há alguns anos, uma jovem mulher isolou-se durante uma pausa para o chá e queria falar comigo. Ela estava um pouco perturbada e queria saber se eu poderia ajudá-la. Sinto-me um pouco intimidada porque algumas das histórias que as pessoas contam sobre a vida delas não estão à altura da minha capacidade de aconselhar. Esta jovem mulher não era uma exceção.

Nestes momentos, minha atitude é permanecer totalmente silenciosa sem pensamentos, apenas ouvindo com tranquilidade, esperando por alguma inspiração e para que a coisa "certa" surja no meu intelecto.

Este é o primeiro aspecto do Poder do Afastamento... ser capaz de recuar de qualquer percepção do ego exceto da consciência tranquila interior, desligar-se dos papéis, responsabilidades, crenças, relações. Ser o observador, sem julgamento ou opinião.

Portanto, eu estava lá, exercitando o Poder do Afastamento conforme Chloe explicava o seu dilema.

"Você já ouviu falar de intrusos?", ela me perguntou.

"Não sei, explique-me mais detalhadamente", eu disse, esperando por algum contexto para o que ela estava perguntando.

Ela explicou-me que acreditava ser uma "intrusa". Ela compartilhou que em sua crença, nesta época de mudanças na qual o mundo se encontra, é necessário que muitas almas individuais desempenhem seu trabalho para alcançarem os seus objetivos rapidamente. Em razão da necessidade de velocidade, não há tempo para que as almas nasçam e cresçam, de uma forma normal, até a idade adulta. Ao que tudo indica, isto significa que algumas almas assumem os corpos adultos de outra alma e aquele único corpo pode possuir um número de almas indo e vindo em sequência através do tempo, usando-o para entregar a sua dádiva para a humanidade.

Isto, de forma alguma, não faz parte da minha estrutura de compreensão, mas não posso dizer de jeito algum que está errado. Na realidade, como eu saberia? O que eu realmente descobri foi que Chloe era incrivelmente sincera e determinada no seu desejo de encontrar a resposta para a sua pergunta. Se eu estivesse trancada nas minhas diferentes "crenças", não teria conseguido ajudá-la. Mas permanecendo no silêncio, afastando-me como "Caroline", conectando-me com Deus e depois ouvindo, isso tudo fez com que eu fosse capaz de sentir um caminho adiante para ela, que implicava um conselho genuinamente perfeito que não desconsiderou a sua história nem comprometeu minha integridade pessoal.

"O que acontece quando a hora chega, quando eu alcancei o meu objetivo e tenho que deixar este corpo para que outro intruso o controle?

Lembro-me de ficar em silêncio interiormente. Queria poder dar a resposta "certa" que lhe ofereceria um caminho adiante, mas sabia que a minha sabedoria era limitada. Portanto, em silêncio conectei-me com Deus e esperei. Então, eu soube.

Disse a Chloe que a sua pergunta era exatamente a mesma pergunta que está presente no coração da minha prática também – como se sentir livre para ir embora quando chegar a hora. A arte da meditação da Raja Ioga é saber exatamente a diferença entre o "ego" e o corpo – em nível experimental, não apenas intelectualmente. Qualquer um de nós precisa estar pronto para avançar a qualquer instante. Não sabemos o que irá acontecer hoje, amanhã, na próxima semana. Quando Michael, meu marido, faleceu, o médico achava que ele iria viver mais dois meses. Eu havia lhe dito apenas 36 horas antes, após meses tentando salvá-lo, que se fosse a sua hora de partir, eu ficaria bem e que ele poderia ir em paz. E foi isso que ele fez. Uma vez que ficou muito difícil viver no corpo, a alma retirou sua energia e abandonou qualquer ligação que tinha com a vida de Michael. Este é o aspecto final do Poder do Afastamento.

Ser capaz de Afastar-se totalmente, seja das crenças e estrutura das identidades do ego, seja de uma situação destrutiva ou limitadora ou do corpo... a atitude é a mesma.

Consciência da Alma. Eu não sou este corpo. Sou uma alma, um ponto de luz. Puro na essência. Cheio de energia. Divino. Uma minúscula estrela invisível de pura consciência, tão pequena que é impossível de ser vista. Moro neste corpo, trabalho em parceria com ele, prolongando minha força de vida através do corpo, mas sou energia.

A prática profunda no decorrer do dia de se lembrar disto faz com que o Poder do Afastamento se torne acessível e, inclusive, faz da sua meditação muito fácil, bela e fortalecedora. Portanto, Chloe foi tomar o seu chá da manhã sentindo-se profundamente satisfeita. Senti-me completamente grata por este Poder que me possibilitou ser verdadeira com ela e comigo.

## A sabedoria

O Poder do Afastamento tem a ver com perspectiva. Proporciona clareza e frieza, bem como a capacidade de mudar uma situação. Afastar-se significa desligar-se ou recuar de qualquer que seja a situação atual – sentimentos, emoções, confusão, interação – quaisquer que possam vir a ser as minhas reações em potencial, a insistência de situações externas que procuram me puxar para as suas teias.

Este poder é fundamental para a transformação e a liderança de Shakti, na qual o avanço para os domínios do futuro não planejado exige desligamento dos velhos padrões de pensamento, essência e reação.

Para Afastar-se é crucial entender que nós somos atores desempenhando papéis, jogadores em um jogo. Se começarmos a acreditar no jogo, a nos tornarmos a identidade do papel, perdemos o poder de criar, contribuir, ser livres para modelar novos caminhos. Assim que mergulhamos no jogo, tornamo-nos conectados a tudo que está associado àquela identidade.

A consciência de ser um ator nos mantém livres da insistência da tradição e do conservadorismo. O Poder do Afastamento também garante que tenhamos acesso a outros poderes decisivos para a jornada. Quando não há nenhum mapa do futuro, quando estamos realmente reescrevendo os princípios da forma como vivemos e trabalhamos, devemos ser totalmente criativos... puramente criativos... Sem ajustes insignificantes, sem mudanças perfunctórias, mas grandes saltos são necessários. Os grandes saltos no pensamento criativo e na manifestação nascem de uma mente livre, um mundo interno tranquilo e silencioso que se torna o receptáculo para o gênio.

Esta é a alquimia de Shakti. O caminho para este poder importante é através da meditação e simplesmente aprender a manter a minha mente tranquila. Fale menos... pense menos. Desenvolva uma disciplina dentro de si.

O Poder do Afastamento também nos diz quando é o momento para sair de cena, da situação, do papel. É o poder de se afastar quando a hora de ir embora chegar. O Poder do Afastamento sustenta e trabalha como pivô do Poder do Discernimento.

## O arquétipo
## Shakti: Deusa Parvati

Shakti tem conexão direta com a Fonte Suprema de tudo e, neste poder, o arquétipo é representado por Parvati. Ela é a esposa de Shiva, mas a sua história é de independência. Enquanto Shiva estava nas montanhas desempenhando austeridades como forma de luto pela morte da sua esposa anterior Santi, Parvati começou seu próprio afastamento. Através do isolamento, introspecção e profunda meditação, ela tornou-se independentemente poderosa. Foi seu desligamento do mundo físico e de suas relações que permitiram a ela entrar em contato com a fonte do poder Divino.

O Poder da Retirada não exige que deixemos o mundo e vivamos a vida nas montanhas áridas, mas que fortaleçamos Shakti com o mesmo sentido de desligamento enquanto vivemos completamente no mundo físico.

O terço simboliza o Poder do Afastamento de Parvati. Como um emaranhado de fios, conectada com muitas outras contas, ela permanece independente e livre em sua identidade singular. O fato de ela estar acompanhada das "vacas sagradas" que proporcionam a vida, indica que seus poderes são sagrados e que a energia que ela acumula e compartilha proporciona vida.

## A distorção

Quando usada através da consciência da Face Tradicional ou Moderna, se torna uma força para controlar ao invés de um poder a partir da fonte Divina. Torna-se manipuladora para fechar, para reter nossa energia ou para remover nossa contribuição, para afastar-se da comunicação. Esta é uma antiga forma fraca de tentar adquirir poder de outras pessoas.

Ao invés de romper com o outro que na sua relação parece ter "adquirido o poder", é melhor Afastar-se do seu próprio padrão e observar, sem julgamento, que você está usando esta força de manipulação. Assim que você se deslocar para observar, você se torna um pouco mais isolada e capaz de readquirir o poder. Depois disso, você pode ver qual poder ou virtude você usará a seguir para avançar.

**As virtudes**
Silêncio
Desligamento
Introspecção
Concentração

**A cor**
Azul-marinho

# O Poder da Libertação

### A reflexão
*O passado pode ser como correntes, amarrando-me firmemente a coisas que não são mais prósperas, relevantes ou úteis. É verdade que a maioria dos meus pensamentos refere-se, de uma forma ou de outra, ao passado... e se for verdade que o meu futuro é criado pelos meus pensamentos... então, a não ser que eu interrompa este pensamento ineficiente, eu certamente irei criar o passado novamente.*

*Portanto, deixe-me fazer algo... libertar-me destes pensamentos... deixá-los flutuarem e se afastar... e quanto mais longe eles forem, mais leve eu me sinto... e quanto mais longe eles forem, mais calma torna-se a minha mente.*

### A história
Conheci Norma em um retiro na França. Era um retiro sobre a Quinta Face. A Quinta Face dedica-se totalmente à experimentação prática e pessoal da relação entre cada um e Deus, o Divino. Ann veio com duas amigas. Acabei constatando que nem Norma nem a sua amiga que a trouxe acreditavam absolutamente em Deus. Norma estava enfurecida com Deus, portanto ela realmente acreditava nele. No decorrer do fim de semana, ela tornou-se cada vez mais enfurecida. Em algum momento no sábado à tarde, sua amiga Decidiu não participar mais do retiro e preferiu ficar no belo ambiente no seu próprio espaço. Ela também estava enfurecida. Era um bom sinal. Conforme compartilhávamos histórias no final do retiro, Norma pôde encontrar a sua própria jornada ao invés de ser surpreendida pela história da sua amiga.

Eis que surge Norma com dores nas costas. Ela trouxe uma poltrona desmontável e almofadas para que pudesse ficar deitada durante todo o seminário. Com a reflexão, foi realmente um poder notável dentro da alma, fazer tal esforço para comprometer-se com tal tema volúvel em tal desconforto.

Conforme se tornou claro, entendemos a raiva de Norma. Há vinte anos, sua filha bebê havia morrido com apenas um ano de idade. Desde então, ela se recusara a deixar a luz de Deus entrar na sua vida porque ela "O"culpava pela sua dor e perda. Ela era incapaz de ouvir, ver, sentir qualquer coisa que não fosse aquela dor que a tornara cega. De certa forma, imersa no silêncio, na reflexão, na boa companhia e no alimento nutritivo daquele fim de semana, ela conseguiu enxergar.

O Poder do Afastamento é o primeiro passo fundamental e depois vem a Libertação. Durante aquele fim de semana, Norma participou de muitas atividades que utilizaram o Poder do Afastamento. Conforme a jornada continuava, eu achei que ela estava cada vez mais aberta, mais esperançosa para entender o passado, para reconhecer a causa, para ver a sua vida hoje sem que fosse através do filtro daquela perda.

Muitos dos exercícios que praticamos na Quinta Face são tentativas práticas de conectar-se com a energia de Deus e trazer esta energia, encaminhando-a para o mundo como uma dádiva. Norma passou por esta experiência e conseguiu perceber quem é Deus realmente, que Deus não tem nada a ver com vida, morte, acidentes, doenças e prosperidade. Entendeu também que o mundo que nós criamos baseia-se no nosso próprio pensamento e ações, e que os resultados nem sempre são vivenciados em uma existência, eles podem ser transferidos. De certa forma, após vinte anos de profunda dor, Norma foi capaz de enxergar através da bruma e conseguiu perceber que era hora de Libertar-se do passado, das crenças que a mantinham empobrecida no seu próprio espírito e na relação com Deus, inclusive em termos da sua percepção de propósito e destino.

Por volta de uma semana após o retiro, recebi uma carta da amiga de Norma – a ateísta que tentava lidar com sua própria resistência com grande libertação e coragem. Ela disse que Norma havia saído do retiro comprometida em ser um canal para a energia de Deus no mundo, e que havia três pessoas na sua vida que estavam morrendo e ela sabia que poderia proporcionar esta dádiva de energia pura e Divina para cada alma a fim de ajudá-las em sua jornada. Ela estava em paz, cheia de propósito e poder na sua conexão com o presente e com ela mesma.

## A sabedoria

Este poder serve para eliminar tudo o que for destrutivo, inútil e infrutífero. É o poder para tornar-se livre e não reter nada do passado no seu coração ou qualquer coisa desnecessária do futuro na sua mente. É a força de dizer "Não" para a negatividade. A libertação exige coragem, perdão, confiança e pureza. Significa que a minha vida começa novamente a partir deste momento em diante.

Ajuda a Libertar-se de todas as limitações de identidade. Significa dar um fim – na sua mente – no que os outros esperam de você e o que você espera dos outros. Libertar-se do pensamento, crenças e identidade limitada. Libertar-se de qualquer ligação com uma forma existente, estar preparado para permitir algo completamente novo para emergir. Quando se Libertar das expectativas que você tem de você mesma, baseadas no que os outros/sociedade esperam, então você poderá ter um grande entendimento e compaixão, não apenas por si mesma, mas também pelos outros. Isto é fundamental no papel do líder. Na Libertação do ônus das expectativas, o indivíduo está livre para tomar decisões que são incisivas e imbuídas do poder da verdade ao invés da força da tradição. Ao manter uma visão de uma nova forma de viver e de trabalhar juntos, este poder a obriga a dar um fim nas ligações com a forma atual. Permite-lhe ser capaz de Libertar-se da atração do ego pela posição. Torna-o capaz de ir além das opiniões dos outros e Libertar-se de "o que acho que eu sei, o que eu acho que sou". Então, eu poderei ver novamente.

## O arquétipo
## Shakti: Deusa Durga

Durga é o arquétipo do Poder da Libertação. Ela é venerada como a destruidora da imperfeição. Qualquer coisa que não for pura ou verdadeira, ela a destrói, usando conhecimento e desligamento. Seus símbolos são muitos. A sua principal arma neste contexto é a Espada da Ilusão. A espada simboliza o poder do conhecimento para eliminar tudo que é ilusório, tudo que é limitado.

Durga é aquela que na mitologia derrotou o grande demônio Mahishma, libertando o mundo do mal. O Poder da Libertação é o poder de Libertar-se da escuridão à qual nos prendemos a partir do hábito e desejo de saber mais. É o poder que nos possibilita controlar a luz.

Quando as mulheres conseguirem usar coletivamente este poder para "concluir" a história e a forma em que a história modelou sua personalidade, o mundo poderá mudar. Enquanto carregarmos na nossa psiquê a estampa da degradação e subserviência, nós iremos nos submeter ou reagir – nenhum dos dois irá gerar uma forma nova e melhor.

## A distorção
Quando usado através da consciência das Faces Tradicional e Moderna, este poder corrompe e se transforma em negação e supressão, deixando de lidar com questões ou sentimentos que certamente irão sabotá-la em meus esforços. A negação e supressão não são Libertação, não são poderes, mas simplesmente estratégias de sobrevivência para lidar com situações e sentimentos que são opressivos. A Libertação nos permite reconhecer estes pensamentos e sentimentos como inúteis ou prejudiciais. Portanto, faça uma escolha consciente do que fazer com eles.

## As virtudes
Autorrespeito
Disciplina
Positividade
Pureza

## A cor
Violeta

# O Poder da Tolerância

### A reflexão
*Nada na vida é perfeito. Às vezes, as coisas não são absolutamente como gostaria que fossem e às vezes eu acabo indo pelo caminho da energia negativa de alguém.*

*Mas se eu quiser continuar forte e feliz, não posso me dar ao luxo de reagir a qualquer coisa, não posso me dar ao luxo de levar tudo para o lado pessoal.*

*Uma árvore irá produzir sombra e proporcionar repouso inclusive para alguém que esculpir no seu próprio tronco. Da mesma forma, eu tenho que estar além do insulto. Quando uma tempestade agride uma árvore, ela não reage... não leva a tempestade para o lado pessoal. Ela se curva e oscila e a tempestade passa.*

### A história
Quando eu estava em fase de crescimento, meu pai e eu estávamos sempre em conflito. Nós éramos muito, muito diferentes. Hoje temos mais coisas em comum já que viajamos nos nossos próprios, porém frequentes, caminhos espirituais cruzados. Contudo, ainda somos fundamentalmente diferentes na forma em que vemos e abordamos a gestão da vida.

Eu sempre me peguei tentando conquistar a aprovação do meu pai. Ou, por outro lado, presumindo que eu nunca iria conseguir, rebelava-me e fazia coisas que atrairiam o seu desprezo ou raiva. Olhando para trás, entendo que era simplesmente outra forma de chamar a sua atenção, mas não era uma forma positiva de proceder, nem para ele, nem para mim.

Meu pai entrou no mundo dos negócios com a minha irmã Donna no início dos anos 1990, e eles fizeram da venda de alguns produtos de *software* um grande sucesso. Depois, entraram no próprio mercado de vendas, com muito êxito. Durante a sua juventude, meu pai alcançou muito sucesso quando entrou no setor de manufatura com quase nenhum capital, e depois que ele desenvolveu seu negócio no mercado, conseguiu vendê-lo por uma quantia considerável.

Quando comecei meu negócio em 1997, e consegui meu primeiro grande contrato com um banco importante em 1998, eu achei que havia conseguido com que meu pai se sentisse orgulhoso de mim. Ele estava realmente satisfeito. Esse contrato durou nove meses e contratei oito pessoas, tudo parecia estar pronto para ser um sucesso para mim e para o meu pai.

Infelizmente, não foi assim. Eu não havia aprendido que se deve trabalhar tanto nos negócios quanto para os negócios, ou seja, enquanto você estiver fazendo o seu trabalho você tem que procurar mais trabalho e criar a infra estrutura do negócio. Após muitos meses sem trabalho e muitas conversas em que meu pai desafiou o que eu estava fazendo, eu finalmente tive uma conversa com ele que mudou a minha vida para sempre.

Neste dia específico, estávamos conversando por telefone e expliquei a ele minha estratégia para entrar no mundo dos negócios. Era uma estratégia criativa. Convidei algumas pessoas para o café da manhã onde mostramos nosso processo teatral transformativo. Era necessário um pequeno capital, mas achei que valia a pena. Naquela altura, organizamos quatro cafés da manhã e, enquanto houve um retorno extremamente positivo, os negócios não deslanchavam. Meu pai é da antiga escola de vendas onde os profissionais costumam dizer: "continue batendo de porta em porta."

Estávamos ao telefone e ele disse: "Basil, estou preocupado com você. Não sei como você pode sobreviver tocando um negócio desse jeito". (Isso mesmo, meu pai me chama Basil!)

Sob circunstâncias normais, durante os 39 anos anteriores, eu teria reagido emocionalmente. Neste dia, alguma coisa estava diferente. Após anos de meditação, de prática do desligamento consciente da alma, descobri que não existia uma emoção crescente para começar uma batalha. Tudo estava calmo. Então, eu escutei a mim mesma, minha voz, muito calma falando com Kev, meu pai.

"Pai, ...você acredita no poder do pensamento?"

"Bem, sim, é claro, você sabe que eu acredito, Basil."

"Pai, eu entendo que sua preocupação vem da sua atenção. Contudo, não sei se o senhor percebeu que a sua dúvida está poluindo o meu sonho. Se for possível, seria muito melhor e mais útil para mim se o senhor transformasse a sua preocupação em fé."

Kev ficou um minuto em silêncio e depois disse: "Sim... está certo, Basil. Deixa comigo".

Alguns minutos depois, desligamos o telefone, felizes. No dia seguinte, meu pai foi para Londres para visitar meu irmão e quando ele voltou, cinco semanas depois, me ligou. Eu estava onde ele morava começando uma reunião de negócios interestaduais.

"Sua irmã me disse que você conseguiu começar um negócio novo enquanto eu estava viajando."

Você consegue imaginar o regozijo que eu estava sentindo. Em apenas cinco semanas, desde a nossa última conversa, assinei três contratos importantes. Eu estava lá, falando no meu celular, em frente ao escritório do meu cliente e disse ao meu pai...

"É isso aí, Pai. E sabe o quê?

"Não, o quê?"

"Nem precisei bater em nenhuma porta!"

Ele fez uma pausa e depois disse: "Vai em frente, Basil... é o poder da minha fé".

Eu ri. "Por que não?", pensei. Depois de anos reagindo e levando as coisas extremamente para o lado pessoal e após anos praticando meditação, desenvolvendo estes poderes, era capaz de usar o poder certo na hora certa. O Poder da Tolerância possibilitou que nós dois nos tornássemos livres. Não só isso, meu pai foi capaz de usar seus pensamentos para me apoiar e ver um resultado tangível a partir do poder da fé. Isto é uma coisa que muda a vida. Para mim, eu fui libertada de uma existência com sentimento de insegurança, desaprovação, inutilidade na minha relação com meu pai.

Hoje em dia, temos alguma interferência esporadicamente na nossa relação, mas nada igual ao que costumava ser, e certamente não reagimos a partir da dor como costumávamos reagir antes. Conseguimos ter uma conversa aberta com amor um com o outro – geralmente vindo dele – e a cura que ocorre é imediata, amável e repercute por todo o tempo. Nós dois nos sentimos extremamente abençoados em compartilhar a jornada da vida juntos.

**A sabedoria**
O caminho de uma transformação espiritual não é o caminho do fácil, embora geralmente seja confundido como tal. Há muitas coisas para Tolerar. Você tem que Tolerar suas próprias inadequações, suas dúvidas, a falta de clareza e a melancolia que você começa a observar conforme você desenvolve sua luz.

Além disso, todos nós vivemos em relação com os outros dentro dos sistemas de dependência energética, reagindo um com o outro, lutando pelo poder. Lutamos de formas diferentes, quer como um tirano perfeccionista, um interrogador/inquisidor, uma vítima, um isolador ou várias outras formas de poder manipulador.

Quando você começa a mudar e as pessoas ao seu redor sentem que você está mudando e desligando-se do sistema de energia da dependência, o desconforto inconsciente delas faz com que reajam, projetem e culpem aqueles que acreditam ser responsáveis pelo seu desconforto. Isto é raramente racional, mas quando as pessoas se sentem ameaçadas, elas recorrem a táticas de sobrevivência.

O Poder da Tolerância é o poder para lidar com qualquer coisa emanada por qualquer um. É o poder para enxergar além do comportamento, reconhecendo e depois lidando com a motivação que impele o comportamento.

Todas as pessoas encontram-se em sistemas energéticos de relações, especialmente aquelas das quais estamos próximos, mas tenha em mente que, mesmo estranhos que abusam de você estão simplesmente tentando "ganhar" energia de outra pessoa porque têm a sensação de que precisam de recursos para lidar com o que quer que esteja acontecendo em suas vidas.

O Poder de Tolerar conhece a compaixão e a usa sabiamente. É o poder de encontrar o entendimento e a bondade para a pessoa enquanto usa o Poder do Enfrentamento para lidar com suas ações inaceitáveis – mesmo se a pessoa for eu mesma.

Na sua forma mais profunda, o Poder da Tolerância possibilita que Shakti guie outra pessoa, grupo ou sistema para uma condição diferente, sem adquirir jogos de abuso e manipulação para o poder, mas sim sendo capaz de entender a necessidade mais profunda dentro da alma e depois proporcionar aquela energia onde for preciso.

Portanto, se alguém estiver magoado e estiver projetando a raiva a partir da sua dor, Shakti consegue transformar a raiva com o bálsamo da compaixão e conforto, compartilhando a vibração e o sentimento com o outro.

O Poder da Tolerância significa que nada é pessoal e que a percepção profunda e a maturidade podem ser acessadas. Na pura essência, você encontrará a fonte do Amor incondicional.

**O arquétipo**
**Deusa: Shakti Jagadamba**
Jagadamba – a Grande Mãe do Mundo é o arquétipo deste poder.

Dizem que não há necessidade de Tolerância se houver amor incondicional.

A Tolerância começa como eu sendo a mãe de mim mesma, tolerando minhas discordâncias, falhas, além de deixar para trás todas as limitações a fim de amar a mim mesma, a pura alma de forma completa. Quando eu conseguir Tolerar minhas próprias limitações, tornar-me-ei mais apta para tolerar as limitações dos outros.

Jagadamba carrega a maioria das armas de todas as Shaktis, simbolizando quanto poder realmente é necessário para Tolerar e amar plenamente, com um coração puro, sem desejo de retorno e sem condições.

Jagadamba é a Mãe do Mundo que abraça todas as pessoas da terra como se fossem seus filhos e compreende que o mau comportamento nasce apenas do medo e da insegurança.

A sua conexão com o Oceano do Amor, Deus como a Mãe, é tão poderosa que ela é capaz de amar continuamente além do medo. Ela consegue Tolerar todas as coisas, embora ela jamais permita que a sua própria dignidade diminua.

Neste papel, ao lidar com este Poder, Shakti é a Protetora da Inocência – no ego e em outros. Como Mãe ela fará o que for necessário para manter as suas crianças inocentes seguras, e isto é uma força incontestável. É aquela que protege nosso mundo da total corrupção e é através do seu amor e Tolerância que recupera os valores certos para o mundo.

**A distorção**
Quando filtrado através das Faces Tradicional e Moderna, o Poder da Tolerância torna-se deturpado e portanto a mulher desempenha o papel do mártir autossacrificante. O papel do mártir pode ser extremamente nobre, mas, independente de como você olhar para ele, ainda é uma forma de manipular energia para vencer o sentimento digno e merecedor e/ou de obter atenção, energia, poder.

**As virtudes**
Entendimento
Paciência
Aceitação
Destemor

**A cor**
Púrpura

## O Poder da Aceitação

### A reflexão
*Tanta dor ocorre porque eu seguro com firmeza o que "deveria ser"... a relutância do meu ego para aceitar "o que é".*

*Entretanto, lidar com a realidade faz sentido.*
*Aceitar "o que é"... e então escutar o que vem depois.*
*Liberar o controle.*
*Aprender a confiar.*
*E conforme eu fluo naturalmente pelas curvas e sinuosidades desta jornada... a vida torna-se tão fácil quanto o rio quando encontra seu caminho para o oceano.*

### A história
Em 2005, eu fui para a Polônia. Lá eu conheci mulheres formidáveis, inclusive uma que chamarei de Anita. Ela é jornalista e cineasta e atualmente deve ter por volta de sessenta anos. Portanto, ela está em uma idade não empregável no atual regime capitalista da Polônia. Embora o comunismo não fosse um sistema agradável para qualquer tipo de imaginação, conforme ela me disse, para ela era um mundo melhor, ou pelo menos mais seguro.

Portanto, lá estava ela, uma mulher inteligente e bonita, descapacitada pelo sistema que a fizera sentir-se segura. Ele não havia proporcionado a segurança que ela realmente queria, simplesmente a tornara dependente dele.

Durante um retiro das Quatro Faces em um fim de semana em Varsóvia, fizemos um exercício com os 8 Poderes. Eu geralmente levo comigo uma gigante roda colorida feita de tecido que coloco no chão; parece com aquela do capítulo sobre os Oito Poderes de Shakti. Entretanto, não possui nenhuma identificação de qual cor se relaciona com qual poder. Peço às mulheres para que fechem os seus olhos e se sintonizem, sem que elas se tornem absortas pela questão não resolvida em suas vidas, tanto em nível consciente quanto inconsciente. Depois, ao terem isso em mente, peço para que elas abram os seus olhos e sigam em direção à roda, andando em cima das cores até que parem naquela que mais as atraia.

Só depois que elas escolherem sua própria cor é que lhes digo qual cor representa qual poder. Eu também conto a elas a história de Shakti ou da Deusa que se relaciona com cada poder. Isso é um uso visivelmente eficiente de intuição. As coincidências, realizações e surpresas que surgem nessa sessão são geralmente notáveis.

Depois que eu disse a Anita que ao preferir a cor azul-turquesa ela havia escolhido o Poder da Aceitação, ela se exasperou. Não havia maneira de tentar convencê-la disso. Ela se sentiu enganada, achava na verdade que deveria ter escolhido Discernimento ou Enfrentamento ou até mesmo Tolerância..., mas Aceitação? – Nunca!

Pedi para que ela esperasse e visse como as coisas iriam ficar. Em outro dia, Anita provavelmente escolheria outra cor, mas naquele dia, escolhera Aceitação. Ela juntou-se ao grupo das outras "Aceitadoras" para debater sobre o seu poder escolhido para aquele dia.

Depois que os grupos tiveram alguns instantes para compartilhar, pedi para que elas voltassem para o grande grupo. Anita não estava exatamente satisfeita com a sua escolha. Fizemos a nossa meditação em grupo. Eu não tenho ideia dos comentários que fiz durante a meditação, mas depois de terminada e todas abrirem os olhos, era como se eu estive olhando para uma mulher completamente diferente. Anita estava calma e docilmente contida. Seu rosto estava sereno... e inclusive sublime. Seus olhos eram duas verdadeiras poças profundas de paz.

Continuamos com o seminário até a pausa para o chá. Quando o grupo dispersou-se do lado de fora, eu penetrei na aura da Anita que estava à espera. Eu perguntei: "O que aconteceu?".

Parece que durante a meditação, Anita fora transportada para um jardim onde havia uma minúscula cabana. Conforme ela descrevia a cabana e o homem que estava no jardim fora da cabana, eu identifiquei que estava falando sobre um local que eu costumava frequentar com regularidade durante o retiro em Mt Abu na Índia. Anita nunca havia estado lá antes e, contudo, ela tivera uma visão do local e do homem que havia fundado a Brahma Kumaris World Spiritual University.

Anita compartilhou sua "visão". Ela estava com este homem, Brahma Baba, como é conhecido, no jardim. Ele sorria com muito amor e tinha em seus braços um belo ramalhete de lírios azul-turquesa. É claro que nos sonhos e meditações, o irreal torna-se bastante real a ponto de existirem tais coisas como lírios azul-turquesa.

"Elas são lindas", ela disse para ele.

"São mesmo, não são?" ele concordou. "São para você." Ele estendeu as flores para ela, oferecendo-as com tanto amor e, conforme ela as tomava dele, ele disse: "Que tal você aceitar a vida?"

Ela nos disse que, naquele exato momento, alguma coisa a comoveu dentro dela... a resistência pela vida como ela se tornara. O medo, as queixas e as inseguranças, todas elas desvaneceram conforme ela Aceitou as flores.

Antes de ir embora, eu vi Anita algumas vezes. Não sei como ela está hoje, mas, conforme os dias se passaram durante a minha visita à Polônia, eu notei que ela estava fortalecida, mais bonita e mais pacífica. O Poder da Aceitação presenteou-lhe uma satisfação retumbante e a partir deste universo, ela começou a criar a sua vida.

**A sabedoria**
Este é o poder que proporciona paz e contentamento às nossas vidas. Exige humildade – um entendimento do qual não sabemos toda a história e do qual surgirá um melhor caminho, se o permitirmos.

Se a visão de um futuro mais sustentável for suficientemente poderosa dentro de você, então você atrairá tudo que for necessário para manifestar aquele futuro. Não será sempre a manifestação que você espera que seja; na realidade, pode parecer contrário ao que você planejou. Neste instante, apenas Aceitar sem julgamento oferece uma nova janela para a jornada. A esta altura, você não precisa controlar ou julgar ou ajustar ou mudar... só precisa descansar o ego e Aceitar "o que é". Mesmo se a situação parecer calamitosa, entenda que, uma vez que você a Aceitou, haverá paz na sua mente, coração e relações e esta paz gerará um caminho criativo adiante, trazendo com ele uma nova energia e um compromisso renovado.

Este também é o poder para passar para um mundo sem ter que julgar ou avaliar tudo que você encontrar. É o poder da inocência, de permitir que tudo seja como é e do entendimento de que o que você determinar como bom ou ruim, certo ou errado vem do condicionamento e não da verdade. O mundo está cheio de grandes diferenças. Nem melhor, nem pior... apenas diferentes.

Quando cada um de nós for autêntico, verdadeiro, a necessidade de comparação não é mais relevante. Encontramo-nos totalmente em paz e capazes de estar em paz com os outros, fluindo pela vida e achando que a vida nos apóia em nossos empenhos.

Se considerarmos que o contentamento e a alegria são tesouros que são tão dignos da necessidade de serem preservados e apreciados, então o Poder da Aceitação é um protetor do seu contentamento.

## O arquétipo
### Deusa: Shakti Santoshima

Santoshima é a Deusa do Contentamento e é o arquétipo que está conectado com o Poder da Aceitação. Ela carrega o tridente que destrói todas as preferências e opiniões baseadas no ego, ganância e ligação. Ela também carrega a Espada da Ilusão e uma vasilha de arroz. A vasilha de arroz representa a ideia de que todos os grãos são diferentes e, ainda mais, com cada grão aceito como parte da oferenda, há uma sensação de totalidade, de sustento e criação, de tranquilidade e não violência.

## A distorção

Quando agimos a partir das faces da sobrevivência da Tradição e Modernidade, o Poder da Aceitação torna-se uma opção autodestrutiva. A Face Tradicional Aceita coisas apenas a fim de manter a paz porque é mais fácil para manter a harmonia externa, mas implica comprometer nossa dignidade e calar a nossa voz do conhecimento interno. Ao Aceitar desta forma, minamos nossa autoestima e nosso autorrespeito.

A Face Moderna faz concessões Aceitando o que parece ser o oposto à tradição que ela renunciou. Pode não ser o que ela quer, mas o usa como uma fuga do que ela não quer.

## As virtudes
Flexibilidade
Franqueza
Compaixão
Bondade

## A cor
Azul-turquesa

# O Poder do Discernimento

### A reflexão
*Para distinguir claramente o que é verdade do que não é, e para saber o que realmente está acontecendo, eu tenho que recuar. Ao desligar-me de quaisquer opiniões e da situação, eu consigo enxergar mais claramente.*

*De modo singular, este recuo atua como uma lupa. Juntando o desligamento e o enfoque, eu vejo a história inteira e todas as respectivas partes... e consigo entender a verdade do momento. Sinto-me livre e segura.*

### A história
Esta é uma das minhas histórias. Foi o pior e o melhor ano da minha vida. O pior, porque tudo sobre mim foi desfeito. Tudo o que me fazia sentir segura foi arrancado. O melhor, porque eu me encontrei, elevei meus tênues recursos, tais como discernimento e intuição, aprendi a confiar em mim e na vida, comecei a desfazer a existência do estilo *workaholic* que vivia, tornei-me autoconfiante, comecei a entrar em contato com a minha criatividade, vislumbrei o futuro, comecei a aprender uma nova maneira de manifestação, encontrei uma sensação mais estável de segurança, e de uma forma mais alegre, iniciei o funeral da vítima que se encontrava dentro de mim.

Era o ano de 1999. Encontrava-me em um retiro na Índia. Estava lá há uma semana, quando percebi que eu estava me sentindo diferente de como me sentira em toda a minha vida. Intensa, profunda, permanecendo em paz. Nunca antes havia percebido o quanto eu estava intrigada. O que havia acontecido? Por que eu me sentia incrivelmente tão quieta, calma e dócil? Depois eu percebi que eu não havia tido um único pensamento sobre o futuro durante talvez dois dias. Não havia criado uma simples ideia naquele período! Para mim, foi um recorde. Estávamos no mês de janeiro e tomei esta experiência como exemplo para o ano que se iniciava. Eu me comprometi em permanecer no presente, em não pensar no futuro durante o ano inteiro.

As coisas começaram bem. Quando eu estava na Índia, recebi um *email* de Mauritius pedindo para que eu fosse dirigir um programa das Quatro Faces, no Dia Internacional da Mulher. Ótimo! Achei que seria um raro começo de ano. Quando eu vim da Índia para a Austrália, encontrei um novo espaço para o meu escritório e o redecoramos. Ficou fantástico. Concedemos um teste de audição para atores e facilitadores a fim de trabalhar conosco em nossa consultoria crescente com transformação em organizações. Contratei outra pessoa para me ajudar no setor de marketing e assim o ano se passou.

Desculpem, não foi tão rápido assim! Conforme nos mudamos para o escritório, passamos um mês ou mais nos renovando; eu ainda não tinha nenhum trabalho em vista. Eu não estava preocupada, possuía uma estratégia e um enorme sucesso público bem atrás de mim. Tudo iria dar certo. E, além disso, eu havia me comprometido em não pensar no futuro. Obviamente, eu de fato fiz alguns planos para os negócios, mas me restringi em realizar os meus planos e não "sonhar" com ideias.

Conforme as semanas se transformavam em meses e nenhum trabalho aparecia, o saldo bancário diminuiu muito, apesar de todos os meus esforços na área de marketing. E eu estava ali "presa" no presente, tendo todos os sentimentos desconfortáveis dos quais eu havia fugido anteriormente vivendo no futuro.

Percebi quão insegura estava me sentindo. Havia vivido à custa da estratégia de que, independente de quão calamitoso o dia de hoje possa parecer, o amanhã sempre será alegre e brilhante na minha mente. Basicamente, havia vivido em uma fantasia. Entretanto, neste momento, de acordo com o meu compromisso, eu estava abandonada na realidade e insegurança, vulnerabilidade e desafios financeiros atuais. Além disso, a casa estava prestes a ser vendida e eu teria que encontrar outro lugar para morar – não seria um drama se eu tivesse muito dinheiro, mas já era novembro e eu estava no vermelho. Tudo começou a desmoronar ao meu redor.

Talvez a pior coisa era o fato de que eu havia estado tão afastada do "presente", durante tanto tempo, que não tive a real percepção de mim mesma. Mais precisamente vivi em uma versão sutilmente fantasiada de mim mesma e que servia para mim. Entretanto, não há como escapar do fato de que quando você começa a viver no "Agora", no presente, você está confrontando você mesmo. Não o seu EU verdadeiro, original, mas os padrões de sobrevivência inconsciente do EU imitativo. Portanto, eu me sentia insegura, vulnerável, quase destituída. Percebi que a minha desfuncionalidade pessoal estava começando a se fechar pela primeira vez na minha vida.

As relações na minha vida tornaram-se uma reflexão da minha própria condição e sentia-me sozinha. Obviamente, a personalidade da vítima elevou-se à fase de uma repetição exuberante.

Entretanto, muito lentamente o meu compromisso começou a revidar. Estava aprendendo a Tolerar o sentimento de desconforto em uma intensidade que nunca sentira anteriormente.

Eu estava vendo, Discernindo, muito claramente, de uma forma que nunca havia conseguido no passado. Era como se as dinâmicas invisíveis se tornassem óbvias para mim. Conseguia ver cordões e padrões que envolviam pessoas, ideias e coisas. Conseguia ver meus próprios métodos de comportamento de sobrevivência diferentes do meu EU real.

Estava começando a ser capaz de Discernir o futuro. É bastante diferente de visionar, planejar ou determinar. Isto é vislumbrar. As janelas estavam se abrindo para me mostrar o que havia adiante. Não era uma imagem inteira. Inicialmente, quando eu via alguma coisa, agia imediatamente tentando envolver o que vira em estratégias e planos, mas não dava certo. Mais tarde eu percebi que não precisava fazer nada, apenas segurar a janela aberta e permanecer alerta.

Com o decorrer do tempo, conforme as coisas começaram a destravar e o trabalho começou a fluir, eu também fluí e a vida desabrochou. Comecei a Discernir pessoas, situações e inclusive serviços comerciais que tinham a mesma "ressonância" das janelas do futuro que eu vira.

Entretanto, para ser parte de um plano maior, ao invés de entregar-se ao plano é necessário ter paciência. É isso mesmo, é possível construir e controlar muitas coisas, mas quando isso ocorre, você perde a magia.

O Poder do Discernimento é uma bela chave para desvendar a aparência da magia em sua vida. E enquanto a magia existir, o Poder do Discernimento será aquele que o possibilitará capturar a fascinação, vendo-a através da visão Divina, do terceiro olho. Depois, a sua segurança fica atracada na qualidade dos seus pensamentos e ações de hoje. Você percebe que o amanhã não existe na sua mente, que o amanhã é uma consequência do alinhamento das virtudes e ações que acontecem hoje.

Portanto, embora eu tenha aprendido com uma abordagem "a prova de fogo", ela foi uma das lições, com múltiplos resultados, mais valiosas que eu aprendi no decorrer deste caminho. Eu descobri que só é possível ver realmente, Discernir realmente, quando você está separado observando o EU sobrevivente plantado firmemente no presente. É isso mesmo, você vislumbra o futuro e carrega a relevância do passado, mas você vive no agora – ouvindo, alerta, atento e disponível.

### A sabedoria

Este é o poder de usar o intelecto mais elevado. É a arte de considerar o EU mais consciente para entender o conhecimento da verdade e da falsidade, do certo e do errado, da realidade e da ilusão, do benefício e da perda.

Usando este poder, Shakti é capaz de Discernir de forma exata. É o poder da clareza, enxergar com olhos diferentes, escutar com ouvidos diferentes. O poder do Discernimento é confiar nos nossos egos mais elevados perante opiniões opostas ou crenças antiquadas, porém ativas. É o poder de ouvir o que é conhecido bem no íntimo.

É o poder de ficar quieto e procurar a verdade do momento antes de reagir. A reação é a conduta de ser controlado pelos estímulos externos – um estado de descapacitação. O Poder do Discernimento é como uma janela que permite que Shakti se afaste das reações compulsivas e, como um observador, veja a realidade da situação.

O Poder do Discernimento também convoca Shakti para reconhecer que a lógica por si só não é suficiente. Transmite que Ela deve aprender a aprimorar e confiar em seus poderes intuitivos, permitir que a "esperteza" além da lógica racional transmita a sua verdade.

Enquanto este poder consiste no domínio do intelecto, este é equilibrado e Divino. Significa ouvir e ver com o intelecto da mente e o intelecto do coração. Se um deles estiver faltando, então não se terá uma imagem completa ocasionando dano ou perda.

Aqui a confiança é a palavra chave e quanto mais confiança houver no EU, mais você irá ouvir o seu próprio conhecimento inato que nasce da sua sabedoria eterna e mais você irá notar os resultados no seu mundo externo fluindo lindamente.

**O arquétipo**
**Shakti: Deusa Gayatri**
Gayatri é a Deusa do intelecto. Ela carrega o disco e a concha.

O disco conduzido por Gayatri geralmente refere-se ao Disco da Autorrealização. Implica que quando Shakti gira o ciclo do tempo, movendo-o através das Quatro Faces do Eterno, Tradicional, Moderno, Shakti e novamente para o Eterno, ela faz um claro Discernimento do que é real, do que é ilusório e do que é verdadeiro em cada momento.

A concha simboliza o poder da expressão sábia, usando as palavras certas no momento certo. Gayatri, como as outras Shaktis, concede bênçãos com a sua mão direita. Ela é sempre vista entre dois cisnes, simbolizando a pureza do seu intelecto, a capacidade para usar a sua "visão" a fim de selecionar somente as pérolas ao invés de mergulhar nas águas turvas do julgamento.

### A distorção
Quando usado pelas faces da sobrevivência, o Poder do Discernimento critica e julga. A Face Tradicional o usa para acusar crenças, pessoas fora da área de segurança da tradição, a fim de sentir-se justa e segura. A Face Moderna o usa para argumentar, debater ideias, com uma tendência em analisar tudo de forma excessiva, por medo de cair novamente na armadilha das falsas crenças de outra tradição.

### As virtudes
Clareza
Simplicidade
Precisão
Confiança

### A cor
Verde-limão

# O Poder da Decisão

### A reflexão
*Escolha. Compromisso. Quando eu sei o rumo certo a tomar, é como se não existisse nenhuma escolha. Tenho que tomá-lo. Preciso agir com base no meu conhecimento, preciso confiar em mim mesma... Às vezes, não tenho nenhuma ideia para onde a minha decisão me levará.*

*Mas da mesma forma que a bússola sempre tem que apontar para o verdadeiro norte, eu também tenho que seguir meu rumo verdadeiro com determinação, convicção... e humildade. E tomando este rumo, eu acumulo nova sabedoria e me modifico.*

### A história
Lembro-me da primeira vez que ouvi uma grande citação de Goethe quando estava fazendo meus primeiros programas de autodesenvolvimento há anos. Era sobre "compromisso" – devo admitir que é uma área na qual tive que dedicar uma atenção considerável na minha vida. É algo sobre a finalidade do compromisso que me fez sentir presa, cercada, limitada. Mas esta resistência toma muita energia em si e, além do mais, os pensamentos subjacentes do "sim" e do "não", cada um lutando pela supremacia, desperdiçam energia, sabotam o sucesso, causam a autodúvida e, no decorrer do tempo, criam desesperança.

Conforme eu andei pesquisando a citação completa de Goethe, na internet, encontrei uma história que pode ser folclórica, mas uma parte de mim que vivenciou o poder do compromisso diz que é verdade.

> *"Antes de existir o compromisso, existe a hesitação, a oportunidade de retrair-se, sempre com ineficácia. A respeito de todos os atos de iniciativa e criação, há uma verdade elementar, a ignorância que aniquila infinitas ideias e planos formidáveis. No instante em que o indivíduo definitivamente se compromete, todos os tipos de*

*coisas começam a acontecer, ao passo que, se fosse de outra forma, nunca ocorreriam. Um fluxo inteiro de eventos resulta da decisão comprometida, evocando a seu favor toda questão referente a incidentes, confluências e assistência material que nenhum homem nunca poderia ter sonhado que cruzaria seu caminho.*
*O que quer que você possa fazer ou sonha que pode, dê início.*
*A coragem possui engenho, poder e magia. Comece agora..."*

Conforme experimentei esta energia no decorrer dos anos, entendo que as famosas palavras de Goethe são totalmente precisas:

Esta é a história com a qual me deparei na internet.

Uma pequena congregação no sopé de Great Smokies construiu um novo santuário em um terreno que lhes havia sido deixado em testamento por um membro da igreja. Dez dias antes de a nova igreja estar pronta para a inauguração, um fiscal local informou ao pastor que o estacionamento encontrava-se em condições inadequadas para o tamanho da construção. Eles não poderiam usar o novo santuário até que não dobrassem o tamanho do estacionamento. Infelizmente, a igreja usara cada centímetro do terreno, exceto a montanha que se encontrava em oposição à área construída. A fim de criar mais espaço no estacionamento, eles teriam que remover parte da montanha na área de trás da igreja.

Destemido, o pastor comunicou no domingo seguinte, pela manhã, que se reuniria à tarde daquele mesmo dia com todos os membros que possuíam a "fé que move montanhas". Eles iriam realizar uma sessão de orações pedindo a Deus para que removesse a montanha da área de trás da igreja e para que, de certa forma, provesse dinheiro suficiente para pavimentá-la e pintá-la antes da cerimônia religiosa de abertura marcada para a semana seguinte.

No horário combinado, 24 dos 300 membros da congregação reuniram-se para as orações. Eles oraram durante quase três horas.

Às dez horas, o pastor disse o "Amém" final, "Abriremos no próximo domingo conforme o previsto," ele garantiu a todos. "Deus nunca nos desapontou e tenho certeza que desta vez Ele também será fiel."

Na manhã seguinte, enquanto estava trabalhando na sua sala de estudos, alguém bateu na porta sonoramente. Quando ele gritou: "Entre", um contramestre de obras com uma aparência grosseira apareceu, retirando o chapéu ao entrar. "Desculpe-me, Reverendo. Sou da empresa de construções Acme do município vizinho. Estamos construindo um enorme *shopping center*. Precisamos de refugo para preenchimento. O senhor estaria disposto a vender-nos uma quantidade daquela montanha atrás da igreja? Pagaremos pelo refugo que removermos e iremos pavimentar toda a área exposta sem nenhum encargo, se pudermos adquiri-lo imediatamente. Não podemos fazer nada até conseguirmos o refugo e possibilitar o assentamento de forma apropriada."

Eu havia sido operada no Chile e minha recuperação estava indo muito bem. Talvez já houvesse se passado duas semanas e meia após a recuperação pós-operatória de um mês, antes que eu fosse para a Itália e depois para a Índia. Angélica, minha amiga recente que havia tomado conta muito bem de mim, teve uma sensação de que eu tinha que conhecer um médico chinês de quem ela havia ouvido falar. Certo dia, fomos ao seu consultório de carro e descobrimos que ele havia se mudado. Agora ele estava a simplesmente dez minutos a pé de onde eu morava. Estávamos prestes a tocar a campainha, quando ele mesmo abriu a porta e nos conduziu para o seu consultório sem falar com a recepcionista. O teto era alto, sua mesa, feita de mogno e o cheiro exalava medicamentos.

Ali estávamos nós, Kin falando em seu péssimo espanhol, Angélica traduzindo em seu inglês pobre (naquela altura do campeonato) e eu não entendendo quase nada. Por outro lado, eu estava passando pelas experiências mais extraordinárias.

Conforme eles conversavam um na frente do outro, sentados à sua mesa, eu fiquei observando e senti uma agradável energia abrindo meu coração. Senti a presença dos atributos da felicidade e compaixão. Durante a nossa conversa, fiquei sabendo que Kin havia sido um monge budista durante 24 anos e, para mim, isto explicou os meus sentimentos, já que o Budismo é realmente reconhecido pela dedicação à felicidade e compaixão.

Permaneci sentada, de coração aberto, lágrimas brotando dos meus olhos e sentindo-me muito emocionada. De vez em quando, Kin virava para mim e dizia: "Seu único problema é que você precisa se divertir!"

Kin me disse que eu precisava me recuperar não somente da operação, mas também da vida, do trabalho excessivo. Não preciso dizer que não era necessário eu viajar para o outro lado do mundo e consultar um médico chinês que fala espanhol para saber disso! Mas o adorável Kin me proporcionou uma grande esperança. Ele disse que podia me ajudar. Eu precisava ficar no Chile durante quatro meses e ele, inclusive, se ofereceu para trabalhar comigo sem nenhum custo porque eu era uma pessoa "religiosa".

Tinha planos para ir embora do Chile dentro de três a quatro semanas, mas eu estava sendo presenteada por uma dádiva, uma resposta para minha própria visualização ao ano passado ou mais. Eu queria recuperar minha energia vital, minha força pela vida e havia alguém que entendera, diagnosticara e estava certo de que podia me ajudar.

Eu tinha que Decidir o que fazer. Abandonar meus planos de viagem e finalmente voltar para a Austrália, para a minha família, amigos, meu gato e meu carro ou ficar no Chile. Kin havia me dito que trabalharia comigo quando eu Decidisse por tal, que se eu voltasse no ano seguinte seria a mesma coisa para ele. Por outro lado, eu sabia que era uma dádiva daquele momento, que havia alguma magia escondida dentro dela.

A data do meu voo estava se aproximando e, portanto, no dia seguinte tomei a Decisão. Eu fiquei. Depois, assumi o compromisso de voltar e ficar até o final de 2006. E no encalço destes compromissos, a magia continuava acontecendo... este livro faz parte desta magia.

Há muitas outras coisas externas que estão ocorrendo e que também estão alinhadas ao destino da minha alma. A oportunidade de servir os outros, escrever, ter uma profissão com uma remuneração boa o suficiente para poder trabalhar apenas algumas horas por semana, viajar para países diferentes, conectar-me com pessoas maravilhosas. Mas o mais importante ainda para mim é ter um lugar onde eu consiga me focar no trabalho da alma profundamente decisivo.

Aqui eu consigo desfazer meus antigos padrões da necessidade compulsiva de trabalhar muito. Aqui me encontro em um ambiente que me apoia ao lembrar quão bonito e importante é o poder do silêncio. Aqui eu estou cara a cara com os antigos padrões de sobrevivência subjacentes que emergiram com grande força e me permitem fazer algumas escolhas de alto nível para esvaziar o poder antigo e controlar as dependências. Aqui eu tomo conhecimento da doçura da minha natureza verdadeira em um país onde as pessoas possuem esta qualidade de forma natural. Aqui estou aprendendo a confiar mais, a amar a existência repleta de paz, a ser. Aqui é onde estou encontrando uma nova relação comigo mesma, com Deus, com o milagre da vida.

É isso que eu acho que é a existência. Estar sintonizado com cada momento, Discernindo sua especial nuança e depois usar o Poder da Decisão a fim de alinhar-se totalmente com aquele momento e comprometer-se com o caminho que irá surgir.

Na roda dos poderes, a Decisão está em oposição ao Poder da Libertação e esta tem sido a minha experiência. Eu tenho que Libertar-me das ideias fixas, dos planos, das antigas identidades, das reações do ego, dos temores e das dúvidas e continuar permitindo o processo de renovação da vida para purificar e criar cada momento. E quando eu fizer isso, serei capaz de fazer o alinhamento e tomar a decisão, comprometendo-me totalmente com o poder completo.

## A sabedoria
Este é o poder da verdade, o poder para escolher a verdade, para permanecer sozinho naquela verdade, independente de qualquer coisa. Está intrinsecamente conectado ao Poder do Discernimento e requer muita da sua força a partir deste poder. Se o Poder do Discernimento foi bem exercitado, então o Poder da Decisão irá fluir mais facilmente.

O Poder da Decisão também está associado ao intelecto, mas diferente do Poder do Discernimento que é um processo introvertido, o Poder da Decisão se manifesta externamente. Aquele que usa este poder está afirmando o seguinte: "Eu confio em mim mesmo e estou aberto para que minhas ações estejam corretas. Elas irão me trazer sucesso. Estou preparado para defender minhas escolhas e permitir e ser responsável pelas consequências. Resistirei sozinho, se for necessário. Eu acredito que estou agindo corretamente".

Hoje, este poder é fundamental para os líderes. Quando a maioria do mundo consegue ver apenas o que o mundo tem sido, insista, aja de forma decisiva e avance, quando às vezes você é a única pessoa que consegue ver. Isto requer um extraordinário poder interior.

Às vezes, é necessário fazer uma introspecção e acessar o Poder do Discernimento para garantir que o rumo escolhido ainda é o rumo certo.

## O arquétipo
### Deusa: Shakti Saraswati
Saraswati também está associada ao intelecto, mas ao contrário de Gayatri cujo poder é um processo introvertido, o Poder da Decisão se manifesta externamente. Um "conhecimento" influenciado tem impacto no mundo. Isto é simbolizado pela cítara. Saraswati não segue nenhuma partitura predeterminada, ela representa suas próprias decisões, sua própria combinação de notas e, portanto, as exclusivas melodias ressoam no mundo inteiro.

Ela também carrega consigo a escritura sagrada e o terço. A escritura sagrada nos conta que as suas decisões estão alinhadas à sua verdade e à honra mais elevada e o terço quer dizer que, enquanto ela Decidir por ela mesma, ela está consciente que está conectada com muitos outros.

Aquele que usa este poder está afirmando que "Eu confio em mim mesmo e estou aberto para que minhas ações estejam corretas. Elas irão me trazer sucesso. Estou preparado para defender minhas escolhas e aceitar as consequências. Resistirei sozinho, se for necessário. Eu acredito que estou agindo corretamente".

### A distorção
Uma firme tomada de Decisão não precisa vir de Shakti. Entretanto, a diferença é enorme. Você pode ser um poderoso mestre em decisões, manifestando resultado após resultado, mas atuando sem descrição ou discernimento. Se você usar a força, se você prejudicar os outros, transgredir os seus valores ou os valores das outras pessoas durante o processo, se você tomar decisões baseadas na sua extrema necessidade de sobrevivência pelo reconhecimento, aprovação, poder, liberdade, segurança... não importa quão poderoso você for ao manifestar, os resultados nunca serão totalmente satisfatórios na sustentação das suas necessidades.

É possível, através da franqueza e da determinação, fazer com que qualquer coisa aconteça. Mussolini, Stalin e Hitler mostraram-nos isso.

### As virtudes
Equilíbrio
Sabedoria
Rendição
Fé

### A cor
Amarelo-ouro

# O Poder do Enfrentamento

### A reflexão
*Compreendo que desafios surgirão no meu caminho... que eles virão para testar a minha resolução. De certa forma, não são os desafios externos que me pegam. Aqueles que realmente me arruínam são minhas próprias fraquezas.*

*Elas são perigosas para mim... roubam de mim os meus sonhos. Elas obscurecem minha percepção do EU e causam prejuízos à minha alma.*

*Para tal, eu invoco o fogo da coragem e irei transformá-las nas chamas da verdade. Eu me lanço, firmando-me corajosamente em meu solo, cortando um caminho da verdade através das ondas da jornada do tumulto.*

### A história
*por Mariette Buckle*

Quem sou eu? Preciso despedir-me de como eu achei que a minha vida deveria parecer.

Eu acho difícil encarar a vida, agora que meu filho faleceu. Queria morrer quando o pai de Dylan chegou, acompanhado de um jovem policial para me dizer que o corpo do meu filho havia sido encontrado.

Gritei e chorei. Foi horrível, um pesadelo. Estava em condições deploráveis. Soquei o chão, pedindo para que ele me engolisse, queria me aniquilar para que eu pudesse juntar-me a ele, ao meu amado filho.

Dylan havia me ligado seis dias antes, às 7:20 da manhã de domingo pedindo para que eu o pegasse na estação de metrô na Rua Flinders depois de ter ido a um night club. Dirigi 25 km em direção ao centro da cidade. O meu celular que estava no banco da frente tocou – era Dylan. "Onde você está?", ele perguntou. "Eu já cheguei à estação na Rua Flinders. Daqui a um minuto nos vemos."

Ele nunca chegou. Deixei um bilhete na porta do carro se caso ele aparecesse e comecei a procurar pelas ruas da cidade: na boca do lixo, em becos, nos cafés 24 horas. Achei que poderia estar sob o efeito do álcool e ter caído das escadas ou em alguma senda.

Estava tão quente o verão da Austrália e a cidade viva de domingo de manhã estava fervendo de calor, pessoas, barulho e cheiros e, no meio disso tudo, eu estava apavorada. Onde ele estava?

Fui para casa. Falei com minha filha Alison e chorei. Ela tinha 18 anos e seu irmão, 22. Minha energia estava se esgotando. Alison chamou a minha irmã Kate e seu marido Michael. Quando eles chegaram deram-me alguma coisa para acalmar e fizeram com que eu me apaziguasse enquanto ligavam para hospitais, para o pai de Dylan, meu ex-marido e, finalmente, a polícia.

A semana foi uma confusão com muitas ligações telefônicas, visitantes, parentes chegando, entrevistas com a polícia, mídia, todos procurando um jovem que havia desaparecido tão misteriosamente.

A relação de Dylan com a sua mãe era próxima. Embora seus pais tivessem se separado quando ele tinha 8 anos, seu pai continuou sendo uma pessoa presente. Ele sabia que era muito amado.

Dylan era um menino brilhante, um aluno excelente. Viajou para Londres e Dinamarca onde aprendeu a falar o idioma e amar as pessoas. Era muito sociável, extremamente popular e a atenção da mídia, chamando pelo desaparecimento de um jovem, gerou uma grande quantidade de cartas, cartões e a pergunta: "Onde ele está?"

Portanto, quando me disseram que o corpo do meu filho havia sido encontrado, eu queria morrer. "Como ele morreu?", perguntei finalmente, com a respiração curta e ofegante. Phil não conseguia olhar para mim, ele respondeu por trás do meu corpo agitado, ainda no chão: "Suicídio. Ele pulou de um prédio alto e caiu no telhado de outro prédio". O corpo estivera lá durante uma semana.

Eu nunca mais fui a mesma. Minha vida havia mudado para sempre e mal conseguia respirar. Minha face, aquela que usou a máscara de "mãe" perdeu-se em tristeza e desgosto.

Cinco meses depois, em julho de 1997, minha filha me deu um panfleto do Centro de Retiro de Brahma Kumaris em Baxter. Fui lá para ficar sozinha e começar a minha busca pelo significado. Eu já tinha uma percepção de Deus, influenciada pela minha formação católica, mas não ia à missa há 20 anos. Eu tinha 43 anos de idade.

Durante o retiro, eu escrevi no meu diário, "Eu percebi quão precioso é realmente meu próprio mundo interno. Continuo pedindo pela realização de Deus que é externa, mas conforme vou me conhecendo, começo a ver que Deus está dentro de mim". Aprendi a meditar com Raj Ioga. Fazia as seguintes perguntas: Quem sou eu? E quem é Deus? Durante os anos seguintes frequentei muitos retiros nos fins de semana.

Conforme vou me tornando mais consciente, sou capaz de aceitar a mudança sem controlá-la. Isto faz de mim uma observadora e me conecto com uma base mais elevada. Reconheço o meu ser da alma. Não sou os meus sentimentos e não sou o meu corpo.

O caminho para a base mais elevada está desordenado com obstáculos e, às vezes, sinto que sou seduzida pelo mundo externo.

Em novembro de 2003, eu frequentei meu primeiro fim de semana da Quinta Face da Mulher. Era para ser uma experiência extraordinária para mim.

No sábado à noite, fomos convidadas para fazer pulseiras com contas coloridas, cada cor representando um dos 8 Poderes. Trabalhamos em mesas com nove pessoas, na sala de jantar, cada uma de nós enfileirando as contas escolhidas e uma mulher amarrando o cordão para fazer o bracelete. Eu escolhera a conta vermelha, o Poder do Enfrentamento. Eu enfileirei muitas, muitas contas vermelhas naquela noite, desfrutando dos sorrisos, do silêncio, de alguma eventual palavra e da cordialidade das outras mulheres.

Durante a sessão final no domingo, antes do almoço, nossa facilitadora Caroline Ward nos designou a tarefa final, uma representação simbólica da quinta face: Shiva Shakti, tornando-nos anjos de Deus em forma do fogo, demonstrando as mudanças que ocorrem no cadinho.

Tínhamos que ir lá fora e jogar, em um pequeno fogo, um pedaço de papel onde estava escrito o que nós queríamos mudar, aniquilar a fim de começar uma ressurreição. Eu queria muito vivenciar isto; eu queria me render a Deus.

Caroline colocou uma música de acompanhamento enquanto desempenhávamos esta tarefa. Chamava-se Paz Profunda, de Deep Forest, uma coletânea de canções famosas no mundo inteiro. Fez-me chorar instantaneamente, de forma incontrolável. Era um dos CDs preferidos de Dylan. Eu o havia comprado para ele no Natal antes da sua morte e, desde então, eu não o havia escutado.

Meu coração estava partido. Sentia tantas saudades dele. Levei o papel para fora, minhas lágrimas escorrendo e o coloquei no pequeno fogo, o cadinho. Estava morrendo de tanta dor profunda pela tristeza e do segredo desta dor.

**A sabedoria**
Os principais atributos deste poder são a coragem e a honestidade. Para Shakti, o Poder do Enfrentamento significa que nada é tão espantoso para lidar, ela está caracterizada por todos os poderes necessários para enfrentar o que vier, medos de emoções esmagadoras, autodúvida, problemas familiares, agressões pessoais e profissionais, obstáculos ou situações que possam parecer impossíveis, insuperáveis.

O Poder do Enfrentamento é a capacidade de abraçar mesmo as situações mais difíceis, de saber que você tem o poder de transformar o que quer que se apresente. Praticamente, significa que Shakti sabe que "o que está no caminho, é o caminho"... que, pela própria ação de designar um futuro diferente, haverá uma variedade de reações que irão emergir dos outros e do interior da sua psiquê. Resistência, sabotagem, raiva, medo, ansiedade e manifestações de negação em uma variedade de formas, em mim e em outros. Entretanto, quando eles são enfrentados e solucionados, Shakti tem então uma maneira adiante, desobstruindo o caminho à frente.

Não é agressiva, mas certamente é assertiva e poderosa. O Poder do Enfrentamento não deixa nada escondido, nada obscuro ou não dito. Este é o poder de trazer para dentro da luz do dia o invisível que ameaça o novo caminho.

## O arquétipo
### Shakti: Deusa Kali

Para Shakti, o Poder do Enfrentamento é representado por Kali porque, ao trazer de volta a inocência original do ego e do mundo, muitas necessidades desendiabradas ocorrem. Todos os monstros do pretexto e da ilusão, que cobrem a alma e a afastam de Deus e da sua beleza eterna, precisam ser destruídos.

O Poder do Enfrentamento é cruel e de forma alguma abriga obstáculos, tanto internos quanto externos. E ela é totalmente destemida. O colar de caveiras que Kali usa no seu pescoço desafia a morte para amedrontá-la. Já que é destemida, ela não consegue e não será enganada pela ilusão. Baseia-se na verdade (Deus Shiva) e carrega a Espada da Ilusão, que simboliza o seu uso do conhecimento e da sabedoria na sua tarefa.

Este é o poder para destruir todos os obstáculos. Nenhuma compaixão é revelada aqui e Kali carrega a cabeça austera de um oponente para mostrar que nenhum demônio irá ignorá-la. Na mitologia, ela bebe o sangue do demônio para impedir que ele se multiplique com cada gota que cai na Terra. Não se detém com nada para livrar-se e livrar o mundo da maldade.

Ela não aceita ou não se permite ser inferior em razão da falta de valor em nosso mundo. Ela se encontra forte e arrojada e, não obstante, apresenta-se sem ego, visto que ela não irá mais tolerar o ego da mesma maneira que não tolera nenhuma outra força destrutiva. Conforme retorna à sua própria inocência, o Poder do Enfrentamento carrega o mundo com ela. Nunca aceitará ilusão ou falsidade, ego, ganância, luxúria, apego, ciúme ou raiva dela mesma e não suportará nos outros. Seu poder é o Poder para Enfrentar a maldade nas formas mais evidentes, convenientes e tentadoras sem ficar comovida com isso.

## A distorção
Quando este poder perde a sua pureza, é evidente que se torna violento, destrutivo e prejudicial. A positividade se transforma em agressão, o enfrentamento, em confrontação conduzida pelo ego. Este poder então se torna uma ferramenta de sobrevivência, o guerreiro lutando pela segurança emocional, física e psicológica, usando a força para proteger-se, sem perceber o dano causado nela própria e nos outros.

O desafio que este dano traz é que gera um ataque violento do retorno Cármino. Cada ação tem uma reação idêntica e oposta. O que você semeia você colhe. Se alguém for desagradável, é difícil ser amável e amoroso com ele. Sim, é possível, mas se a estratégia da sobrevivência pela segurança é proteger e se defender, é improvável que você receba uma expansão natural de amor.

Portanto, quando você gerar uma guerra, terá que lidar com os inimigos que você cria. A energia que você lança para fora, irá voltar para atacá-lo. Depois, você usará o Poder do Enfrentamento novamente da mesma forma distorcida, causando mais agitação cármica – e o ciclo continua.

A Face Moderna está particularmente familiarizada com esta distorção. Na Face Tradicional, é a energia do tirano, do ditador.

## As virtudes
Coragem
Confiança
Determinação
Propósito

## A cor
Vermelha

# O Poder da Cooperação

### A reflexão
*Não consigo fazer tudo sozinha. Ninguém consegue. Mas quando estou transparente e bondosa e agindo com coragem... de certa forma a vida vai bem. As oportunidades surgem. A sincronicidade ocorre. E tudo que tenho que fazer... é a minha parte.*

*Cada um cumpre a parte perfeita a cada momento, renunciando ao ego e oferecendo ajuda e recebendo-a. E ao dar e receber, a vida se desenrola e cumpre-se o destino.*

### A história
Tracey é uma mulher maravilhosa. Eu a vi apenas em um fim de semana, mas deixou uma impressão em mim que perdura até hoje. Ela é brilhante, honesta e corajosa. Durante o retiro inteiro no fim de semana ela conversou muito abertamente e trouxe uma energia alegre ao grupo. Ela era mais extrovertida que as outras, mas não era absolutamente dominadora. Era simplesmente encantadora e divertida.

No final do retiro, tivemos tempo para trocar informações. Sem nenhuma surpresa, ela falou muito abertamente e calorosamente. Disse que o que ela vivenciara naquele fim de semana era o que ela estivera esperando. Sabia que era para ela, estivera desperta e alerta para quando surgisse e, naquele fim de semana, ela o encontrou.

Ela me perguntou quais eram as opções para continuar explorando e estudando mais profundamente a espiritualidade e sabedoria que a haviam abraçado.

Estava pronta para responder aos sinais, para cooperar com o seu destino.

Durante a nossa troca de informações, Tracey mostrou-nos tudo que ela já incorporara do Poder da Cooperação. Em certo momento, começamos um diálogo sobre parceiros, maridos, namorados, amigos, aqueles que "não realizaram" a jornada espiritual. Uma mulher disse que teve de deixar o seu marido. Lembro-me de outra um tanto quanto perturbada achando que este poderia ser o seu futuro. Outras começaram a debater, enquanto outras permaneceram quietas, observando, nos seus próprios pensamentos. Depois Tracey perguntou se ela poderia dizer algo.

Ela contou-nos como chegou ao seu segundo casamento. Seu primeiro casamento terminou quando seu marido, o pai dos seus filhos, finalmente admitiu que era gay. Embora eu não saiba como foi para ela naquele período, ela chegou a aceitar (outro Poder) e foi capaz de cooperar na escolha do marido dele. Ela não levou pelo lado pessoal, ela sabia que ele a amava e ela o amava e ambos amavam as crianças.

Depois, Tracey casou-se novamente. Conforme ela começou a explorar mais a fundo a sua própria espiritualidade, ela disse que percebera que estava progredindo mais do que o seu segundo marido, deixando-o para trás. Ele não parecia estar interessado no que ela estava fazendo e ela não estava mais interessada nas coisas chatas e insignificantes que atraíam a sua atenção.

Eu olhava para as mulheres conforme ela falava. Eu não sei aonde ela queria chegar com isso, mas percebi a facção "deixá-lo" fazendo um gesto afirmativo com a cabeça e a facção "não quero deixá-lo" esperando com respiração suspensa.

"Eu achava que eu precisava progredir e depois eu pensei quão injusta seria da minha parte julgá-lo como sendo uma pessoa inepta e imóvel. Decidi que eu precisava (outro Poder) dar-lhe uma chance de escolha. Um dia sentei-me com ele e lhe disse que meu mundo mudara, que outras coisas eram importantes para mim então, que eu adoraria se ele quisesse fazer parte disso porque eu o amava, mas de qualquer forma eu não poderia voltar para trás."

Tracey deixou o seu marido ponderar as coisas.

"Tenho que admitir, ele me surpreendeu. Ele voltou-se e disse sim, vamos progredir. Ainda estamos juntos, somos felizes, estamos passando para uma relação recentemente evoluída. Talvez você só tenha que dar aos homens da sua vida uma oportunidade. Talvez, se você fizer isso, eles ganhem pontos com você e as surpreendam também."

A sala ficou em silêncio. A verdade estava ressoando. Tracey realmente havia trazido seu Poder de Cooperação para dentro da sala. Ela havia invocado aquela energia e poder com o seu marido e com todas as mulheres na sala que encararam situações semelhantes e com todos os homens em suas vidas e as crianças nascidas dos seus relacionamentos.

É um belo poder que liberta, remove obstáculos, traz esperança e possibilidade, além de permitir que a energia flua.

## A sabedoria

Direcionando-se para um novo destino, é certo que a cooperação será necessária. No caminho espiritual conforme você evolui, você se torna mais poderoso e menos carente. Portanto, você será capaz de libertar-se da autoabsorção que tende a ser o atual paradigma da humanidade. E, enquanto a jornada espiritual for totalmente sobre "Auto", ou seja, autorrealização, autorrespeito, autoconsecução, este enfoque sobre auto não significa egoísmo. Já que cada um de nós se torna mais fortalecido em si mesmo, tornamo-nos mais interessados em servir aos outros.

Tornamo-nos menos defensivos na vida, mais confiantes, mais prestativos e, portanto, mais copiosos. O fluxo de energia atrai o retorno. Esta é a verdadeira natureza da essência – de fazer parte de uma relação com a vida, com os outros e com a natureza. Compartilhar de forma natural a energia positiva através de pensamentos, sentimentos e ações, bem como as expressões materiais, tais como dinheiro e recursos úteis... e depois receber o retorno destes.

Este é o poder que significa que você pode comemorar o sucesso de outra pessoa como se fosse seu. Este é o poder que entende que a energia do sucesso é a maré e o fluxo da contribuição humana, das energias sutis dos pensamentos puros e dos bons desejos, bem como a ação.

Este é o poder que requer que você Coopere com a sua intuição, seu conhecimento interior.

Este é o poder pelo qual você Coopera com os presságios e as sincronicidades da vida, os sinais que o deslocam para uma atitude ou ação mais proveitosa para alcançar os seus sonhos e servir aos outros.

Cooperação é o apelo do momento. Estamos todos sendo convocados para compartilhar nossas dádivas, o melhor de nós mesmos na forma mais elevada para efetuar uma mudança real na consciência do mundo no momento atual.

Quando estamos no nosso poder – isto é, na nossa verdade individual – estamos alinhados à nossa segurança e força e conseguimos sentir nosso propósito se desvendar.

Exige-se que Cooperemos com a humanidade, com a Divina tarefa de Deus da transformação.

Esta é a tarefa final de Shakti, a dádiva final dela mesma... retirar-se da atração do ego, libertar-se de como ela pensou que deveria ser, tolerar os desafios da sua mudança, aceitar seu destino, discernir o seu caminho, decidir como progredir, enfrentar suas dúvidas internas, medos e inseguranças e continuar repetindo estes poderes como a cada dia ela continua Cooperando no desígnio não visto do Grande Desvio do Tempo.

**O arquétipo**
**Shakti: Deusa Lax**
Laxmi, a Deusa da riqueza, é o arquétipo para o Poder da Cooperação. Ela simboliza grande beleza e harmonia – união. Encontra-se rodeada de muitas flores de lótus que representam a beleza, mas também pureza e desligamento. Sua causa para a Cooperação é sempre pura e ela não está de forma alguma ligada ao resultado da sua contribuição e nem requer posse da tarefa próxima.

Seu tesouro da riqueza é a absoluta fartura e a superabundância. O que quer que ela tenha, fica feliz em compartilhar e, ao fazer isso, ela não distribui em quinhões, mas permite que as pessoas tirem da sua riqueza o que elas desejarem.

Sua prosperidade vem da sua capacidade de Cooperar e do fluxo com as dádivas do universo.

Shakti estabelece a transformação em movimento e o universo responde ao seu apelo, emitindo sinais em forma de coincidências e oportunidades. Às vezes, essas oportunidades estão escondidas embaixo do manto da perda, mas a fartura surge de um novo universo. Quando o antigo for retirado, haverá então espaço para o novo.

**A distorção**
Quando se está sob o modo de sobrevivência, sem a sabedoria de como preencher nossas próprias necessidades vindas de dentro ou da Fonte, procuramos satisfazê-las através de uma variedade de estratégias diferentes, inclusive agradando as pessoas.

Excesso de cooperação é uma doença: colocar as necessidades alheias antes das nossas; dar dinheiro aos outros quando você não tem recursos suficientes para você mesmo; proporcionar tempo aos outros quando você está fora do comando da sua própria vida; sempre ajudando os outros em seus projetos quando os seus desvanecem no passado distante, não realizados; deixar que as pessoas tirem de você o que elas querem, deixando-o vazio e sem recursos.

Quando viemos da Face Tradicional, sem consideração por nós mesmos, colocamos as necessidades alheias na frente das nossas, esperando de forma subconsciente a obtenção da aprovação, do amor, da posse e da segurança.

Na Face Moderna, podemos cooperar com os outros que parecem estar em alta na sua rebelião pioneira contra o sistema. Isto pode ser o nosso ingresso para a liberdade, mas não percebemos que iremos nos encontrar presos em sua nova tradição, suas regras, sua maneira. Sem mudanças.

**As virtudes**
Respeito
Honestidade
Harmonia
Generosidade

**A cor**
Laranja

## Considerações finais (parte 1)

A jornada para o fortalecimento é o esforço consciente de "despertar" e permanecer desperto. É o enfoque no entendimento e no aprendizado que você, e você sozinho, pode transformar a sua vida. Você sozinho pode garantir a estrada para a recuperação da alma, do EU, do "EU SOU". Ao longo desta viagem, você irá encontrar companheiros que poderão lhe oferecer percepções profundas, mas a jornada de retorno para você mesmo é uma jornada individual.

O fortalecimento espiritual é diferente do desenvolvimento ou do fortalecimento pessoal. É necessário que se pratique a arte e a ciência do silêncio. Ele sugere que existe outro domínio, outra dimensão além do material onde as respostas para as suas perguntas mais profundas podem ser encontradas.

O fortalecimento espiritual é assimilar os sistemas de entendimentos da energia, sistemas de poder.

O fortalecimento espiritual é aprender o método de reabastecimento pessoal e social, rejuvenescimento e purificação. É entender as leis sutis e ocasionais do nosso mundo, tornando-nos íntimos com as coisas invisíveis da vida. É um ponto de virada interno para encontrar as respostas e conectar-se com a Fonte, acessando o poder para sustentar a jornada, para livrar-se do condicionamento e para dar coragem à busca.

Se desejarmos entender o caminho para o nosso EU mais belo e poderoso, temos que entender o que irá nos impedir de tomar o nosso rumo. O hábito da identidade errada, da crença: "Eu sou o meu corpo"... irão imediatamente nos limitar.

Iremos acreditar completamente, de forma inconsciente, em muitas crenças amplamente empregadas sobre mulheres que nos detêm, nos retêm, nos dominam, nos subestimam, nos oprimem ou nos forçam a assumir uma identidade moderna que se espera que seja libertada, mas apenas nos vinculam a outras formas de restrição, limitação e geralmente exaustão.

Se tivermos que retornar ao EU fortalecido e, durante o processo, contribuir para que os outros façam a mesma coisa, então temos que encontrar para nós mesmos uma nova identidade, uma identidade que nasce neste momento... o momento da transformação do mundo.

Shakti é esta identidade. Você acredita em você sendo uma Deusa, um ser Divino, um instrumento de Deus? Por que não? Se você escutar profundamente dentro do seu próprio conhecimento e perguntar: "Estou aqui para um propósito?" – qual é a resposta?

Como "mulher", você irá se lançar entre as Faces Tradicional e Moderna porque as qualidades que você está buscando em cada uma combinam para totalizar as qualidades da alma... o tesouro completo da Face Eterna. Como "mulher" você permanece presa em um sistema doente, em dívida de gratidão com aqueles com o poder, para que concedam a fim de aquinhoar uma migalha. Ou você fica exausta de brigar com as pessoas para conseguir uma porção que você consegue reunir em forma de leis, posições, salário. Você pode alcançar a igualdade na política e nas práticas da vida, mas a pergunta então é: a igualdade traz contentamento, paz e amor? Você então tem poder pessoal?

Ter igualdade é um eufemismo por ser poderoso, ser independente, estar no controle da sua vida. Mas, na realidade, os homens não possuem isso tampouco. Portanto, a que estamos nos tornando iguais quando buscamos igualdade? Ficaremos alguma vez satisfeitas ao copiar os outros?

Como Shakti, você ainda irá criar novas leis, você poderá alcançar posições de influência e ser financeiramente próspera, mas a diferença é que você não estará amarrada à sua criação.

Você terá aprendido o método da regeneração do poder dentro de você mesma. Você saberá como criar o que realmente a faz feliz, como viver a sua verdade e como fluir com a força criativa e Divina da sua própria essência.

Você saberá como impelir para frente uma aliança com a única Essência que não limitou a energia a ser compartilhada. Durante o processo, você terá vivenciado a presença de muitas coisas se o método for compartilhado e, como tal, você irá tratar outras mulheres – e homens também – sem nenhum medo ou sentimento de ameaça, dividindo com eles o que você sabe. Você irá querer que eles também fiquem fortalecidos espiritualmente e a sua vida se tornará um mundo de contribuição e prosperidade, de compartilhamento e recebimento.

Como Shakti, você tem os poderes práticos para criar um novo caminho, para sustentar você mesmo, para tolerar, para encarar quaisquer obstáculos que surgirem, ser determinada e decidida, libertar-se das antigas inseguranças e participar totalmente do compartilhamento na vida dos seus talentos, características e aprendizados através dos outros.

É um novo modelo que não diminui o outro conforme você se fortalece. Mais precisamente, é uma forma que possibilita tudo. É uma forma de esperança para o nosso mundo humano.

## Passo final (parte 1)

Já que Shakti é a Forma de Retornar à Face Eterna, sugiro que você disponibilize um pouco do seu tempo para ler novamente o respectivo capítulo. Esta Jornada não é linear. É mais precisamente cíclica por natureza e, como tal, A Face Eterna refere-se tanto a ideia de onde nós começamos quanto para onde estamos indo.

Foi escrita no primeiro capítulo das Quatro Faces para comover e despertar ou fortalecer aquela verdade eterna dentro de você, para proporcionar intensidade e esperança para o seu caminho. Seria bom ler novamente estas páginas agora, familiarizar-se novamente com o conhecimento, a sabedoria e os sentimentos que a abençoam a partir desta Face. Elas irão apoiá-la totalmente na jornada de retorno.

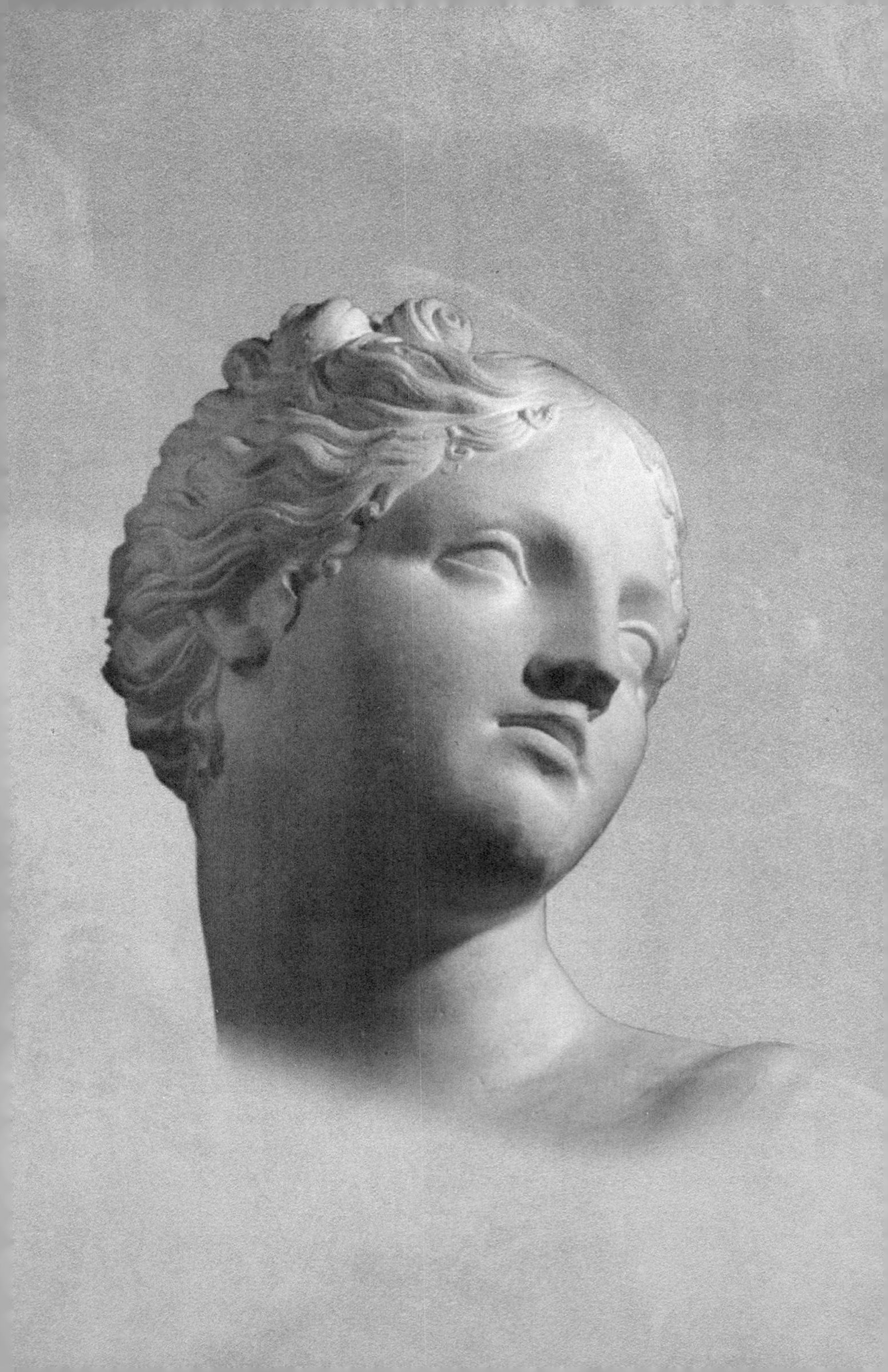

# Parte 2

Como Tudo se Apresenta na Vida Diária

# Você Não Respondeu: Por Que Estou Aqui? E Quem é Deus?

Quando minha querida amiga Mary Anne editou uma cópia deste manuscrito, ela concluiu o trabalho com uma grande quantidade de opiniões, bem como o comentário: "Você não respondeu: Por Que Estou Aqui? E Quem é Deus?".

Portanto, aqui está a resposta.

Por Que Estou Aqui?

Quanto mais você conhecer a si própria, mais você se desliga do constructo da identidade externa e mais você se sintoniza com o motivo pelo qual está aqui. Você começa a conhecer sua única especialidade na vida. Nada do que você faz, no entanto tudo o que você é, se expressa no ser e no fazer. O que você fizer a partir da sua essência é uma expressão de sua dádiva para a vida.

Quando você experimenta a beleza de sua essência, passa a confiar cada vez mais nela. Quanto mais você se inspira nessa beleza, mais a sua vida flui e então você começa a perceber por que está aqui. Você não precisa pensar nem construir: o seu propósito – único para você – se revela e você se sentirá realizado.

Uma boa maneira de verificar se você está no caminho certo é perceber que:

✓ Você será muito feliz.
✓ O que você fizer será fácil, natural e tranquilo.
✓ Irá beneficiar os outros.

À medida que você avançar na vida, o fazer pode mudar, mas a energia ou essência da qual você vem será constante. Sua única especialidade passa a ser algo por que você não precisa estudar ou trabalhar duro para alcançar. É a sua beleza, a sua dádiva. No entanto, isso exige confiança e, às vezes, coragem para valorizar algo pelo qual o mundo não oferece nenhum valor.

Tenho um amigo que é futurista e há dez anos ele dizia às pessoas que 70% dos empregos do futuro ainda não tinham sido inventados. O mundo está tão mudado. Dez anos atrás, não tínhamos a quantidade de curandeiros e terapeutas naturais que vemos hoje. Vinte anos atrás, você tinha problemas para encontrar alimentos naturais. Se seguir trajetórias de carreiras existentes, se você olhar apenas para o que realmente é uma proposta concreta, você pode achar que não vive seu propósito. Talvez você esteja aqui para trazer algo novo, algo "próximo" ao mundo, e não simplesmente para repetir o passado. Além disso, talvez você faça algo aparentemente comum, que de forma alguma seja novo, mas será a qualidade com que você executa isso que fará diferença.

Durante um retiro das Quatro Faces fora de Sydney, uma participante reuniu-se com nossa convidada yogi, doutora Nirmala, para uma reunião particular. Ela era optometrista, mas queria mudar de profissão e fazer alguma coisa mais significativa, mais espiritual, mais importante. Doutora Nirmala é um tipo de pessoa muito pragmática e aconselhou essa mulher a continuar em seu trabalho, que era seguro, inabalável e pagava bem. Ela poderia, então, focar-se em seu desenvolvimento espiritual sem angústia ou preocupações com seu bem-estar financeiro.

A mulher não ficou satisfeita e, além disso, conseguiu perder os seus óculos durante a reunião que fora realizada no jardim. Ela procurou os óculos em todos os lugares, mas não conseguiu encontrá-los. Durante o resto do sábado e também no domingo pela manhã empenhou-se na busca, até que alguém, milagrosamente, encontrou um par de óculos perdidos. Sua visão voltou, e ela entendeu que havia recebido uma dádiva especial. Na ausência de seus óculos, sua visão ficou limitada e ela se sentira incerta, sem compromisso e fora do resto do grupo. Ela nunca percebera a ajuda, a dádiva que lhe havia sido oferecida durante todos esses anos. Ela voltou ao seu trabalho com uma atitude diferente, empenhando uma sensação renovada de amor e espiritualidade.

## Visão insatisfeita

A maioria de nós realmente quer apenas estar feliz, realizada, amando e sendo amada, saudável, financeiramente segura, autêntica e pacífica (ou variações disso). Entretanto, raramente nos focamos no desenvolvimento das condições da essência ou na busca de como estar nessas condições. Entretanto, gastamos muito tempo, dinheiro e energia em coisas, situações, papéis e identidades que achamos, ou estamos condicionados a acreditar, que nos trarão essas condições.

A compreensão da manifestação não é algo novo. Muitos professores falam do poder de nossos pensamentos e sentimentos para atrair o que queremos em nossas vidas. Isso é verdade. Mas, geralmente acreditamos que, se tivéssemos uma bela carreira junto com um homem bonito, que fosse rico e atencioso e talvez se tivéssemos algumas crianças bonitas em uma casa maravilhosa, então teríamos uma vida de sonhos. Talvez tivéssemos, mas talvez não. Esse sonho pode servir para sua amiga, mas talvez você tenha sido feita para uma vida diferente.

Talvez você seja uma professora espiritual ou uma aventureira que se encontrará na África salvando espécies ameaçadas de extinção. Talvez você tenha sido feita para ser uma mãe para todo um mundo e não apenas para duas crianças. Talvez você seja uma escritora, uma pintora, uma dançarina que irá viver no sul da Índia em comunidade moldando um novo mundo. Talvez você não tenha sido feita para uma carreira, talvez você tenha sido feita para ser uma mãe em tempo integral, que neste mundo se preocupa com uma criança saudável emocionalmente e espiritualmente e que contribuirá para moldar nosso futuro. Talvez você seja uma cientista que tem de usar todo seu enfoque – intuitivo – para descobrir algo pelo qual a humanidade está esperando.

Eu descobri que é mais correto confiar em meu maior conhecimento inconsciente e no princípio universal da plenitude e da ordem correta juntamente com o plano Divino em vez de decidir o que "eu" quero. Sei que se eu realmente me concentrar nisso consigo criar qualquer coisa. Você consegue também. É uma fórmula simples: decida, visualize, foque, tome atitude, realize. Mas nós sabemos, de fato, o que nos fará felizes? Eu acho que não. Se soubéssemos, já poderíamos tê-lo criado.

O que acontece quando você coloca todo o seu sonho, toda a sua energia e toda a sua atenção na criação do que você acha que vai lhe fazer feliz, e aquilo não a faz? Você tenta outra vez. Novamente não dá certo. Novamente. Novamente. Então é fácil perder a esperança. Depois da desesperança, a depressão não fica muito longe. Portanto, aqui estão algumas sugestões.

## Decida ser feliz agora

Quaisquer que sejam as circunstâncias, qualquer que seja a situação em que você estiver, decida criar o máximo de felicidade interna que puder; de qualquer modo, você precisa fazer isso. Se você souber meditar, então medite. Se você souber, mas não for capaz de fazer isso no presente momento, por qualquer motivo, então, encontre outra forma de se conectar com a felicidade. Lembre-se de uma época de seu passado em que você se sentiu feliz, agarre esse sentimento e intensifique-o. Não queira reviver a cena passada, apenas tome emprestado o sentimento. Sintonize-se com o sentimento tantas vezes quanto puder.

## Como é sentir-se totalmente segura financeiramente, emocionalmente, psicologicamente e nas relações?

Sintonize-se a esse estado. Se não souber como, se nunca experimentou esses sentimentos, então imagine. A imaginação é a maravilha da raça humana. Pense em uma história que você ouviu ou leu no passado, em que algum personagem incorpora essas características. Mergulhe nos sentimentos daquela pessoa, tome emprestados os sentimentos e depois transforme-os em seus. Como seria sua vida se você se sentisse constantemente segura? Forte e poderosa e com todos os recursos que você precisa para viver sua vida, seu propósito?

## É possível sentir-se serena?

Em nossa essência, nossa verdadeira natureza é a paz. Pratique as meditações do capítulo da Face Eterna deste livro. Quando você se conecta mais e mais com a identidade energética da alma e do espírito, você para de ter medo, para de se preocupar e percebe que não consegue controlar as coisas, você simplesmente relaxa. Quando relaxa, se liberta e flui; então, haverá paz, e logo os milagres acontecem.

## Dê forma aos sentimentos

Uma coisa que acho incrivelmente útil é tomar pensamentos, sentimentos, ideias e sonhos – que existem todos no reino sutil do não revelado, do invisível – e ajudá-los a encontrar seu caminho na forma física. Eu fiz isso de muitas maneiras diferentes:

- Escrevendo afirmações e colocando-as onde irei vê-las regularmente.
- Encontrando algo que simbolize para mim o que estou sonhando em me transformar.
- Fazendo uma colagem de imagens e palavras que evoquem os sentimentos de felicidade, segurança, paz e amor (usando apenas imagens simbólicas).
- Encontrando uma canção que represente os sentimentos e ouvindo-a regularmente, mesmo durante minha meditação e visualização.

Se eu crio uma visão repleta desses sentimentos para meu futuro, enfatizando as condições de existência que profundamente anseio vivenciar e ser, então realmente não me importo qual seja o seu teor. Meu ser pode se importar, minha mente pode se importar, achando que eu "deveria" estar fazendo ou sendo algo diferente, outra coisa, algo mais... Mas eu ficarei satisfeita, independentemente do conteúdo, porque minhas necessidades mais profundas serão satisfeitas e estarei vivendo meu propósito, criando energia positiva no mundo e tocando todos que conheço com o poder da paz, da felicidade e do amor.

## Portanto, Quem é Deus? E o que Deus tem a ver com o porquê de eu estar aqui?

A palavra "Deus" causou muita confusão durante muitos anos. Decisões horrendas têm sido tomadas em nome de Deus. Os seres humanos usaram a palavra, ou o conceito, para aterrorizar e controlar os outros, para desumanizar, para menosprezar e humilhar. Aquele que é chamado de Deus tem muitos nomes: Alá, Shiva, Jeová, A Alma Suprema, A Fonte, O Divino, O Lavadeiro, O Remador, A Mãe, O Consolador de Corações...

Parte do desafio em conhecê-Lo é ir além das definições e do mau uso do nome, da ideia e do conceito que foi distorcido e caluniado durante os tempos. Para alguns, isso é fácil, para outros, muito difícil. Alguns são tomados pela crença de que existe um Deus, mas é um Deus atemorizador, castigador.

A amiga que inspirou este capítulo é ateia. Ela acredita que Deus é uma elaboração humana para nos sentirmos seguros. Desconfio que ela esteja correta se levarmos em consideração a forma como nós interpretamos, nos relacionamos e entendemos Deus no passado.

Ao final de cada uma das Faces Tradicional, Moderna e Shakti, eu trato do relacionamento que as pessoas usando essas Faces têm com Deus, com o Divino, o Supremo, a Fonte. Quando nós nos encontramos em nossa Face Eterna, quando voltamos à plenitude, à nossa verdade, não temos, conscientemente, uma relação, nem tampouco pensamos ou acreditamos em qualquer coisa sobre Deus. Estamos conectadas com toda a vida, não vivenciamos a separação de nada, pois nos encontramos em nossa própria divindade – uma imagem no espelho de Deus e na unidade. Somos um com aquele Um.

Somente quando nos tornamos desconectadas de nós mesmas é que começamos a procurar a Divindade novamente. Quando nos identificamos com os nossos corpos e perdemos a percepção de nós mesmas como espírito e como energia, entramos em dualidade. Corpo e alma. As Polaridades surgem: bom e ruim, certo e errado, felicidade e tristeza, bem e mal, você e eu, nós e eles, dentro e fora, e assim por diante. Quando nos separamos, perdemos a unidade, a totalidade, a ligação com todas as coisas.

Quando nos separamos de nós mesmas, separamo-nos também de Deus, que é o cordão umbilical espiritual que nos garante a certeza de que estamos sempre seguras, de que somos imortais, eternas, divinas e belas. Quando se corta o cordão umbilical espiritual, perdemos esse conhecimento e nos tornamos inseguras e perdidas em nossa própria essência. Quando buscamos a nós mesmas, também buscamos a Deus. Ao buscarmos a Deus, buscamos a nós mesmas.

## Então nós também somos Deus?
Não na minha experiência. Todas nós somos definitivamente iguais a Deus, Divinas, seres extraordinários de amor e luz quando estamos conectadas a nossa essência e a nossa divindade, mas não somos "Deus". Em minhas meditações, experimento a mim mesma absorvida na energia da Fonte, do Supremo, inclusive sinto a mim mesma "como um" com aquele Um, mas eu sou diferente, eu sou eu – aquele ser que somente Eu sou.

A onipresença é um conceito popular – Deus está em tudo e em todos. Desculpe, não posso comprar essa verdade. Deus em uma bituca de cigarro ou em um bife? Deus em uma doceria explorando crianças? Deus em um ditador corrupto?

Deus em mim? Eu sou Deus? Também são conceitos populares. Certamente, quando estou sintonizada com minha beleza eterna e em contato com meu poder autêntico, sinto-me parecida com Deus. No entanto, nós humanos não somos coerentes, não mantemos a semelhança com Deus cem por cento do tempo.

Talvez a resposta a essa questão dependa de sua definição de Deus. Será esse ponto em que as distinções jazem? Desconfio que Deus não seja facilmente articulável em nenhuma linguagem humana. Assim que tentamos descrever a experiência e definir o invisível, nós limitamos, distorcemos e diminuímos a vastidão. Interpretamos a comunicação por meio de nossas mentes condicionadas por nossos medos e necessidades subjacentes. Portanto, sempre será difícil saber com certeza quem é Deus, especialmente se o tentarmos fazer com palavras. Contudo, precisamos começar em algum lugar em nossa descoberta, em nossa exploração. Então, farei uma tentativa, supondo que eu tenha experiência suficiente sobre aquele Um para ao menos começar a conversa, e, quem sabe, para terminá-la!

## Sobre Deus

- ✓ Sem matéria
- ✓ Sem gênero
- ✓ Espírito
- ✓ Energia
- ✓ Nunca toma uma forma humana ou qualquer outra forma
- ✓ Fora do nosso sistema humano de carma/ação
- ✓ Reside na dimensão da existência, da luz de onde todos nos originamos
- ✓ O oceano de todas as Virtudes, de todos os Poderes

- ✓ Sempre numa condição de dar, nunca de tomar
- ✓ Sempre pleno e absolutamente poderoso
- ✓ Não é responsável pelo que acontece na vida dos seres humanos – sejam coisas boas ou ruins
- ✓ É conhecido como O Criador, embora seja realmente O Recriador: restaura-nos para nossa divindade, proporcionando-nos conhecimento de quem somos nós e de como retornar à unidade, à inteireza e ao controle de si mesma
- ✓ Está disponível para todos não por meio de outra pessoa, guru ou instituição, mas diretamente, em qualquer relação que qualquer pessoa precise, a qualquer momento. Precisamos apenas nos conectar com nossa essência energética e, depois, sintonizar.

## Coloridos pelas companhias que mantemos

Para mim, a relação com a Fonte é, primeiramente, bastante prática. Eu me lembro que, há anos quando morava em Melbourne na Austrália, costumava tomar café todas as manhãs em uma cafeteria específica. Costumava sentar-me em um banco ao lado da janela, olhando para a rua e observando a correria matutina dos carros, das pessoas e da vida diária em geral. Certa manhã, eu estava sentada bebericando quando percebi um cachorro idoso, bamboleando. Ele se parecia com um terrier de alguma espécie de pelo curto, muito velho, porém contente. Tinha uma cara pontuda, que era como se tivesse sido sugado pelo aspirador de pó da vida algumas vezes. Tinha uma grossa cintura, arredondando-lhe o corpo e dando-lhe uma aparência um pouco rechonchuda. Então, naquela manhã ensolarada em Melbourne, esse pequeno cachorro estava bamboleando sobre suas curtas patas.

Bebericando meu café, intuitivamente eu sabia o que viria depois. Assim, de canto de olhos, vislumbrei a outra metade da cena: um homem nos seus oitenta anos. De grossa cintura, com suas calças asseadas puxadas para cima, seu cinto em algum lugar entre sua cintura e pescoço, ficando careca, com um rosto levemente sugado, pernas curtas, bamboleando sob o sol matutino, parecendo contente.

Naquele momento, entendi sobre Deus. O estatuto de Deus, o conforto de Deus, o motivo para Deus. Você termina como aqueles com quem convive, tal qual pessoas e seus animais de estimação. Parceiros. Pares. Se eu desejo minha própria verdade, a realidade de minha própria divindade, a nobreza da verdadeira independência, então preciso estar alinhada a isso e despender tempo na companhia de outros que também são assim. Tenho grandes amigos, sou inspirada por algumas pessoas extraordinárias, mas nenhuma delas se compara a inteireza de Deus. E, portanto, estar em um relacionamento com Deus é uma atividade muito pragmática.

Permitindo-me a nadar na energia de tais vibrações puras, tais frequências sublimes – a linguagem da energia – me trazem à memória o meu eu original e autêntico. Quanto mais me alinho a essa energia, mais habitualmente me recordo, mais me conecto com a realidade daquela essência e mais sou capaz de armazenar esse sentimento de plenitude na vida cotidiana.

Portanto, a razão é pratica. A experiência apenas passa a ser bela, sublime e requintada. Nessa conexão, percebo a insignificância das coisas com as quais me preocupo, das ideias que tento possuir, das pessoas que tento controlar. Nessa energia miraculosa, sinto-me totalmente segura e o ego se dissolve, murchando pela falta de uso e necessidade.

Quanto mais mergulho no coração daquele espaço Divino, mais elevo minha frequência ao amor incondicional e à alegria, afastando-me das frequências mais carregadas de necessidade, de medo e de vergonha. Torno-me livre para ser eu mesma e para estar a serviço do mundo, canalizando essas energias mais elevadas e adequadas a pessoas que estão sofrendo, da mesma maneira como São Francisco de Assis nos inspirou a fazer por todos aqueles anos, pedindo a Deus que o transformasse em um canal da Sua paz.

# Sobre os Homens

Este livro foi escrito, principalmente, para as mulheres, já que essa é a área em que devo atuar nessa vida. Não sou uma especialista em mulheres e, certamente, não sou uma especialista em homens. Essas páginas estão repletas apenas de minhas experiências, minhas curiosidades, minhas surpresas. Tendo dito isso, agora irei introduzir o que queria dizer sobre os homens!

Em nossas culturas pós-industrializadas e patriarcais, os homens têm um tratamento injusto também. Enquanto as mulheres têm estado a caminho da libertação por mais de um século, é importante observar que embora pareça que os homens detenham todo o poder e os benefícios, na realidade, isso não é verdade.

Os homens foram condicionados e aculturados por uma grande variedade de experiências, que não são sustentadoras nem sustentáveis. Eles herdaram o dever de ser a pessoa que provê o sustento da família, de ser um protetor, um herói e de ser aquele que nunca consegue chorar ou mostrar emoções. Recentemente, li um relato sobre a última noite no naufragado Titanic e comecei a me perguntar: por que as mulheres e as crianças primeiro? Os homens são tão indispensáveis? Talvez seja tão simples quanto a sobrevivência das espécies: deixar que as crianças sobrevivam e cresçam e que as mulheres tomem conta delas como sempre fizeram? O mesmo acontece com a guerra. O condicionamento diz que os homens devem ser corajosos e as mulheres, tímidas. As mulheres superaram esse estigma com relativo sucesso, mas os homens ainda ficam sobrecarregados com o papel do "herói cumpridor de seus deveres", o papel do "sucesso no mundo". O que acontece quando alguém simplesmente não consegue alcançar isso? E se você não consegue suportar o medo ou a realidade do fracasso? O que você faz? Nega, evita e anestesia os sentimentos que são tão dolorosos de aceitar. O que existe por trás do medo? Separação, aflição, tristeza pela perda de uma vida real, a própria vida individual da alma? Mas os homens foram culturalmente treinados para não sentir tristeza e a depressão masculina continua sendo um tabu. A raiva é o caminho mais fácil.

Certa vez, um amigo me disse que estava passando pela fase mais conturbada de sua vida. Ele estava irritado porque passara um mês extraordinário durante o Natal em uma ilha tropical paradisíaca, desfrutando de uma vida bela e equilibrada, com pouco trabalho. Logo depois, voltou para a gélida, cinzenta e úmida Inglaterra, atolado de trabalho. Ele estava irritado. Perguntei com qual das emoções ele se sentia mais confortável – raiva ou tristeza. Ele pareceu um pouco atordoado por um instante, mas depois respondeu – "Raiva, é claro!"

No papel de mulheres, existe ainda uma parte em nós que espera que os homens sejam esses seres heroicos, mesmo neste momento em que estamos começando a deixar transparecer que também queremos que eles sejam carinhosos? É necessário muito condicionamento, já que as mulheres insinuam um desejo e uma necessidade de serem cuidadas, protegidas e adoradas, mesmo que esse sentimento exista em um nível subconsciente. Certamente, isso não ocorre com todas as mulheres, mas é um forte arquétipo em nossa consciência coletiva. Lembro quando percebi que Michael era "aquele" e me dei conta de um pensamento que passou pela minha mente que dizia:

"Finalmente, alguém para cuidar de mim". Eu fiquei um tanto quanto chocada com os pensamentos que tive. Naquela época, eu era uma mulher moderna, independente, com quase trinta anos de idade e com uma carreira brilhante.

A jornada de volta para nos tornarmos seres completos é um desafio para todos, mas talvez até mais difícil para os homens. O caminho espiritual é aquele que o desfaz. Há momentos nos quais o ego deixa de existir e se torna intolerável. A jornada é um caminho solitário, mas ela pode ser feita de uma forma mais flexível para que o aprendizado que se acumula nesse percurso possa ser compartilhado e, assim, possamos contar com ajuda dos outros para aliviar o processo. O *status* natural do moderno sexo masculino é o de uma pessoa que está condicionada para ser um animal solitário – leões solitários, conforme um amigo do sexo masculino denomina essa condição. Portanto, ali estão eles, vivendo em uma camisa de força imposta por um EU condicionado, indo ao trabalho na maioria dos dias, onde eles não podem sentir ou temer, onde eles têm de ser bem-sucedidos ou fingir que não se importam caso não o sejam, e depois voltar para casa, para uma mulher que talvez esteja exigindo que ele esteja mais "disponível emocionalmente" para ela. Como eu vou inquirir? O que significa isso para ele? Por onde ele começaria? A vida o ensinou a compartimentar seu mundo para que possa administrar a vida no paradigma pós-industrial. E, em um estalar de dedos, esperamos que ele se torne um tipo de homem com personalidade aberta e carinhosa. Mas ele ainda precisa ser um herói, e não pode chorar muito, ou nós começaremos a nos preocupar.

E ainda queremos saber por que há tantos vícios e violência. Sentimentos oprimidos com ação, trabalho, sexo ou comportamento irritado. Muitos homens projetam exteriormente a raiva em vez de reconhecer a fraqueza interna. Eu fico imaginando quão difícil seria estar perdido e sozinho em uma selva de concreto, agarrando firme um vulcão de emoção e o único sentimento aceitável ser a luxúria. Luxúria pelo poder, luxúria pelo sexo ou luxúria por mais conquistas.

É claro que há homens que andam pelo caminho espiritual. E eles são notáveis por tomar uma posição e descobrir seu caminho, geralmente sozinhos.

Mas, sendo um homem que precisa aprender a ser mais habitual ou uma mulher que precisa ser mais contida, a jornada espiritual sempre é um caminho para o equilíbrio, harmonia e alinhamento de nossos puros recursos internos e das energias complementares – as energias masculinas e femininas dentro de cada um de nós.

E é importante lembrar que fazemos nossas jornadas espirituais de formas diferentes; não podemos esperar de nossos parceiros, amigos, chefes ou amigos de gêneros diferentes que façam essa jornada pelos mesmos caminhos que nós, mulheres, fazemos. Nós precisamos *"ser a mudança que queremos ver"* como disse Ghandi. Temos de usar nossa melhor intuição e preocupar-nos em entender e apoiar, à medida que os homens que fazem parte de nossas vidas tentam marchar em seus caminhos de volta, a partir do ermo para seu próprio espírito. É necessário ter muita tolerância, paciência, humildade e amor. Talvez você não queira mais fazer isso. Talvez você esteja sentindo que precisa se libertar de sempre ter de ficar de olho neles. Mas, quem sabe, é isso que o mundo está pedindo agora.

Um amigo meu, que torna os retiros espirituais mais acessíveis, me disse que, após observar o retiro das Quatro Faces, sentiu realmente que as mulheres progridem mais rapidamente, mais profundamente e com maior capacidade de absorção naquele ambiente do que os homens. Talvez tenha sido o trabalho das mulheres em aprender, mudar e compartilhar essas mudanças com os homens de suas vidas; já que os homens, de maneira geral, não "formam grupos" com relação a seu mundo interno, isso pode ser verdade. Uma de nossas colegas no Chile está criando, atualmente, uma parte nova em nossos seminários das Quatro Faces para abordar formas como as mulheres podem compartilhar melhor esse trabalho com os homens de suas vidas, **da maneira como os homens querem**, não como achamos que eles deveriam querer. Por que temos que nos mover juntos. Entretanto, eu sinto que nossa parte é mover-nos para um novo espaço, uma nova forma de ser, a fim de manter uma nova vibração que se torne atrativa como uma opção. Um lugar que seja autêntico, significativo, inteiro, equilibrado e amoroso. Se conseguirmos manter esse espaço de forma humilde e poderosa, então teremos um futuro como raça humana.

# Energia nas Relações

Hoje, eu reflito sobre energia: sua manutenção e perda e como as relações envolvidas, mesmo que pouco, falam de sua troca.

Na noite anterior a escrever este texto, conversei com uma amiga que foi pega inextricavelmente em uma trama política de guerra. Ela está firmemente convicta de que está certa e de que o regime em vigor está totalmente errado. Ela e seus companheiros criaram uma facção e, sem dúvida existem os territórios chamados "nós" e "eles". As Faces Moderna e Tradicional estão lutando.

Minha amiga acredita que está do lado do bem, da verdade. Ela é do tipo cujo coração é muito generoso e amável e detesta ver os outros sofrerem abusos. Ela também entende a natureza da projeção, no entanto, não tenho certeza se ela consegue enxergar se a própria dor do abuso é o motivo da sua dor e raiva. Essa amiga é uma personalidade poderosa e ela prefere ficar irritada em vez de admitir a própria dor e vulnerabilidade... o que é compreensível.

Entretanto, estou percebendo que ser a salvadora para seus colegas – embora ela nunca o admita – está matando seu espírito humano. Ela acredita que os está salvando, levando-os para o lado certo das coisas e é bem possível que tudo isso seja verdade. Contudo, nesse ínterim, sua paz e felicidade estão sendo violadas. Portanto, aqui estou eu, fazendo perguntas tais como:

✓ Como alguém é ativo e responsável sem perder a própria energia?
✓ Como você pode ser uma amiga confidente e amorosa com alguém que caiu na ilusão do heroísmo? Com alguém cuja energia tornou-se bastante negativa e você se vê esgotado depois que a pessoa descarregou toda sua história, depositando infalivelmente toda a energia negativa em você e tomando sua energia positiva? Nada disso é feito de modo consciente, mas todas nós sabemos como a pessoa se sente depois de deixar alguém que acabou de lhe dizer como as coisas são terríveis. Elas vão embora se sentindo melhores e você sai se sentindo pior.

## Como você protege sua própria energia?

Às vezes, eu ainda me sinto seduzida em acreditar na ilusão e na perda da minha energia, comprometendo a mim mesma. No entanto, mesmo se eu for pega pelo antigo padrão, atualmente o reconheço.

Durante a maior parte do tempo, eu apenas escutei. Não tentei e nem dei nenhum conselho, bem, pelo menos não dei muitos. Eu amo minha amiga e, naturalmente, quando se está fora de uma situação, você consegue enxergar todos os tipos de "abordagens melhores" que você gostaria de sugerir devido à preocupação, mas eu optei sobretudo por escutar.

Depois de mais ou menos meia hora, percebi como meu sistema energético estava extremamente esgotado. Senti que as extremidades da minha aura estavam recortadas. É como se houvesse um sifão inserido dentro de minha fonte de energia e a vitalidade estivesse enfraquecendo. Tentei mudar a conversa, mas depois de alguns minutos voltamos à situação da minha amiga.

O que fazer? Eu a amo, quero ser compassiva, entretanto, vi essa história se repetir com ela várias vezes ao longo dos anos. Percebi que eu ainda posso amá-la, mas não preciso assumir sua energia pesada ou a energia da história.

A dra. Nirmala é uma pessoa que tem sido uma presença sólida em minha vida. Ela é uma viajante espiritual com quarenta anos de experiência ao longo desse caminho e sua orientação é sempre muito transparente, honesta e prática. Uma coisa que tenho percebido é como ela aprendeu a lidar com sua energia. Como uma líder espiritual, ela ouve as inúmeras histórias do tormento interno, desafios entre indivíduos que ocorrem na comunidade, projeção pessoal. Em consonância com minha reflexão atual, a escuta de dra. Nirmala é bastante cuidadosa. Ela está totalmente presente à pessoa que está a sua frente, mas não assume ou não absorve para ela mesma a energia ou a história. Eu sempre noto que ela se senta como se fosse um instrumento, não como uma conselheira. Ela se conecta com Deus e ela mesma "dá passagem".

Um dos meus padrões de sobrevivência no passado foi a postura de "salvadora". As mulheres, em particular, fazem isso muito bem. Entretanto, é um padrão codependente que, na realidade, não se refere à salvação, mas pode fazer com que você se sinta "boa" ao ajudar, ao mesmo tempo que leva você a fortalecer a condição de vítima da outra pessoa. Os salvadores não conseguem manter os próprios níveis de energia. A natureza do padrão do salvamento leva você a se envolver em outras histórias. Não tem como "dar passagem" para um salvador, pois antes que você tome conhecimento das consequências disso, se você não tomar cuidado, uma escuridão será lançada em seu mundo também.

Vejam o que aconteceu comigo. Embora tenha sido sutil, fui pega. Terminamos a longa conversa e depois continuei pensando em minha amiga. Uma coisa é ser uma amiga interessada e amorosa, outra é entrar na escuridão quando meu trabalho é realmente conter a luz.

Mas como eu posso conter a luz sem parecer distante, superiora, desconectada ou fria? Eu poderia ter usado o segredo da dra. Nirmala de escutar como um instrumento honesto. Não é o meu trabalho salvar essa amiga, apenas a autorrealização e a cura Divina podem libertar a profunda dor que está causando essa reação intensa.

Como no caminho das demais relações, uma pessoa geralmente toma a energia e a outra a fornece. Nesse caso, eu era a que estava fornecendo energia, mas às minhas próprias custas. Se eu tivesse me conectado com Deus, escutado com bondade, mas sem "interesse" nos detalhes, então eu teria mantido meu bem-estar e garantido que a melhor energia possível cooperasse conscientemente para a situação.

Quando essa energia pura cooperar para a situação, então ela passa a perturbar o padrão existente, às vezes de forma suficiente para esclarecer dúvidas de uma forma nova, que ainda deve ser descoberta. Dar conselhos influenciados por uma consciência que ampara e protege não significa permitir que algo mais elevado ou mais sábio surja.

No dia seguinte à conversa eu estava me recuperando de uma "ressaca de heroína". Sintia os danos em minha energia e, mesmo que depois de ter sentado para meditar, pela manhã, eu pensava sobre a situação e sobre outra bastante semelhante com a qual teria que me deparar.

Percebi novamente a necessidade do desligamento se tiver que ser realmente um amigo amoroso e estar disponível para o trabalho de Deus.

# Liderança

Há anos, quando estava voltando de um retiro das Quatro Faces em Melbourne, Austrália, conheci uma mulher que havia crescido na Bósnia, casara-se e começara a constituir a sua família lá durante a guerra civil e a "limpeza étnica", antes de emigrar para a Austrália.

Perguntei-lhe se ela poderia descrever como era viver em uma área em guerra. Naturalmente, o que ela compartilhou foi horrível. A qualquer momento, andando pelas ruas, fazendo compras, tomando café, poderiam acontecer bombardeios, tiroteios, granadas. Ela tinha duas crianças pequenas, uma de quatro e outra de seis anos de idade. Perguntei-lhe como as crianças poderiam superar tal terror.

Ela ficou silenciosa, atingindo um ponto profundo dentro dela e disse: "Sabe, é engraçado. Quando alguma coisa terrível acontecia, a primeira coisa que as crianças faziam, era olhar para mim. Se eu estava bem, então elas também estavam bem".

Eu acho que escutei essa história dez anos atrás, mas atualmente ela é ainda mais poderosa. Nesses períodos de profundas mudanças e de extremo tumulto, as pessoas costumam seguir aqueles nos quais elas confiam, aqueles que as amam e aqueles com a maior estabilidade, constância e força em situações difíceis.

Dia sim dia não, recebo email de alguma organização, grupo ou instituição de ensino tentando vender um programa de desenvolvimento de liderança. Eu sou uma pessoa que trabalha com esses programas. Os participantes geralmente elaboram listas das qualidades de grandes líderes, nomeando alguns como Mandela, Gandhi e Martin Luther King (há uma lacuna evidente nos modelos dos papéis de lideranças femininas). As pessoas se sentem satisfeitas por saber e entender as competências e as capacidades exigidas; elas se vão convencidas de que os tempos estão mudando e que são exigidos estilos de nova liderança, de que a Inteligência Emocional é mais importante do que o QI, de que precisamos equilibrar nossos lados feminino e masculino (embora raramente o assunto seja articulado nesses termos), de que a nova liderança é mais facilitadora e está menos relacionada com comando e controle. E elas voltam para o local de trabalho, com uma estimativa intelectual – talvez –, mas sem nenhuma ideia de "como" fazer isso ou "como" ser isso. E, com muita frequência, não é criado nenhum espaço de prática contínua para realmente aprender ou se tornar o que elas ouviram; além disso, estabelecer um legado de paradigma industrial é uma antítese da busca atual pelo modelo ideal de liderança.

As mulheres entraram no posto da liderança realmente nos anos 1990. Isso mesmo: existiram algumas pioneiras antes desse período, mas eram poucas. Números maiores realmente puderam ser constatados na última década do último milênio. Algumas dessas mulheres tiveram a consciência, a força e a coragem para reter seu conhecimento natural do feminino. Outras não. Elas ajustaram e adaptaram a predominância do equilíbrio e da posição polar extrema da dominada forma masculina.

Aquelas que se mantiveram firmes e trouxeram seu "EU por inteiro" para o trabalho, usando seus poderes naturais para manter sua maneira muito diferente de ser, começaram a mudar o sistema. Devagar, mas de forma certeira.

Uma de minhas professoras espirituais, a Irmã Mohini, compartilhou comigo algo profundo.

Uma pessoa não pode conseguir mudar o sistema. No entanto, cada uma pode ser autêntica, verdadeira consigo mesma, contribuindo com o melhor que tem – com suas especialidades, qualidades e forças. Assim, o sistema irá absorver essas características e se ajustar para acomodar os benefícios. Dessa maneira, cada uma de nós poderá – e realmente irá – mudar o sistema.

Depois de ter ouvido isso, fiquei extremamente inspirada. Voltei no tempo e olhei para as mudanças que haviam ocorrido dentro dos sistemas que eu considerava importantes e que contribuíram para que eu fosse eu mesma minha vida adulta inteira. UAU! Fiquei impressionada e totalmente estimulada. Durante o processo, não vendi a minha alma. Não me tornei um clone das partes conformistas dos sistemas, mas consegui manter-me verdadeira com relação à minha autenticidade – pelo menos, tão autêntica quanto eu sabia ser naquela época.

Portanto, a liderança, a liderança transformacional, pode e realmente acontece, em todos os níveis da organização do sistema. Independente de ser familiar, social ou comunitário em um sistema empreendedor ou global pode-se influenciar, orientar e liderar.

Enquanto eu estava conduzindo um programa de um dia sobre a Quinta Face, uma das mulheres disse que, desde que ela concluiu as Quatro Faces, seu mundo inteiro havia mudado. Ela disse que a vida de sua família também havia mudado. Tudo mudara para melhor. Ela estava extremamente segura de que era uma líder e de que o novo mundo de liderança não se tratava de indivíduos liderando massas, mas que a verdadeira liderança implicava em pessoas que se comprometessem a ser autênticas e a fazer o trabalho interno exigido. Estava segura de que a verdadeira liderança deve ser uma inspiração e orientação em diferentes momentos para cada um. Estava segura ainda de que a nova liderança pode proporcionar liderança para uma ou duas pessoas, mas haverá muitos, muitos líderes fazendo isso.

Uma de minhas mentoras, que já mencionei anteriormente, Dadi Janki, completou noventa anos em 2006. Ela viaja para mais de cinquenta países a cada ano, incentivando, inspirando e afirmando esse tipo de liderança em centenas de milhares de pessoas às quais ela se dirige e conhece pessoalmente. Quando eu estava com ela em Pequim em 1995, na IV Conferência da ONU sobre mulheres, conduzi um seminário sobre mulheres e liderança e Dadi foi convidada especial juntamente com o senador das Filipinas. O senador falou um pouco sobre a importância da instrução universitária e como nas Filipinas as mulheres tiveram essa oportunidade. Posteriormente, Dadi discursou. Ela falou durante cinco minutos apenas. Foram poderosos cinco minutos nos quais ela disse que tivera somente três anos de instrução formal, dos onze aos quatorze anos de idade. Todo o seu treinamento para a vida, para o papel global que ela desempenhava, baseava-se no ensino espiritual. Sua alma e seu caráter haviam sido instruídos, a meditação havia transformado sua mente e intelecto em poderes, o estudo espiritual havia lhe proporcionado a capacidade de raciocinar, decidir e transformar conhecimento em sabedoria, o que transformou tanto sua vida quanto a vida de outros. Ser filha de Deus lhe deu a capacidade de sentir as necessidades dos outros, de entender a necessidade do momento e de comprometer-se em servir a sua família humana no mundo inteiro.

Dois dias após o encontro, Dadi compartilhou algumas ideias na assembleia da ONU. Ela havia sido a responsável pela Sabedoria na Reunião de Cúpula no Rio de Janeiro sobre o meio ambiente. Ela debateu com alguns dos líderes no mundo sobre ciência, negócios, mídia, educação e governança. Sua altura não chega a um metro e meio. Apesar dos noventa anos de idade, ela é uma poderosa moradia de percepção profunda, clareza e experiência. Tudo isso com apenas três anos de instrução formal.

Portanto, quando você frequentar oficinas, seminários e cursos de treinamento sobre liderança, se não falarem sobre como se tornar emocionalmente inteligente, se você não se empenhar no processo de aprendizado que dura a vida toda e que está diretamente relacionado ao desenvolvimento de suas capacidades internas, então eu me atrevo a dizer que você não vai conseguir se tornar uma espécie de líder necessária para os dias de hoje e para o amanhã.

Como líder, as pessoas precisam confiar em você. Quando elas se sentem indecisas, inseguras e assustadas, você é digna da confiança delas? O seu caráter é forte o suficiente para não se comprometer ou abandoná-las quando as coisas ficam complicadas? Você sabe como pode permanecer na luz quando a dúvida ou o medo a atraírem para a escuridão da decepção? Você consegue ficar sem se comprometer, alinhada à honra?

Nessa jornada, se você continuar comprometida com seu trabalho espiritual, com o fortalecimento do caráter e com o "iluminamento" da sua alma, sem dúvida você se verá liderando indivíduos, grupos e sistemas para uma disposição mais elevada do ser e do fazer. A vida irá lhe chamar para isso, de alguma forma e em algum lugar, porque lhe será depositada a confiança como um instrumento nessa época de grandes mudanças. Às vezes, você não terá ideia de como fazer o que é esperado que você faça; e, outras vezes, mesmo o que se supõe que você faça irá iludi-la. Mas você conhecerá a arte da tranquilidade, a importância de escutar e confiar em seu conhecimento, em sua intuição. E, com base nesse universo, você saberá o quê, quando e a forma que deve fazer.

Liderança, portanto, é um serviço, um privilégio e uma contribuição, não é uma posição. É uma questão de Amor, não um método de tomada de poder.

# Minha Vida Como Uma Obra de Arte

Hoje, durante meu estudo espiritual, pensei em fazer tudo na minha vida como se eu fosse uma artista, criando arte a cada momento. Eu já ouvi esse conceito antes, mas hoje ele ecoou para mim de uma forma diferente. Fui caminhar como se cada passo fosse uma forma de arte. Percebi que, quando pensava em outras coisas, desconectando-me do processo de fazer arte, meu corpo tinha reações estranhas. Um músculo "repuxou ou retesou" atrás de meu joelho. Comecei a sentir meu quadril "esmigalhado". Mas, assim que eu voltei a me sentir presente como uma artista, minha postura endireitou-se, eu me tornei uma pessoa com o chão embaixo dos pés e senti a beleza da arte no fazer.

Após a caminhada, fui ao terraço para contemplar a exuberante floresta tropical. Ali, pratiquei Pranayama – a antiga arte da respiração. Prana – a energia da força da vida, ou, em chinês, as tradições conhecidas como QI. Respiração, inspiração, vida. De novo, pratiquei a arte. Depois, fui tomar meu café da manhã.

Achei que, nesse estado de consciência, eu comia de uma forma bastante diferente. Com mais cuidado, com um ritmo refinado e uma postura que possibilitava que a comida fosse bem recebida, de uma maneira aberta em vez de ser empurrada para dentro por meio de canais e cavidades tortas.

E assim, o dia continuou. Às vezes, esquecia-me de que eu era uma eterna artista fazendo arte passageira. Mas cuidei dos meus pensamentos, decidi, de forma clara, que não permitiria pensamentos que fossem irrelevantes, inúteis ou sem propósito que passavam em minha mente.

Esta noite, minha meditação foi a mais bela e precisa que eu experimentei durante muito, muito tempo. Engenhoso silêncio. A arte da concentração. A conexão do coração com Deus. Eu tinha muito mais capacidade para escolher o silêncio e a conexão sem ter de trabalhar para aquietar minha mente, que a ioga foi profundamente gratificante.

Em tempos como esse, percebo que nada mais, exceto minha própria divindade, vai servir. Esses são os momentos que fortalecem a arte da transformação.

E, assim, continuarei desempenhando o domínio do artista, esculpindo cada momento a partir do universo da graça, desencadeando a magia da cor de maneira ousada e maravilhosa para os meus dias, procurando a tela de minha mente e de meu coração, mantendo-os limpos e transparentes e prontos para receber uma digna obra de arte.

Imaginem se todos nós vivêssemos como artistas e as nossas vidas fossem uma obra de arte. Que coisa formidável seria!

# Rótulos

Em um dia de maio de 2006, eu estava em Belo Horizonte, onde fui a um presídio feminino para conduzir uma sessão de duas horas sobre as Quatro Faces.

Quando estávamos indo para lá de carro, tive uma sensação de inquietação. Em outras épocas, acho que teria oprimido esse sentimento, sem querer reconhecer que havia sentido "medo". Entretanto, a lição de "O que está a caminho é o caminho" tornou-se muito forte em minha vida graças a meu querido pai Kevin: uma vez que reconheci e aceitei o sentimento que estava tendo, fui capaz de começar a entender.

A inspiração favorita de uma amiga quando o assunto é o medo é: "Quando você estiver com medo, vá mais fundo". Investigue o medo. Assim que você tiver algo, no momento em que você "olhá-lo diretamente nos olhos", você se torna uma observadora mais isolada e ele perde o poder sobre você.

Portanto, nós estávamos ali, em um trânsito surpreendentemente intenso e o que eu estava sentindo era medo de estar em companhia de mulheres que eram criminosas, talvez até assassinas.

O *Poder da Retirada* era um ponto crítico aqui. Fui pega por alguma fantasia de minha cabeça, por inseguranças passadas e crenças projetadas sem base em entendimento ou experiência pessoal. E tais pensamentos estavam condenando essas mulheres.

Ao retirar-me da fantasia e dos pensamentos, tornei-me a observadora do padrão do pensamento e sentimento internos que teriam sabotado nossa missão ali.

Então, percebi quanta sorte tinha por ter recebido a dádiva de ser capaz de pensar, de perceber através de um novo conjunto de filtros. Comecei a pensar que essas mulheres eram almas e não simplesmente "prisioneiras". No jogo da vida, elas estavam desempenhando esse papel naquele instante em virtude das escolhas que haviam feito frente a determinadas circunstâncias ou situações. Entretanto, essa identidade não representa quem elas realmente eram a fundo. Os rótulos criados por mim iriam simplesmente criar julgamento, medo, separação, defensiva, distância, desconfiança, raiva e controle.

Portanto, durante aqueles poucos minutos no banco de trás do carro, enquanto minhas companheiras conversavam sentadas à frente, cegas para o filme interno que eu estava estrelando, recuperei minha sanidade e, ao fazer isso, fui capaz de retomar a dignidade para mim mesma e para aquelas almas que eu ainda não havia conhecido.

Chegamos à prisão. À medida que nos dirigíamos às duplas grades de ferro que levavam às escadas que conduziam a um grande espaço aberto cercado pelo edifício em todos os quatro lados, ainda me sentia insegura, porém mais tranquila.

As mulheres que estavam presas ali não sabiam do seminário e, naquele instante, as vigias começaram a comunicar às prisioneiras o que estava acontecendo.

Fomos levadas até um local embaixo de uma varanda, em uma sala de canto. Era escura, feita de concreto e concentrava todo o barulho originado das conversas das mulheres sentadas embaixo da proteção da varanda, protegendo-se do calor. Do outro lado, havia duas pequenas janelas no alto, que não permitiam a entrada de muita luz na sala, mas canalizavam o barulho dos caminhões de entrega.

As próprias cadeiras pareciam pertencer a gangues, de antigas correntes de prisão, e estavam presas de três em três. Elas eram feitas de vinil de cor marrom, rasgadas, funcionais. Tentamos fazer um círculo.

Lentamente, algumas mulheres começaram a entrar na sala. O uniforme delas, na realidade, era muito agradável. Limpas camisetas brancas, calças meio azuladas e bastante resistentes. Muitas estavam usando gorros de tricô, puxados bem para baixo como se quisessem esconder suas almas envergonhadas.

Nesse momento, o *Poder da Libertação* tinha realmente sido um bom amigo. Eu estava tendo apenas pensamentos puros, havia conseguido acabar com quaisquer pensamentos baseados no medo. Tudo o que eu sentia era amor e um estranho e belo tipo de clareza. A vigia permanecia de pé na entrada da sala como uma presença e lembrete contínuo de que nada era particular nesse mundo.

As mulheres eram, na maior parte, jovens. Algumas delas ainda possuíam algum brilho próprio, ainda não extraído por aquele lugar frio. Logo que todas se sentaram, começamos a reunião, embora houvesse um movimento constante de entra e sai.

Não me lembro de muitas coisas que falei, mas lembro-me de incentivá-las a não acreditar nos rótulos que as pessoas iriam lhes atribuir. Lembrei-as de que "prisioneira" é uma identidade temporária se elas escolhessem assim. Era o resultado de uma ou uma série de péssimas escolhas; aquela situação era uma consequência. Se elas continuassem a se ver como "prisioneiras", então as escolhas que fariam no futuro estariam condicionadas a essa visão. No entanto, se pudessem se libertar daquele rótulo e se elas se preocupassem com seu mundo interno, poderiam começar a fazer outras escolhas.

Penso que essa sabedoria foi útil, mas senti que o que fez a diferença foi que eu aprendera, ao longo dos anos, a *olhar* para essas *almas* sem rótulos, a enxergá-las em sua pureza original, antes que fossem reformadas por nosso mundo aflito.

Em certo momento, uma das mulheres me interrompeu e disse: "Você poderia estar em qualquer lugar e está aqui conosco na prisão. Por quê?".

Naquele universo, naquele momento, escutei e esperei para que a resposta surgisse dentro de mim.

Sorte. "Sorte", eu disse: "eu realmente me sinto com sorte, abençoada. Estou aqui, em um ambiente agradável, rico, profundo, mais interessante e importante para mim... REAL... sem pretensões".

Depois outra pessoa disse o quão incrível era que alguém se preocupasse com elas. Éramos três, todas preocupadas com aquelas almas que, de certa forma, haviam tomado um caminho errado em suas vidas.

Após uma hora e meia, sugeri que tentássemos meditar. O barulho aumentou exatamente naquele instante. Caminhões de entrega batendo portas e derrubando produtos, conversas de mulheres ecoando e irrompendo por todo o subterrâneo de concreto situado do lado de fora. Uma das mulheres que havia ido lá comigo colocou uma música suave e meditativa. Foi uma coisa louca. Essa música, branda e tranquilizante, tornou-se outro som caótico na cacofonia do barulho. A música cessou! Começamos a meditar.

Preciso admitir que, quando comecei, não sabia como seria a meditação, aonde ela nos levaria. Apenas esperei e confiei que seria orientada.

Estávamos ali, na prisão. Eu, esperando e confiando que receberia inspiração, que saberia o que fazer. Pratiquei isso durante muitos anos. Angeles Arrien nos EUA costumava começar suas falas dizendo: "Meu único dom é aumentar o som e ver o que acontece". Para mim, é a mesma coisa. Meu objetivo principal na vida é estar disponível para o trabalho mais elevado e puro. Às vezes, eu me apavoro, desconfio e imponho minha vontade, mas, na maioria das vezes, sou capaz de esperar, sabendo que o caminho será desobstruído para mim.

Quando comecei a meditação, sugeri que seria possível encontrar o silêncio mesmo no caos de todo aquele barulho. Eu disse também que seria fácil se elas soubessem da existência de "rastros de silêncio" que percorriam as estradas do som. Elas apenas precisavam deixar que suas mentes navegassem em direção a esses silêncios.

> *"À medida que vocês se encontram sentadas aqui, podem fechar os olhos ou deixá-los abertos repousando-os na – **AHA!** **Aqui está minha inspiração...** – o formato do diamante no meio do chão. O DIAMANTE. Imagine, um diamante, um diamante lindo, mas coberto de sujeira e pó. Você sabe que ele está ali, você consegue vê-lo, mas ele precisa ser polido. Imagine que a luz mais pura e brilhante seja como um laser suave, porém poderoso, cortando através da escuridão que cobre o diamante, limpando-o totalmente. E aqui está... um diamante puro, resistente, brilhante e requintado. Veja-o ou sinta-o. Brilhante. Lindo. Agora, imagine que você pode transferir sua consciência, seu sentimento, a percepção do EU para dentro daquele diamante. Torne-se um diamante, agora. Sinta-se como esse diamante: brilhante, bonita, resistente e radiante."*

E assim fizeram elas. A atmosfera na sala estava tão tranquila, tão silenciosa. Os caminhões e as conversas ainda estavam ali, mas os rastros do silêncio eram intensos e profundos.

Depois disso, elas compartilharam suas experiências. Seus rostos mudaram. Seus espíritos mudaram. Elas haviam experimentado a verdade de suas almas e o poder dessa sensação vencer a natureza passageira do rótulo de "prisioneira". Havia risos, fotografias e, finalmente, bênçãos – pequenos cartões feitos a mão com palavras de apoio para cada uma delas presentes ali. A alegria na sala escura e fria era irresistível, tão irresistível que atraiu outras mulheres prisioneiras e também vigias que estavam no local. Elas se aproximaram e se agruparam do lado de fora, tentando entrar na sala para ver o que estava acontecendo.

Que benção e privilégio é ser capaz de compartilhar um aprendizado simples, porém profundo; ser capaz de esperar para ouvir o que eu deveria fazer a seguir, confiar, permitir e não impor minha vontade, para encontrar minhas irmãs.

# Tempestades

No caminho espiritual, à medida que me direciono para dentro de meu próprio EU e me liberto das ideias do passado, encontro resistência. O ego não quer ir embora, não quer morrer. A resistência pode variar de intensidade moderada a forte. Como é possível acreditar que esse período de sofrimento e de confusão é um benefício para mim? Como é possível confiar em um modelo geral de vida?

A confiança é algo muito, muito profundo, uma grande libertação e confiança de que tudo vai dar certo, de que tudo estará bem. Na verdade, essa sensação vem do conhecimento, da lembrança de que tudo na vida se origina de minha estabilidade interna e de minha criatividade eterna. Mas, para a alma antiga, o antigo viajante através do tempo, essa lembrança nem sempre é tão fácil. A confiança pode ser um local especialmente desafiador para se estabelecer.

Entretanto, a falta de confiança é uma tentadora condição na qual se vive. A falta de confiança é uma condição de medo, de tensão, de suporte e de resistência. É um local de controle, onde não se tem fé em si mesma – fé de que você é capaz lidar com o que vier. Um local onde não se cultiva a fé em suas ações – mesmo sabendo que as boas ações devolvem bons resultados –; onde não se tem fé em Deus – pois, ao permanecer na luz, sua vida está preenchida de luz e livre da escuridão.

Sinto que a dança ao redor da escuridão tem sido uma forma de existência profundamente gravada dentro da psiquê de muitas de nós. Trazer a luz de Deus e nossa própria divindade para nossos mundos dia a dia, momento a momento, requer atenção, requer compromisso, requer estar presente.

Unir-se à escuridão significa evitar o sentimento de medo e também a falta de confiança. Essa anulação surge por meio de uma variação de situações, inclusive de prática de uma atividade. A atividade contínua é uma grande forma de não sentir o medo da incerteza e da desconfiança. Esse medo – na verdade, qualquer medo – é uma realidade edificada, que toma um componente do passado e o projeta para o futuro, excedendo-se para criar uma condenação. E quando essa condenação é inaceitável ou intolerável, você precisa negá-la, oprimi-la, evitar senti-la e, assim, você faz o necessário para alcançar esses resultados.

Ao longo dos anos, eu aprendi a confiar mais, e fui levada a alguns lugares notáveis – para dentro de mim mesma, para dentro da relação, da meditação e do mundo. As dádivas da confiança implicam em conforto, fluxo, milagre e magia. O desafio é permanecer calma e presente o suficiente para reconhecer à frente os antigos padrões de projeção e de criação do medo por meio de nossos pensamentos. O medo é uma crença sobre a qual não temos poder para influenciar a situação futura. E isso, simplesmente, é falta de conhecimento, um esquecimento.

Você pode continuar se lamentando pelas influências e escolhas passadas, remoendo-as em sua mente, culpando os outros e a vida ou você pode perceber que o passado apenas a influencia porque você o mantém vivo em seus pensamentos. Isso requer grande presença para reconhecer os inúmeros pensamentos que flutuam em sua mente, clamando pela atenção criativa.

## Cada pensamento tem o poder de se manifestar

Os pensamentos antigos, esculpidos em mentes subconscientes e conscientes ao longo da vida, devem ser neutralizados, de uma maneira poderosa e proativa.

Primeiro precisamos reconhecer que esses pensamentos não são reais, são simplesmente resíduos, sobras, como o almoço de domingo do mês passado que esteve escondido no fundo da geladeira e agora está apodrecido. Você nem pensaria em comê-lo e, no entanto, nós ininterruptamente consumimos as sobras estragadas em nossas mentes.

Nossas vidas são criadas por nossos pensamentos. Se não escolhermos pensamentos novos, poderosos e positivos, sobreviveremos distantes da energia minguante dos pensamentos antigos, que podem até ser padrões de pensamentos sustentadores, mas pertencem a outra época e lugar. Eles nos mantêm trancadas no passado também. E mesmo que seu passado tenha sido agradável e positivo, é passado, e trazê-lo para o presente ou futuro é perigoso. Tempos, pessoas, lugares, energias e dinâmicas mudam. O que deu certo ontem, não vai dar muito certo hoje e as chances são de que não deem certo amanhã.

Confie. Acredite que, ao cuidar de seus pensamentos no momento, concentrando-se na ação correta, o futuro está garantido. Mas também é importante saber que haverá relatos residuais das ações passadas inconscientes que devem ser estabelecidos. Isso significa que haverá tempestades. O oceano da emoção ressurgirá de tempos em tempos e, no distúrbio emocional das intensas ondas de sentimentos, a atração magnética do pensamento da vítima vai procurar fazer com que nos esqueçamos de nossas asas, tentará nos libertar do bote salva-vidas do desligamento e do pensamento claro.

Atualmente, moro em Santiago e rezo pelas tempestades. Pelo menos, por vento e chuva. A poluição naquele vale é tão estarrecedora que, em algumas noites quando me deito para dormir, meus pulmões falam alto comigo a respeito da dor de tentar trabalhar nessa cidade. Mas, depois da chuva e do vento, o céu limpa, a esplêndida neve que cobre os Andes fica visível, o azul é muito, muito azul e meus pulmões se alegram.

Na jornada espiritual, existem as inesperadas sombras da sobrevivência, aquelas impressões passadas sobre a alma que não nos deixam ser livres.

À medida que nos conectamos mais com a luz de nossa essência, desenterramos as sombras. Conforme nosso eixo pessoal se inclina, começamos a atingir e alterar os oceanos de nosso subconsciente, às vezes sob a forte resistência de nossa mente consciente, fazendo com que duvidemos, resistamos, escondamos, neguemos e escapemos de alguma forma do comportamento viciante – atividades, alimentos, bebida alcoólica, drogas, sexo ou televisão.

Se pudéssemos realmente acreditar que a tempestade surge para limpar a poluição da alma, que depois que ela acabar os pulmões de nossa mente inalarão a leveza da libertação, poderíamos receber a tempestade com agrado.

Sinto-me tão feliz de estar aqui, tão contente de terem me oferecido este espaço. Sou abençoada nesse dia quente e ensolarado de junho tendo acabado de vencer uma tempestade interior na semana passada. Não gosto da sensação das tempestades, mas, definitivamente, eu lhes dou as boas-vindas, porque elas me orientam, me apontam a direção de meu conhecimento mais profundo.

O principal ponto é não se tornar uma tempestade, não acreditar que o distúrbio emocional seja o "EU", e sim continuar sendo a testemunha, bem como o marinheiro. Seja a tripulação do navio, com toda a experiência que você tem, use suas asas para obter uma visão panorâmica e veja como você consegue navegar em direção ao olho da tempestade, em direção à serenidade. A serenidade não corresponde às emoções desenterradas, mas sim ao EU eterno e dócil, à profundidade. A profundidade que é reconhecida na visão de Deus como única e bela, mesmo que a tempestade a deixe transtornada e você pareça e se sinta uma pivete de rua. Fique calma. Seja uma observadora. Não cause estragos. Limpe a sombra, não faça nada que produza mais resíduos para limpar no futuro. Permita que o passado se purifique. Fique presente.

Sabendo o caminho da transformação espiritual, eu permaneço sábia e dificilmente me surpreendo.

As tempestades nos fortalecem se estivermos preparadas para sermos poderosas.

As tempestades nos tornam sábias se estivermos preparadas para saber a verdade.

As tempestades desfazem nosso ego se estivermos preparadas para morrer de ilusão.

As tempestades nos dão dádivas que podemos compartilhar com os outros se formos suficientemente generosas para tal.

As tempestades nos oferecem um caminho para avançar confiantes na vida se estivermos preparadas para nos render a um maior entendimento dela.

# Reflexões, Provocações e Questões Sobre Sexo

Passando em frente ao cinema de artes local em uma ensolarada tarde de sábado, vi um casal de jovens entrelaçados, imersos um no outro, beijando-se apaixonadamente. Fiquei olhando, paralisada, enquanto um devorava o outro. Senti-me como se eu pertencesse a outro planeta, como se estivesse vendo essa atitude pela primeira vez. Alguma coisa "me lançou" para fora do sistema das normas humanas para que eu fosse capaz de ver com outros olhos. Entorpecida, tentei me sintonizar com o tipo de desejo que os estava impelindo. Puro prazer? Eles tinham desejo demais um pelo outro para ser apenas isso. Havia algo mais.

Minhas lembranças levaram-me para um lugar de necessidade de afeição, de ligação, de atenção, de ternura, de amor verdadeiro, bem como de sentimentos de vitalidade e poder.

Essa talvez tenha sido a primeira vez que me tornei consciente da "transação sexual" e das muitas camadas da necessidade que existem sob a superfície do desejo físico. Desde então, continuei questionando, explorando, observando.

Então, quais são as camadas? Elas são saudáveis, nocivas, alguma coisa intermediária ou um pouco de ambas?

O sexo é diferente da sexualidade, sensualidade, sedução, preferência e escolha sexuais?

Por que existem pouquíssimas conversas sobre sexo que sejam úteis e não tentem moralizar? Se pudéssemos fazer uma avaliação custo-benefício da participação na transação sexual, como seria o balanço? Iríamos considerar nosso investimento seguro?

O sexo encontrou seu caminho em praticamente todas as frações de nossas vidas por meio da televisão, dos cinemas, das escolas, das revistas, das propagandas e, inclusive, da religião. Uma coisa que é um processo muito natural de criação e propagação assumiu exponencialmente um significado enorme, bem além de sua função. O sexo realmente não trata mais dos essenciais pássaros e abelhas de reprodução. Seu impacto é mais intenso e, ao mesmo tempo, é mais complicado do que seu propósito funcional.

Por que somos tão obcecados por sexo e sexualidade? O que esse assunto simboliza e oferece?

E, no contexto deste livro e da jornada espiritual, como esse tópico complexo causa impacto sobre nós?

Ao tornar essa área acessível para reflexões cuidadosas, não estou fazendo nenhum julgamento moral ou religioso. Estou interessada em explorar as questões. Essa é uma conversa crucial para que eu entenda como dominar meu campo de energia pessoal para torná-lo puro frente a dependência ou a necessidade.

Portanto, minhas reflexões não são, de forma alguma, respostas, são observações que incitam pensamentos estranhos e investigações pessoais. Alguns resultados dessas ponderações são provocativos, desafiadores e podem não se aplicar a você. Mas, independentemente de você estar pronta ou não para ter essa conversa comigo, não há dúvida de que, como em uma competição, precisamos nos empenhar em alguma exploração rigorosa, não defensiva, para que nós percebamos na transação sexual o impacto que está causando no autorrespeito, na autoestima, na segurança e na confiança individuais, bem como o efeito sobre famílias, sociedades, ambiente e economias.

Considerando:

Amor, intimidade e conexão
Uma sociedade consciente do corpo
O mito da beleza
Identidade sexual
Celibato como uma escolha sexual
Espiritualidade e sexualidade
Crenças
Consciente escolha fortalecida

## Algumas Observações

A seguir, podemos notar uma quantidade muito pequena de dados que apresenta algum impacto do atual paradigma da sexualidade em nosso mundo e em nossas vidas.

Estima-se que no Chile mais de 50% das mulheres sofrem abusos domésticos. Nem todos são sexuais, alguns são emocionais, alguns psicológicos e, para algumas mulheres, trata-se dos três tipos. Jill Shanti, uma especialista em abusos domésticos na Austrália, disse-me que, na maioria dos países, a estimativa para casos de abusos femininos é inclusive superior a 50%. Igrejas e outras instituições no mundo inteiro estão finalmente considerando as questões sobre pedofilia, em que autoridades de confiança têm tido relações sexuais com crianças. Divulga-se uma estimativa que aponta que 80% dos meninos que sofreram abusos nunca se tornaram perpetradores, mas que 80% dos perpetradores do sexo masculino sofreram abusos quando crianças.

Hoje, na África, a superstição mais recente sobre a cura da AIDS – epidemia transmitida sexualmente – é que, se uma pessoa infectada do sexo masculino tiver relações sexuais com uma mulher virgem, ele será curado – e, quanto mais jovem for a mulher virgem, mais rápida e eficiente será a cura. Isso significa que os homens estão tendo relações sexuais com meninas bebês com poucos dias de vida.

Nos tempos de guerra, é uma cultura aceitável, de certa forma, que os soldados estuprem e torturem as mulheres e garotas capturadas no território inimigo.

Em muitas culturas, países e religiões, as esposas não têm nenhum direito em relação ao sexo. A escolha dos maridos faz a regra. O estupro dentro do casamento é comum no mundo inteiro.

Seriados de TV exibem diferentes formas de estupro e violência: SVU (Special Victims Unit) passa no horário nobre e faz parte do entretenimento vencedor de prêmios.

Programas de *software* foram criados para restringir o acesso de funcionários a *sites* pornográficos. Estatísticas na Austrália indicaram que um número determinado de funcionários passava 30% do dia no trabalho assistindo à pornografia.

Juntamente com os Alcoólicos Anônimos, Narcóticos Anônimos e Vigilantes do Peso, desponta o mais evidente vício dos dias modernos: os Viciados em Sexo.

## Amor, Intimidade e Conexão

Amor e intimidade são completa e totalmente confundidos com sexo. Em uma conversa recente com um professor de comércio extremamente inteligente, fiquei chocada ao ouvi-lo definir o amor como uma conexão ardente (leia sexual) entre pessoas jovens.

Muitos dos poemas escritos, uma grande parte das histórias que foram contadas e considerável número de nossas ações encontram-se na eterna busca pelo amor.

Amor. Mas o que é o amor? Seria, como o professor sugeriu, a luxúria hormonal da juventude? Ou, como outro professor acrescentou, o amor de uma mãe por seus filhos? Por que nós buscamos o sexo com tanta intenção e por que hoje o sexo é apontado como substituto para o amor?

É impossível que haja Amor, Intimidade e Conexão quando há medo, e o medo, ou as suas versões, está sempre presente quando não estamos alinhadas a nosso EU essencial. Quando estamos alinhadas, o Amor, a Intimidade e a Conexão são todos estados independentes da essência e não dependem de qualquer coisa externa para existir – de nenhuma pessoa, lugar, posse ou propósito. Uma vez que estes estados existem, eles surgem em todas as áreas da vida, influenciando a identificação que fazemos, as tarefas que empreendemos, os lugares que criamos, as coisas que utilizamos... Enfim, basicamente, transformam a forma como vivemos nossas vidas.

Quando estamos afastadas de nosso verdadeiro EU, ficamos fracas, instáveis e dependentes de uma percepção criada do EU para sobreviver – as identidades do ego das Faces Tradicional e Moderna. Essas identidades nos fazem vulneráveis, e, quando estamos vulneráveis, há medo, ansiedade e nervosismo, acompanhados de um comportamento protetor e defensivo. Nenhum deles conduz ao amor. Nenhum deles incita a intimidade. Nenhum deles possibilita a conexão. Quando há medo, a real confiança não pode existir e, portanto, o amor, a intimidade e a conexão são tênues e condicionais.

Sob essas circunstâncias, não podemos vivenciar os estados puros e naturais da essência que a alma anseia que existam internamente. Quando esquecemos que somos esses estados, que somos energia, quando não sabemos mais como ser esses estados, iniciamos a caça fora de nós mesmas. Quando perdemos a conexão com a verdade sutil de nosso próprio EU, adotamos, então, a crença de que somos nossas formas físicas. Uma vez que sucumbimos a essa ilusão, então se torna normal substituir a proximidade física pela conexão; um alto emocional para o amor; uma relação para a intimidade. Por meio do sexo e da identidade sexual, procuramos a ternura do amor, a transparência da intimidade, a proximidade da conexão. E, às vezes, conseguimos o que estamos procurando, ao menos por alguns momentos. E, às vezes, não conseguimos.

A jornada espiritual oferece mais opções sobre como recuperar esses estados naturais da Essência. Ali existe uma variação mais vasta de escolhas para aquelas que sentem que há alguns sacrifícios inaceitáveis associados à busca pelo amor na sexualidade.

Quando você consegue manter esses estados por meio da existência, então as relações mudam. Ninguém mais a está ameaçando e, portanto não há necessidade de competir por amor, poder e atenção. A forma pela qual você interage, mesmo com estranhos, ocorre a partir do espaço do amor, da intimidade e da conexão.

Você pode ser uma agente da transformação apenas por meio da existência. Estando presente em seu estado de amor, você retém uma lembrança ressonante para os outros num nível subconsciente e a verdade da existência deles tem a possibilidade de então sintonizar-se com aquela "frequência". Em outras palavras, você os ajuda a se reconectar com a própria energia do amor, apenas mantendo aquela atmosfera em seu campo de energia pessoal.

Outra coisa que ocorre é que seus olhos mudam. Você não precisa mais esconder sua vergonha, suas dúvidas, suas inadaptações, seus julgamentos. Você para de acreditar em seu ego – local onde todos esses sentimentos residem – e começa a acreditar na verdade de sua existência presente. (Veja as práticas nas Faces Eterna e de Shakti.) Quando você está presente em sua verdade, você não tem nada a esconder e se torna transparente. Seus olhos se abrem para revelar a beleza de sua alma. Intimidade. Introspecção. E isso leva à conexão. A ilusão do isolamento e da separação se dissolve imediatamente quando você retorna à Existência.

Então, o seu mundo muda completamente. Você muda para a vida, para as relações, para o trabalho e age com base no amor. Como o amor. Logo, você tem a escolha do que fazer e do que não fazer. Depois, você se torna livre e fortalecida.

## Uma sociedade consciente do corpo

Um dos grandes desafios quando se está conectada à Existência é que vivemos em um mundo consciente do corpo. Tudo ao nosso redor confirma nossa identidade baseada no corpo. Quando estamos conscientes de nossos corpos e de tudo que os acompanha, é quase impossível ter consciência das nossas almas. Esse enfoque na forma física pode ser perigoso, se não tivermos...

- ✓ a cor correta do corpo
- ✓ a forma correta do corpo
- ✓ o tipo correto do rosto, olhos, nariz, cabelo
- ✓ a marca correta de roupas, bolsas, sapatos
- ✓ a escola correta
- ✓ o endereço correto
- ✓ o emprego correto
- ✓ a pronúncia correta
- ✓ todo o resto correto...

Se não tivermos tudo correto, então, de acordo com a teoria da "consciência corporal", nós mesmas não somos completamente corretas. Mas, de qualquer forma, quem decide o que é "correto"? Você já percebeu que estar "correta" muda ao longo do tempo dependendo das tendências, desenvolvimento de produtos e anúncios aos consumidores? Portanto, se você um dia estiver "correta", não quer dizer necessariamente que você estará "correta" no dia seguinte. É preciso muito tempo, dinheiro e energia para permanecer "correta" e cada vez que você "se" atualiza, envia outra mensagem para você mesma dizendo que, independentemente de quanto se esforçou em tentar, você ainda não está completamente "correta".

Uma amiga que vive na África do Sul é divorciada. Hoje, ela está solteira, sem filhos e consegue sair todos os dias parecendo totalmente "correta". Ninguém jamais diria que ela mesma nunca se sente "correta". Ela se sente a pessoa mais feliz quando está cozinhando para os outros, levando o cachorro para passear ou tomando um café com o senhor de idade que tem um restaurante vegetariano do outro lado do parque. Mas, no mundo ilusório no qual ela vive e trabalha, essa simples felicidade não vale muito a pena. Portanto, ela se cria, cria seu mundo de acordo com as regras do "correto". Entretanto, ela toma pílulas para dormir, ansiolíticos, antidepressivos, tem obsessão por arrumação em seu ambiente, gasta fortunas em cosméticos e roupas, bebe demais, ignora ou seda toda a dor no seu corpo que grita para que ela pare. Ela é extremamente bem-sucedida no seu trabalho, mas se sente desmerecida e inadequada para ele e, portanto, ela é facilmente explorada pela instituição financeira multinacional para a qual trabalha. Contudo, no final da contas, não importa o que ela faça, quão bem ela o faça, quanto lhe paguem para que ela o faça, quantos elogios ela receba pelo sucesso, as lacunas, o vazio e a insegurança que ela sente internamente nunca são preenchidos. No passado, essa executiva bem-sucedida com o mundo aos seus pés, foi em direção ao toalete do seu local de trabalho, arrancou uma lâmina de barbear, levantou sua saia da marca Prada e cortou suas pernas. Foi assim que experimentou a sensação de alívio.

Isso parece dramático, mas nesse resumo da história de uma mulher, vejo refletidos muitos aspectos de minha própria história e das histórias de muitas das mulheres que conheci. O enredo e como o vivemos podem parecer diferentes, mas a percepção subjacente da perda do EU é a mesma.

## O mito da beleza – penhoras no jogo sexual

Quanto dinheiro é gasto a cada ano com a identidade sexual e o poder da atração – produtos, programas, publicações e propaganda da indústria sexual no mundo inteiro? Bilhões e bilhões de dólares. Talvez não seja tanto quanto o orçamento do Departamento de Defesa dos EUA, mas muito mais do que o orçamento mundial contra a pobreza e a fome.

Em uma tarefa corporativa em uma conferência para uma grande empresa de moda, havia uma famosa marca de maquiagem. Um amigo fotógrafo estava trabalhando comigo nessa tarefa. Juntos, assistimos à demonstração que durou trinta minutos, enquanto a mulher realçava as últimas tendências para a próxima temporada. Depois que terminou, ela revelou sua obra de arte, exclamando: "Aqui está! O novo *look* para esta temporada! Totalmente natural, você não diz absolutamente que ela está usando maquiagem".

Qual é o mito no qual caímos? Tantas mulheres acreditam na propaganda exagerada. Eu sei que eu acreditava. A maquiagem, a tinta de cabelo, as últimas tendências da moda. Inclusive a antimoda da juventude. Para quê?

Em termos de recursos, quanto dinheiro, tempo e energia cada mulher no mundo gasta para aumentar o poder de atração ou sua identidade sexual? Quanta rivalidade existe entre as mulheres nesse campo? No final, trata-se realmente da captura ou apenas da perseguição? Tanto faz, trata-se de energia, do gasto inconsciente de nossa valiosa e preciosa energia. Trata-se de acreditar que quem nós somos, como nós somos, não é suficiente. Acreditamos que precisamos ter uma aparência melhor, diferente, menor, mais magra, mais alta, mais angular, mais curvada para estarmos bem.

Uma amiga me falou sobre uma conhecida que tínhamos em comum que faleceu de câncer de mama. Esta mulher emblemática era muito conhecida no círculo social de Nova York, e faleceu apenas um mês depois de diagnosticada a doença. Em virtude das pesquisas e capacidades médicas atuais, o câncer de mama é, na maioria das vezes, controlado, se detectado a tempo. Entretanto, essa mulher fez implantes nos seios e eles geralmente mascaram a detecção de caroços nas mamas. Faz sentido morrer para ter seios mais joviais e fartos? É estranho este mundo no qual começamos a injetar bactérias e compostos sintéticos em nossos rostos e corpos ou reformamos partes do corpo para "cobrir" as rugas e remover a celulite a fim de nos sentirmos poderosas ou desejadas. Se realmente entendemos que não somos nossos corpos, então talvez não importe o que fazemos com eles? Seria simplesmente como um adorno na nossa jaqueta ou um retoque na pintura do carro? Se tivermos consciência de que não somos nossos corpos, então talvez fosse exatamente assim. Mas o importante é que a maioria das pessoas que tem consciência de quem são – a força da vida, a energia, o ser vivo – parece gastar mais seus recursos desenvolvendo sua personalidade para entrar no mundo das relações com base nesse princípio fundamental. E essa energia pura e poderosa é a sua beleza. Elas brilham a partir de seu interior.

## Identidade sexual

Ela é inata? Nós a aprendemos? É natural? Olhando para uma menina de quatro anos realizando uma dança improvisada cheia de sensualidade e nuances sexuais, podemos achar que é simplesmente assim que nascemos. Mas, ao lado da menina de quatro anos, está sua irmã de oito anos de idade que parece não ter nenhuma daquela energia sedutora fluindo de seu sistema.

A identidade sexual pode ser ativa independentemente de você ter um parceiro ou não, de você ter filhos ou não, de você ser jovem, velha, bonita, feia, gorda, magra, sexy ou não. Viver com base em uma identidade sexual é um "botão ligado para o escaneamento" do ambiente, geralmente registrado por um nível inconsciente e relacionado à atração da energia para você mesma. A identidade sexual é uma ferramenta por meio da qual se ganha energia. Não se trata mais de reprodução. Fundamentalmente, uma atividade sexual ativada trata de ser desejada (amada e segura) e poderosa.

As pessoas usam todos os tipos de versões de poder para conseguir o que querem e serem aceitas. Você pode, inclusive, manipular o poder espiritual e ser atraente, uma guru, idolatrada. Você pode usar o poder psíquico – que é o poder mental para conseguir o que você quer e fazer com que alguém a queira. Muito frequentemente, quando se trata de atrair os outros, também se mobiliza a energia sexual.

Se você estiver em uma relação, é importante perguntar se você está realmente bem com a relação sexual ou se é algo no qual você consente para manter o seu parceiro. Se você estiver bem, então ótimo. Caso contrário, vale a pena rever e reavaliar o valor de doar a energia do seu "EU".

Nos dois contextos, você perde a clareza de você mesma, a pureza do seu campo de energia pessoal durante a troca, doando sua energia preciosa para outra pessoa. Nesse tipo de troca, você pode ter conseguido adquirir alguma energia da outra pessoa, em uma espécie de permuta que pode servir por algum período, mas, em longo prazo, não será satisfatório porque não se trata da sua energia – não é você.

Psicologicamente, a relação sexual pode liberar endorfina em seu sistema, levando-lhe até um elevado ponto químico natural por um curto período, mas depois do "êxito", como você se sente por ter doado seu poder? Você tem estado alerta ao impacto que isso traz para sua percepção do EU – sua confiança, seu autorrespeito, seu humor? Talvez já no dia seguinte, ou talvez uma semana, um mês ou um ano depois.

Contudo, se a identidade ou a relação sexual é apenas benéfica para você, sem causar impacto em outras áreas de seu mundo interno e externo, então talvez esse capítulo não seja para você.

Se não tiver certeza disso, você pode considerar que, se passar muito tempo pensando em sua aparência, se você é notada ou atraente para os outros, no que você precisa fazer para mudar a sua forma de ser para conseguir um parceiro, sonhando, lendo ou assistindo a temas eróticos, sendo ciumenta ou possessiva com o seu parceiro ou uma variedade de outros comportamentos compulsivos, então você também está sofrendo da crença de que o sexo lhe dará o que você quer, o que significa que você provavelmente está se subestimando e está limitando o seu potencial e possibilidades.

## Crenças

Religião, sexo e política... é consenso universal que esses tópicos devem ser banidos em conversas. De certa forma, eles evocam posições extremamente defensivas. Por que não podemos conversar a respeito desses tópicos de uma forma imparcial? Por que atrelamos nossa percepção do EU à nossas crenças? Por que agarramos com força o que acreditamos, preparadas até mesmo para escalar montanhas, ao menor sinal de oposição?

Quando escutei a sabedoria espiritual pela primeira vez – "A verdade não precisa ser comprovada" –, percebi que muitas de nossas posturas mentais e argumentos defensivos vêm de um frágil ego.

Anos atrás, em um bar em Sidney, Austrália, encontrei uma amiga, que acompanhei a uma festa de Natal da agência na qual estava trabalhando. Conheci uma escritora na festa. Ela era uma mulher baixa, com o cabelo vermelho vivo e uma personalidade animada e ativa. Começamos a conversar. Perguntei-lhe sobre o que ela escrevia.

"Meus dois assuntos preferidos – sexo e cultura popular chinesa." Logo fiquei fascinada. "Fale mais!", eu pedi. E então ela expôs os altos e baixos do seu atual encontro casual. Não tive certeza de que a cultura popular chinesa realmente fosse de seu interesse porque, durante a meia hora seguinte, ela não havia mencionado esse assunto novamente!

Depois, ela perguntou-me pelo que eu era apaixonada.

"Pureza – ser capaz de encontrar e repousar na parte prístina de minha alma," eu disse, e falei também que era celibatária. "Oh, meu Deus, é mesmo? Conte-me tudo."

O que eu adorei sobre aquela conversa foi que duas pessoas com experiências e escolhas diametralmente opostas conseguiam interagir uma com a outra a respeito desse tópico, ouvir, somente para entender, sem procurar convencer a outra.

## Celibato – uma escolha válida

A escolha pelo celibato foi parte do pacote associado à jornada espiritual que me atraiu e o meu interesse na sexualidade simplesmente não estava presente no início. Portanto, de certa forma, eu não escolhi de maneira consciente o celibato como opção no início. Eu não acho estranho que todas as escolhas sexuais sejam válidas atualmente – monogamia, poligamia, homossexualidade, bissexualidade, múltiplos parceiros simultaneamente, autoestímulo e assim por diante. Entretanto, o celibato é considerado estranho, bizarro, esquisito e até anormal por muitas pessoas.

Ao longo dos anos, comecei a apreciar o valor do aprendizado em entender e lidar com a energia sexual. Acho que somente por meio da abstinência do uso da energia sexual de forma ativa, esse aprendizado é possível, para que você possa observá-la, senti-la, conhecê-la, reconhecer a motivação que se encontra por trás dela... e somente depois fazer escolhas conscientes. Nossa incapacidade em reconhecer, entender e lidar com essa energia de forma coerente com nossos valores acarretou algumas circunstâncias terríveis e trágicas em nossas relações, famílias e sociedades. As vidas das crianças têm sido irreparavelmente destruídas quando os adultos não conseguem controlar seu desejo por eles. Infidelidades causaram guerras que duraram gerações. O que pode começar como um simples flerte já levou à dissolução de famílias amorosas.

Depois de um jantar que ofereci anos atrás, a esposa de um amigo me ligou e perguntou se poderíamos tomar um café. Ela disse que, durante o jantar, ela percebeu que seus medos foram edificados. Durante algum tempo, ela acreditara que seu marido estava sexualmente interessado em mim. Eu não concordei absolutamente com aquela ideia, mas continuei ouvindo. Ela explicou que, em seu caminho espiritual, passara seis meses vivendo em uma comunidade, aprendendo a entender a energia sexual. O seu caminho previa o celibato, a menos que se casasse. Uma das coisas que seus orientadores incentivavam era que os casais compartilhassem as amizades, em vez de o marido ter amigas pessoais ou a esposa, amigos pessoais. Eu não havia conhecido esta mulher até o dia daquele jantar e eu tinha sido amiga pessoal do seu marido e, embora nada físico tenha acontecido entre nós, olhando para trás, definitivamente percebi que havia algo mais do que apenas uma amizade inocente. Fiquei agradecida por aquela mulher ter sido suficientemente consciente para ter uma conversa madura comigo. Talvez ela tivesse algumas questões sobre controle a resolver com seu marido, mas, para mim, foi uma conversa bastante útil.

Foi a partir daquele instante que comecei a pensar mais a respeito da escolha do celibato, e que essa opção não é simplesmente uma questão de não ter relações sexuais.

O celibato é uma escolha consciente de renúncia a uma identidade sexual, em virtude de razões pessoais relacionadas a seus valores e seus objetivos de vida. Tradicionalmente, atletas e alunos universitários escolhem o celibato para concentrar todos os seus recursos de energia pessoal no seu campo de esforços. Religiosos vêm descobrindo há séculos que o celibato pode permitir uma união mais feliz com Deus. Viciados em Sexo que frequentam o programa Os Doze Passos entendem que a abstinência é fundamental para conquistar a compulsão incontrolável que vivenciam. Mesmo outros programas de Os Doze Passos, como o dos Alcoólicos Anônimos, sugerem a importância de abstinência de relacionamentos e relações sexuais no primeiro período de recuperação. Aqueles que estão no caminho espiritual da autorrecuperação e do autocontrole procuram controlar suas percepções para redescobrir sua natureza intrínseca, seus estados de amor, intimidade e conexão, obtendo maior acesso à graça do Divino, pois assim conseguem estar no controle das percepções.

Enquanto for uma "escolha", não é tão simples quanto desligar o "interruptor". Dependendo de sua história, existem padrões registrados no subconsciente que são ativados por alavancas sensoriais, tais como um filme, um livro, uma revista, um homem ou uma mulher atraente, um abraço afetuoso.

Aprender a reformar ou transformar qualquer energia faz parte da prática espiritual. Mas por quê? Qual é o propósito? Estaríamos simplesmente nos desligando de uma porção natural da vida? Muito provavelmente, sim. Repito, trata-se de escolhas e de objetivos. Tudo depende do que cada uma de nós quer da vida. O sexo e uma identidade sexual não necessariamente nos ajudam a alcançar nossos objetivos e, em alguns casos, podem até mesmo sabotar nossos esforços.

## Que tal sexo sagrado?
Recentemente, a ideia de que é possível a transcendência por meio do sexo sagrado me desafiou, sobretudo as práticas encontradas nas tradições Tântricas e Taoístas, bem como as práticas Gnósticas. Existem ótimos documentos de apoio alegando que essas tradições realmente proporcionam maravilhosas experiências para casais, talvez não sempre, mas certamente melhoram o encontro sexual.

No entanto, um dos desafios predominantes ao se firmar nessa crença é que, a menos que a pessoa se dedique ao aprendizado honesto e consciente das práticas encontradas nas tradições, é muito improvável que ela vivencie o tipo de transcendência à qual se referem.

O outro aspecto que vale a pena entender é que a energia predominante do sexo no mundo não é do tipo transcendente. Também é importante lembrar que todos nós estamos conectados energeticamente. Quando você vai a um grande *shopping center*, pode ser tomada pela agitação da energia acumulada no local. Quando você sai da cidade e vai desfrutar um dia no campo, você vivencia o alívio de estar afastada da energia das pessoas e próxima da energia da natureza. Quando pensamos, agimos ou estamos no domínio do sexo, conectamo-nos com aquela vibração no resto do mundo, e a frequência vibracional predominante não é tão elevada, tão permissiva. Mais precisamente, trata-se de conseguir, de querer, de tomar. A frequência sexual global é baixa. Quando você se sintoniza com a energia da sexualidade, é difícil não ser puxada para essas frequências mais baixas. Depois, quando você nada em energias vibracionais mais densas, alinha-se a outras frequências mais baixas, como a raiva, a tristeza, a vergonha, a culpa, o medo.

## Ficando claro o que eu quero – de fato
Essa é uma questão enganosa porque o que nós achamos que queremos é o que o ego sobrevivente quer e o que nós realmente queremos são duas coisas completamente diferentes. Fomos condicionados a acreditar que coisas, pessoas e situações externas vão nos fazer felizes. Alimentaram-nos com imagens de uma existência de contos de fadas que é totalmente inalcançável e insustentável, em virtude de nossa falta de autoconsciência e educação nesses assuntos. E quando acreditamos, esperamos e falhamos, tentamos com mais afinco, mas falhamos novamente, no fim desistimos e entramos em desespero, sedando nossa tristeza com substâncias químicas, trabalho, ações, excitação, pessoas e coisas.

Mas se conseguimos resolver o que realmente queremos e depois definir como consegui-lo, ou mais precisamente "ser o que queremos", então conseguiremos recuperar nossa esperança e entusiasmo, tornando-nos fortes e generosos na vida e nas relações, criando, assim, um campo de prosperidade e crescimento a partir do que vivemos.

No capítulo "Você Não Respondeu: Por Que Eu Estou Aqui? E Quem é Deus?", abordamos o processo de manifestação com mais detalhes, como diagnosticar o que realmente você quer e de que maneira fazer isso ser realidade em sua vida.

No meu caso, realmente quero perceber minha verdade, minha natureza pura – o EU puro e autêntico – a "essência do EU SOU". Esse é o meu objetivo. Eu entendo que a maioria, senão todos, os desafios que enfrentamos individual e coletivamente derivam do fato de que todos nós perdemos nossa percepção do EU e, consequentemente, nossa confiança. Quando não nos sentimos confiantes, nosso comportamento, como indivíduos, em grupo ou como membros de uma nação, não é bom. Se não sentimos confiança em nós, sentimo-nos ameaçados por qualquer coisa ou qualquer pessoa que parece, ressoa, move-se, come ou anda de maneira diferente de nós. Quando não nos sentimos confiantes, vemos tudo através de um filtro de medo, escutamos com audição distorcida e nosso julgamento encontra-se ausente.

Portanto, meu objetivo é voltar na jornada para complementar minha confiança. Não se trata de convicção, mas de uma profundidade de certeza espiritual que deriva de uma experiência inabalável de minha eternidade. Meu ponto de partida é que sou completamente "suficiente" sendo como EU SOU, preciso apenas confiar em mim e aprender como ser assim com mais frequência. Logo, eu não preciso de afirmação e fortalecimento por meio da identidade sexual. O sexo se torna, então, uma escolha consciente, e não uma compulsão inconsciente para satisfazer as necessidades insatisfeitas dentro de mim.

## Consciente escolha fortalecida

A jornada espiritual trata de retornar à clareza de seu próprio campo de energia pessoal, tornando-o bonito, poderoso, Divino e puro com a energia – e também crenças, medos e sonhos – de outros. Trata-se de ser consistente na identidade de seu EU eterno, livre do medo e da ameaça, vivendo em total confiança na beleza do "Agora". Essa é a jornada espiritual, a promessa da felicidade a cada momento.

Na realidade, é necessário apenas um segundo para experimentar a felicidade da não ligação, das percepções tranquilas que não nos compelem a um desejo maior. Contudo, é necessário um compromisso constante para cultivar esse espaço dentro de nós mesmas porque o mundo comum, juntamente com nossas crenças, faz companhia a nossas percepções, atraindo-nos para a ilusão da satisfação que precisa ser adquirida por meio de alguma outra coisa ou pessoa.

## Entendendo a energia sexual

O sexo, de maneira geral, tem sido definido como sublime, delicioso, interessante, agradável, afetuoso, amoroso, divertido. Ao usar a energia sexual ativamente, você pode sentir entusiasmo, tentação, poder e diversão. Entretanto, qualquer pessoa que já esteve nessa situação, sabe que também pode ser uma experiência superficial, insatisfatória, degradante, desesperadora, deprimente e destrutiva. E, uma vez que você imerge na energia dos outros, atraindo energia para você mesma pela transação sexual, você fica amarrada a uma troca cármica – e a uma busca contínua para recuperar a sua energia perdida.

Não existe certo ou errado, nem julgamento moral ou religioso aqui, apenas um convite para adquirir a consciência do impacto que uma identidade sexual e a transação sexual têm em seu bem-estar emocional e espiritual e nas relações à sua volta. Caso o envolvimento sexual apoie sua evolução e não prejudique os outros, então, vá em frente. Mas não deixe de ficar alerta, pois se você perder a consciência, perderá tudo que é precioso.

Se, por outro lado, você perceber que os resultados de suas ações ou escolhas não a estiverem conduzindo para o objetivo de sua vida, então talvez esteja na hora de reconsiderar suas escolhas.

Experimente. Observe. Esteja alerta. Fique desperta. A jornada espiritual é um laboratório para experimentos pessoais. Não há dúvidas de que algumas verdades universais apoiam todos os seres humanos em sua jornada, independentemente de quem eles sejam ou de onde eles venham. Contudo, mesmo esses universos devem ser entendidos de maneira pessoal e individual, concretizados para cada um por meio de sua própria realização.

# Algumas Questões Sobre o Medo

Se formos honestas, grande parte de nossa vida e das decisões que tomamos é controlada pelo medo, de uma forma ou de outra. Manifestando-se como um pequeno nervosismo, estresse, ansiedade ou puro pavor, o medo, infelizmente, está sempre presente. Não é surpreendente saber que esse sentimento não é bom para o corpo, para a alma, para quaisquer relacionamentos com pessoas ou para os nossos papéis e responsabilidades. Qualquer tipo de medo distorce nosso ponto de vista e nos leva a perder a objetividade, a clareza e a capacidade de pensar de forma inteligente. Esse é um fenômeno tanto fisiológico quanto espiritual.

Em uma noite dessas, estava indo para a cama na casa da praia onde estou escrevendo sobre um trabalho. O chalé, feito de madeira da cor de chocolate e com a estrutura das janelas em azul-escuro, encontra-se em um lugar alto, próximo à margem de um penhasco que está localizado ao lado do Oceano Pacífico. Ventava muito naquela noite. O chalé rangia e as janelas tremiam um pouco por causa do vento. Elas também estremeciam cada vez que as ondas batiam no rochedo bem embaixo. Durante minha infância, eu tinha pesadelos recorrentes com as ondas das marés e *tsunamis*. Sentia-me assombrada pelo Oceano Pacífico, já que esse era o mar que conheci quando cresci em Sydney, na costa leste da Austrália.

Daquela vez, eu estava no Chile, sozinha. Sem telefone, sem saber falar espanhol, sem carro, no meio do nada. Apenas eu, com meus pensamentos e sentimentos, no escuro. Há algumas noites, a Lua estava cheia, mas naquele momento o céu estava coberto de nuvens; portanto, não conseguia ver muita coisa, o que fez com que minha percepção auditiva ficasse profundamente aguçada. Cada som era intensificado. Minha visão interna funcionava além do normal... Conseguia ver a água branca batendo até o topo do penhasco, rolando viciosamente até a varanda, clamando a sua natureza violenta em direção às portas de vidro e batendo nelas com um insolente estrondo. Eu admito ter perdido muito de minha energia nas 36 horas anteriores tentando elaborar uma rota de fuga. Estando no meu quarto, na sala ou na cozinha quando as ondas altas batiam, de noite ou durante o dia, eu estaria pronta. O que agarrar? O meu computador era o principal objeto. Nos dias de hoje e com a minha idade, "a minha vida" está armazenada no computador!

Portanto, eu estava ali, pensando, visualizando, ouvindo os sons mais agudos e mais reais do turbulento e apavorante elemento da água batendo de um modo como eu jamais ouvira em minha vida. Eu não queria morrer. De qualquer forma, não de uma maneira violenta e imóvel. Deitei-me na cama, tendo o computador do meu lado e as chaves da porta dos fundos em cima do computador, caso precisasse sair rapidamente, além de meus sapatos e um xale quente, tudo pronto para uma fuga rápida.

Na minha mente, a água era incomensurável, as ondas, enormes. Cada som aumentava o tormento na minha mente, despertando novamente as imagens daqueles sonhos antigos. Naquele momento, eu estava tremendo fisicamente. Um estrondo! Outra onda. Meu coração batia forte. Dizia a mim mesma que não havia nenhum problema, que estava fazendo isso por mim mesma, que, sob a luz da Lua no céu nublado, eu podia escutar as ondas quebrando a uma boa distância e o barulho gerado pela água branca estrondosa contra o rochedo. Eu realmente tentei raciocinar comigo mesma. Nunca tivera essa experiência de pavor anteriormente, de modo que meu corpo encontrava-se totalmente incontrolável. Uma vez ou outra, eu pensava que, se não morresse naquela noite – e eu suspeitava de que não iria morrer – definitivamente iria embora daquela casa no dia seguinte. Não havia nenhum propósito em canalizar meu sistema nervoso naquele tormento durante todos os dias na semana seguinte.

Não sei como, mas acho que adormeci por volta da meia noite. Os grandes músculos das minhas pernas e costas doíam devido à intensidade de adrenalina enviada até eles, com a constante mensagem do cérebro para "ficar pronta para correr."

Acordei no dia seguinte. Era um dia muito agradável, o mar estava calmo – mas ainda ruidoso – e o único indício do pavor da noite anterior eram as chaves ao lado da minha cama.

Medo. Pavor. É claro que às vezes essas sensações são avisos bastante reais. Mas, em outras, nós mesmas o criamos, por meio de algo no ambiente externo que desencadeia uma lembrança interna. Pode ser uma coisa que reconhecemos ou algo sutil demais para detectar – como uma fragrância que passa ou a sensação da brisa na pele, um som distante que normalmente é comum e inofensivo, mas juntamente com o ângulo do Sol no topo do telhado desencadeia a lembrança. E se temos por volta de 60.000 pensamentos ao longo do dia, mas não percebemos, talvez, mais do que 200 deles, é provável que geremos pensamentos e sentimentos baseados no medo, inconscientemente, na maior parte do dia.

Quando há um trauma no passado, às vezes tão aparentemente insignificantes quanto ser apontada na classe por não ter feito a tarefa; quando fixamos imagens e enredos de filmes de suspense ou de terror em nosso subconsciente; se nos sentimos inseguras, se nos conectamos a qualquer coisa de maneira que nossa percepção de segurança se origine dessa ligação, então, certamente, seremos vítimas do medo. É um caso de estímulos externos desencadeando lembranças internas, gerando pensamentos e sentimentos para criar um evento futuro imaginado como real (O Medo).

Isso é diferente da intuição que nos permite entrar em contato com sutis sinais e, às vezes, até com lembranças do futuro. Algumas pessoas já estão bem sintonizadas com a intuição, o que as ajuda muito. Contudo, quando o medo prevalece, ele consome tudo, inclusive os poderes intuitivos.

O estado psicológico gerado pelo medo é conhecido como Reação de Estresse. Sob essa Reação, o corpo entra em modo de luta ou voo, o que significa que uma grande quantidade de adrenalina é enviada até os músculos para combater ou correr para salvar a sua vida; nossa respiração se torna curta, nosso cérebro muda para o sistema límbico, a parte da sobrevivência do cérebro. Isso quer dizer que você seria capaz de fugir descalça da onda da maré, com uma ferida profunda em seu calcanhar, sem sentir nenhuma dor.

Certa noite, vi uma extraordinária história no noticiário. Havia um jogador de futebol americano cuja rótula estava dilacerada e pendurada na metade da perna e os adversários correndo atrás dele; ele correu quase o campo inteiro para marcar um *touchdown*. Só depois percebeu que seu joelho estava extremamente machucado e começou realmente a sentir dor.

Portanto, a Reação de Estresse é útil para o que ela é designada a fazer: nos possibilita sobreviver em ambientes hostis em que nossas vidas estão sob ameaça. Além disso, muitos de nós vivemos em uma condição limite de sobrevivência, sentindo-nos sob ameaça, tendo nossas decisões impulsionadas por graus variados de medo, uma realidade que é ressaltada pelo fato de que os ansiolíticos estão entre as três drogas prescritas mais vendidas no mundo.

Durante uma sessão com uma das minhas clientes, ela descreveu a forma como saiu de uma reunião com seu chefe sentindo-se realmente aborrecida no seu plexo solar. Quando se lembrava da reunião, ela ainda sentia a mesma coisa. Perguntei-lhe o que estava sentindo, mas ela não sabia. Então, fiz uma pergunta que pode ter parecido estranha, mas ela está acostumada comigo hoje e, portanto, ela me acompanhou: "Onde, no seu 'espaço' – ou seja, dentro e em volta do seu corpo físico – se encontra o lugar da clareza para você?"

Ela pensou, ou mais propriamente, sentiu por um momento, e depois segurou suas mãos a uma distância de um braço quase à sua frente, à altura do seu peito. Depois, pedi para que ela pegasse aquele sentimento do seu plexo solar com as suas mãos e o colocasse naquele lugar da clareza. Ela é uma pessoa extraordinária. Embora ocupe uma posição bastante experiente hoje em uma importante instituição financeira, ela está completamente aberta a qualquer coisa que possa ajudá-la a se livrar de crenças, padrões e comportamentos limitadores e está sempre interessada em aprender novas ferramentas e estratégias para que possa ser uma líder verdadeiramente admirável para fazer diferença no mundo.

Conforme ela sentiu seu lugar de clareza, exclamou em voz alta: "Ah, meu Deus! É o medo dele". Ela viu de forma muito clara que naquela reunião em que havia se dado muito bem ao impelir uma nova relação revolucionária com um adversário tradicional, seu chefe começara a se sentir ameaçado por ela. O sentimento que ela absorveu naquela sala, e com o qual ainda conseguia se sintonizar, era o medo dele.

Depois de pensar sobre isso, ela decidiu que seu chefe realmente não precisava manifestar esse sentimento novamente e, trabalhando depois com outra estratégia, ela tomou essa energia e "a liberou" para uma energia universal maior e relacionada à cura. Eu sei que isso pode parecer bastante esquisito, inclusive para mim. Mas deu certo. O chefe está se sentindo mais seguro com ela e, desde então, passou para uma posição em que é recomendada por ele como sua substituta, o que a faz uma das líderes naquela organização de 30.000 pessoas.

**Portanto, o medo precisa ser enfrentado, inclusive abraçado**
Em 1999, eu tinha o que foi diagnosticado depois como uma série de pequenos derrames. Usando a medicina tradicional chinesa como tratamento, meu médico trabalhou comigo em nível espiritual, e ainda fez uso da acupuntura e de várias outras terapias para auxiliar no fortalecimento do meu sistema. O que descobrimos foi que, toda vez que eu enfrentava o conflito, eu recuava, retirava minha energia e me fechava. O medo que eu tinha da raiva das outras pessoas e, sem dúvida, de minha própria raiva também, fazia com que eu debilitasse a energia do meu coração.

O médico me deu alguns conselhos muito simples e influentes. "Toda vez que você se sentir acuada perante um possível conflito, abrace a situação. Sinta-se aberta à possibilidade de que se consolidou na situação."

Eu fiz isso e deu certo. Parei de ter medo da raiva e que as emoções das outras pessoas fugissem de controle. Parei de sentir medo de minha própria raiva, a qual, em grande parte, havia sido reprimida durante muitos anos.

Lembre-se: quando assumimos que circunstâncias externas e pessoas são mais poderosas do que somos, colocamo-nos em um estado de insegurança. Quando assumimos que circunstâncias externas e pessoas são menos poderosas do que somos, também nos encontramos em um estado de insegurança. Isso implica viver com base em um modelo de domínio, o que significa que sempre haverá probabilidade de que, um dia, alguém ou alguma coisa irá surgir e ser mais poderoso do que somos.

Entretanto, se vivemos em um estado que valoriza nossa própria verdade e nosso próprio poder, sem compará-lo ou medi-lo com outros poderes ou situações e, quando possível, esse poder deriva de uma condição de amor, então é mais fácil sentir-nos seguro e confiante.

Ao abraçar o medo, é possível usá-lo como professor para libertar-se e transformar hábitos e padrões antigos.

De volta à praia. Nos dias que sucederam o sentimento de pavor, eu ficava na varanda e disse ao mar: "Muito bem, vamos, mostre-me o que você tem!" como se fosse uma espécie de desafio para provar a mim mesma que eu podia enfrentar qualquer coisa. Não tinha certeza de que ia dar certo, mas estava disposta a tentar. Estava começando a me irritar comigo mesma pela quantidade de energia que estava depositando na trama de um plano de fuga.

À medida que gritava para a magnitude da água à minha frente, certamente percebi que aquela situação era, de certa forma, um monólogo fútil. Bem, a certo ponto, eu esperava que fosse, porque realmente não queria ter de encarar nenhuma preocupação. Mas naquele dissimulado blefe, senti-me novamente na cidade de Nova York.

Foi minha primeira visita àquele lugar, apenas duas semanas depois do dia 11 de setembro. Quando cheguei ao aeroporto JFK, esperava que houvesse o nível de segurança que encontrei lá. Mas nada me preparou para ver a cena a caminho de onde eu fiquei. Todos os veículos e quase todas as casas ou edifícios ostentavam o pendão semeado de estrelas dos EUA. Da mesma forma que eu desafiei o mar para combater comigo mesma, os americanos gritavam com os terroristas para "simplesmente tentar, e ver o que iria acontecer".

Uma semana depois, após ter me instalado em lugar seguro em um centro de retiro nas montanhas de Catskill, dirigi-me para Manhattan sozinha de ônibus. Esperando no ponto, vi um jornaleiro e na primeira página do jornal li a manchete: "Outro Ataque Previsto Dentro De Dois Dias".

Cheguei a pensar que havia deixado as pessoas que eu conhecia e com as quais me sentia à vontade e segura para ir ao coração de Manhattan para passar dois dias com pessoas estranhas. E então, outro ataque estava previsto. A viagem de ônibus levou aproximadamente três horas e foi um tanto quanto estranha. Os lugares estavam destruídos, havia bandeiras por todos os lugares. Bandeiras imensas cobriam minúsculas casas de trabalhadores. Pequenos broches adornavam chapéus das senhoras. Grandes adesivos em malas, como se dissessem a quaisquer espiões terroristas: "Cuidado, estamos de olho". No momento em que cheguei à garagem de ônibus, no Autoridade Portuária, estava um pouco precavida. Quando desci e comecei a tentar me achar com dificuldade nas ruas de Manhattan, senti um medo crescente. Senti novamente que esse sentimento estava afetando meu corpo profundamente. Meu sistema nervoso estava completamente alerta, minha mente estava acelerada, meu corpo e minha áurea estavam totalmente tensos.

E então eu percebi. Aquilo não era meu medo, era o medo de mais de 200 milhões de pessoas, simulando coletivamente o poder, mas sentindo-se totalmente impotentes. Eu entrei em contato com o terror nacional deles da mesma forma que minha cliente havia entrado em contato com o medo de seu chefe.

Uma vez que percebi isso, consegui adquirir uma estratégia para lidar comigo mesma durante os próximos dois dias ou mais. Enquanto eu ficava passiva, era como uma esponja, absorvendo as vibrações ao meu redor. Essas vibrações desencadeavam lembranças conectadas, ou vagamente conectadas, a meu subconsciente.

Entretanto, se eu ficasse ativa, então iria lidar com minha energia sem ser uma esponja e, assim, seria capaz de ser útil, de ajudar de uma forma que eu soubesse que poderia ajudar. Eu iria gerar paz e espalhar aquela vibração ao meu redor à medida que me movimentasse pela cidade. E foi isso que fiz. Mesmo estando do lado de fora do Rockfeller Center no dia que foi evacuado com ameaça de antraz, não me senti abalada, pois estava ancorada nesse estado original de Essência.

Essa é uma estratégia poderosa. Gerar vibrações positivas e doá-las àqueles ao seu redor. Dessa maneira, fui capaz de permanecer segura e calma – e qualquer um que tentar, consegue.

Em Capetown, na África do Sul, em 1999, realizei um seminário sobre as Quatro Faces no Parlamento Mundial de Religiões. Uma das mulheres no seminário compartilhou uma história muito desafiadora e inspiradora que guardei comigo todos esses anos.

Ela havia vivido nas Ilhas Maurício durante os muitos anos da luta da África do Sul contra o apartheid e voltara somente algum tempo depois que Mandela assumiu o poder e o terrível regime da cruel discriminação havia sido oficialmente dissolvido. Ela morava com sua mãe. Entretanto, segundo descreveu, o que ela experimentava não era absolutamente vida. Sua mãe tinha medo demais de sair de casa – sempre. Ela tinha arame farpado e pedaços de vidro no topo dos muros ao redor da casa inteira, sistemas de alarme, cachorros e guarda-costas. Tudo isso era fruto do medo de sua mãe, mas ela se sentia presa, sufocada, uma prisioneira em sua casa. E ela começara a também se sentir aprisionada pelo mesmo pavor de sua mãe. Ela disse que sabia que, se fosse para Johanesburgo ou mesmo para a África do Sul, ela teria de encontrar uma forma de viver sem medo.

Portanto, um dia, ela colocou algumas roupas em uma pequena mochila e, a fim de contornar o medo de sua mãe, ela lhe disse que iria ao sul visitar uns amigos por um tempo. O que ela realmente havia decidido fazer era livrar-se do medo. Comprometeu-se com ela mesma em simplesmente caminhar e ver o que iria acontecer. Ela pegaria carona com qualquer um que lhe oferecesse. Aceitaria acomodação de qualquer um que lhe oferecesse. Dormiria em parques se essa fosse a única solução. De acordo com sua lembrança, ela passou quase dois meses "fora". Pegou táxis coletivos que eram tanto para pessoas que fossem brancas ou negras. Aceitou convites para jantar em residências de pessoas que não conhecia. Dormiu em parques e camas estranhas oferecidas por estranhos amigáveis.

Ela nos contou que havia momentos em que realmente sentiu medo, mas o medo nascia de dentro dela, não existia nada no ambiente de que deveria sentir medo. Se ela conscientemente permanecesse "na luz", não haveria nada a temer. E essa foi a dádiva dessa mulher para a África do Sul. "Embora fosse uma atitude pequena," disse ela, "eu pude, pelo menos, compartilhar isso com meu país. Eu sou apenas uma pessoa, mas moro no coração de Johanesburgo, sem nenhuma gota de medo."

Alterando a consciência, reconhecendo a realidade de ser a luz e não as sombras da dúvida e do medo, sendo capazes de se desligar dos pensamentos e sentimentos, as pessoas tomam um passo crucial na capacidade de transformar o medo e a fraqueza.

Uma amiga voltou a estudar na universidade para fazer cinema aos quarenta anos de idade. Certa noite, quando cursava o segundo ano, havia ficado na faculdade na sala de edição até tarde. Era inverno e, enquanto estava aguardando naquela noite escura, fria e deserta por volta das 23 horas, percebeu que não estava mais sozinha. Quando esperava o trem para ir para casa e deitar em sua cama quente e agradável, ela avistou uma gang de jovens indo diretamente em sua direção.

Ela disse que sabia que a qualquer momento o medo poderia apanhá-la e estaria perdida, impotente. Então, ela agarrou seus pensamentos e disse a si mesma que não estava trabalhando com esse negócio espiritual há vinte anos para ser abandonada agora.

Portanto, ela simplesmente mudou a consciência e tornou-se "Shakti". Quando fez isso, sem nem mesmo pensar, sabia exatamente o que fazer. Virou-se para eles e começou a andar propositalmente na direção dos rapazes. A reação deles foi andar ainda mais rápido na direção dela. À medida que se aproximaram, um deles gritou: "Que diabos você está olhando?". Sem pensar em sua resposta, mas calcada em uma posição emanada da sensação de poder, ela viu um garoto usando uma camiseta e respondeu imediatamente: "Estou olhando para você e pensando que deve estar com muito frio".

E assim foi. Ele parou abruptamente: "Um desgraçado roubou a minha jaqueta no trem".

Minha amiga respondeu: "A que ponto o mundo chegou?".

"Eu sei... que droga!". E ali eles ficaram durante os próximos dez minutos até que seu trem chegasse, conversando sobre a situação do mundo, as injustiças, a deterioração do espírito humano.

"Bem, rapazes, meu trem chegou. Foi um prazer conversar com vocês."

"Legal conversar com você também. Se cuida."

E assim ela foi segura para casa dormir.

Essa amiga não apenas conseguiu mudar uma situação temerosa e extremamente perigosa ao alterar sua consciência e sua percepção do EU, como também proporcionou àqueles jovens uma experiência diferente da que eles estavam acostumados, oferecendo-lhes uma visão ampliada do mundo.

Voltando à praia, no dia seguinte ao pavor da noite anterior, decidi que essa bravata não ia ocorrer. Precisava de uma nova estratégia. Alguns amigos passaram em casa com suprimentos e me garantiram que, embora a casa estivesse *muito próxima* à beira do penhasco, eles tinham certeza de que eu estaria bem. Se houvesse um *tsunami*, alguém viria para me socorrer, mesmo no escuro. Eu já havia pensado muito em tudo isso antes e não conseguia interromper a tortura da noite anterior.

Isso pode parecer ridículo, mas percebi que tinha de amar o mar. Precisava retomar o amor. E, então, questionei que, se eu tivesse de morrer – e todos nós um dia teremos de deixar este corpo – iria querer deixar a vida sob estado de medo e pavor ou sob um estado de amor? Sentindo medo, eu estava obcecada por aquilo que me ameaçava. Não conseguia pensar em nada que fosse positivo. Definitivamente, não conseguia me lembrar de Deus e inspirar-me na beleza dessa energia. Com medo, eu havia abandonado a mim mesma e, se eu tivesse de morrer, iria morrer sozinha e desolada. Não é uma maneira boa para a alma completar uma vida e começar outra. Muito bem, como eu queria viver? Com medo e pavor ou com amor? Isso foi fácil de responder: amor, certamente.

Estava novamente na varanda e mudei a forma de ver o mar. Mudei meu estado, alinhando-o a minha identidade espiritual, à eterna percepção da luz, e isso mudou os pensamentos e os sentimentos que eu tinha com relação ao mar. Nos olhos de minha mente, vi que as ondas tinham um tamanho razoável, e não pareciam ser gigantes como havia maquinado durante a semana anterior. Tornei-me positivamente ativa na minha relação com o mar, em vez de permanecer como uma receptora passiva de sons, sentimentos e imagens, tudo desencadeando lembranças passadas. Nesse estado ativo de amorosidade, o medo simplesmente não existia.

## Medo da rejeição

Na realidade, eu havia feito a mesma coisa anos atrás, mas com relação a pessoas. Percebi que eu me sentia sem compromisso, circunspeta e até mesmo nervosa quando me relacionava com determinadas pessoas. Esse medo fazia com que eu me tornasse cautelosa e, às vezes, inautêntica.

Baseava-se no medo real da rejeição e, portanto, criei vias de fuga, dizendo a mim mesma que não queria fazer isso ou aquilo, ou que não tinha tempo ou interesse, simplesmente para evitar a possibilidade da rejeição. Percebi que esse medo havia me acompanhado durante muito tempo e eu estava realmente pronta para pôr um fim nele.

Naquela época, eu estava em retiro na Índia e, em minha meditação, eu simplesmente capturei a dica "amor".

É claro que o medo da rejeição se baseia no desejo da aceitação, na concessão a alguém do poder para aceitá-la ou não, aprová-la ou não. Mas, para entrar em uma situação ou em uma relação em um estado de amor, um estado de emanação e não de desejo, é preciso mudar completamente a dinâmica da fraqueza para o poder, do medo para o amor. Dessa maneira, você não tem nada a perder e se sente segura o suficiente para ser seu EU autêntico.

Assim, comecei a amar o mar. Os dias se passaram e eu parei de pensar em uma via de fuga. Sim, eu admito ter ficado de pé na varanda um dia e ter fechado os olhos para me acostumar ao som das ondas e do vento, para que eu não me sentisse iludida novamente por minhas sensações no escuro. Mas fiz isso com amor.

Parei de reparar no som, que, de certa forma, tornou-se um tranquilizante pano de fundo; e, enquanto a casa chocalhava, eu trabalhava e dormia facilmente e bem.

# As Lentes Através das Quais Enxergamos

Acessar lembranças do passado nem sempre é fácil. Durante um retiro no Brasil, fizemos um exercício que consistia em pensar na vida passada e mapear os pontos principais – tanto os auges e momentos alegres quanto os momentos difíceis. Levei um bom tempo para explicar esse processo. Veja a seguir um exemplo fictício:

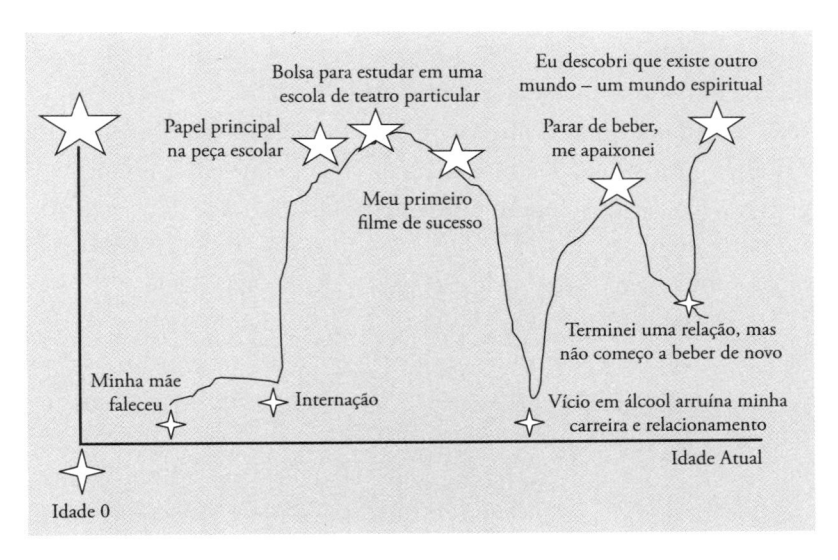

*Diagrama com linha do tempo mostrando altos e baixos da vida:*
- Idade 0
- Minha mãe faleceu
- Papel principal na peça escolar
- Bolsa para estudar em uma escola de teatro particular
- Meu primeiro filme de sucesso
- Internação
- Parar de beber, me apaixonei
- Eu descobri que existe outro mundo – um mundo espiritual
- Vício em álcool arruína minha carreira e relacionamento
- Terminei uma relação, mas não começo a beber de novo
- Idade Atual

Portanto, após uma longa explicação, pedi para que todas começassem a trabalhar. Eu vi um olhar de completa perturbação no rosto de uma mulher. Perguntei-lhe se ela tinha mais alguma dúvida. Essa mulher, cujo nome é Maria, disse que não era possível localizar nenhum momento alegre, nenhum período tranquilo, que só havia tido momentos obscuros na sua vida.

Eu contei a Maria a história de como eu acreditara que a minha época de adolescência havia sido, de certa forma, trágica, e que consegui aplicar o "gestaltismo" em todas as experiências convertendo-as para um só rótulo e depois acreditava que o rótulo era verdadeiro.

Por volta do ano de 2000, tive de fazer um trabalho para um banco importante. Por qualquer razão, eu me confundi e me atrapalhei com as datas dos seminários e não compareci a uma das sessões. As pessoas haviam viajado de muitas regiões de Sydney para comparecer a essa discussão de grupo. Eu me desculpei e prometi que viajaria para onde fosse conveniente para eles sem nenhuma despesa extra, é claro.

Um dos grupos estava localizado na cidade onde eu havia frequentado a escola, onde consegui meu primeiro trabalho, onde trabalhei meio-período quando ia para a escola, onde meu primeiro namorado trabalhava como joalheiro, onde eu fui para o meu primeiro baile e muitos outros bailes bem no início dos meus vinte anos. Fiz uma viagem de trem de quarenta minutos até a cidade satélite de Parramatta. Eu havia feito essa mesma rota todos os dias durante quase dois anos quando tinha vinte anos de idade, para trabalhar na cidade.

Eu estava totalmente certa de que, à medida que eu viajasse naquele trem pelo subúrbio em direção ao oeste, teria todos os tipos de sentimentos tristes e dramáticos conectando-me aos "momentos trágicos" da minha mais jovem existência. Mas não. Eu apenas vi muitas casas. Eu vi a estação onde havia vivido com Karen Weston, que me ajudou de forma incrível quando eu estava tentando descobrir se queria ou não seguir a carreira de atriz. Vi as piscinas Auburn e Granville, onde minha mãe me levava para nadar cinco vezes por semana quando eu era muito mais jovem. Passamos embaixo da Ponte Granville, que havia desmoronado uma ocasião, quando o trem das 8:06 da manhã, vindo de Parramatta, descarrilou e matou muitas pessoas. No dia seguinte, eu estaria naquele trem. E quando o trem parou em Parramatta, eu achei que iria ficar aborrecida com os sentimentos de infelicidade do passado. Mas não fiquei.

Era um belo dia ensolarado, a estação estava limpa e as pessoas estavam indo cuidar de seus afazeres. Eu estava adiantada e, portanto, decidi dar uma volta na cidade para continuar o processo de desfazer minhas lembranças distorcidas. Fui ao *shopping center* onde havia trabalhado meio-período em uma loja de departamento na época em que frequentava a escola. Vi o lugar onde consegui meu primeiro trabalho depois de concluir os estudos. Fui até o local onde o meu namorado havia trabalhado como joalheiro com o seu pai. Ele não estava mais ali, mas, de qualquer forma, encontrei o seu novo ateliê. E ali estava, vinte anos mais velho, mas com a mesma aparência e o mesmo aspecto. Ainda com ares de surfista. Por fim, fui ao banco e fiz meu trabalho. Voltei ao trem e voltei para Sydney, tendo vivenciado uma nova relação com o meu passado.

A maneira como vemos as coisas determina nossa experiência com elas. Duas pessoas podem ver a mesma cena e ter duas experiências bastante diferentes. A percepção nem sempre é real e, certamente, nunca é absoluta. Ela é modelada por nosso condicionamento, nosso conhecimento, nossa experiência e nosso estado mental atual.

Victor Frankl conta sua experiência no campo de concentração na Alemanha e como ele observou as pessoas sobreviverem de diferentes formas enquanto elas estavam nos campos. Viu quando as pessoas chegavam e percebeu que algumas delas conseguiam manter sua energia de força vital e dignidade enquanto outras se desfaziam de suas vidas antes mesmo de serem levadas à câmara de gás.

Quando ele analisou a diferença, identificou que houve um momento entre o estímulo externo e a reação. Ele concluiu que esse momento acontecia quando a alegria, o poder e a escolha existiam. Você pode controlar sua reação. Seus pensamentos, sua reação, sua vida – tudo pertence a você. Tudo depende de como você orienta sua percepção.

De volta ao retiro, pedi para que o grupo trabalhasse em suas descrições. No período de três minutos, o rosto de Maria havia mudado completamente: "Encontrei alguns períodos tranquilos, alguns momentos alegres na minha vida!"

Lembranças não são reais. Não acredite nelas. Se houver lembranças que a assombram, a perseguem ou a impedem de voar, volte a suas lembranças como um adulto e escolha aquelas que são novas, sábias e a apoiam.

Às vezes, é necessário reescrever ou reinterpretar as histórias de nossas vidas, usar um método para ajudar-nos a desfazer a distorção ou a marca que nos limita atualmente. Há uma variedade de métodos disponíveis para fazer esse trabalho e, às vezes, é útil buscar ajuda profissional de um psicoterapeuta durante algum tempo. O desafio, certamente, é encontrar o profissional certo, é estar seguro de que a pessoa com a qual você vai trabalhar avalie seu processo, esteja presente para você e afirme que você permanecerá independente.

## Recuperando a inocência e o autorrespeito

*"Aquilo que você não possui irá surgir e tornar-se-á hostil."*

Qualquer pessoa que for uma "velha alma" apresentará fatos no passado com os quais não estará feliz, fatos que comprometem sua dignidade ou a dignidade de outra pessoa. Um processo prático e eficiente é escrever a história mantida em sua mente como se você fosse um observador isolado. Para entendermos isso como seres espirituais que perdem a percepção do EU e os recursos espirituais, comportamo-nos de maneiras dirigidas para satisfazer nossas deficiências. Se procuramos amor, poder, segurança, liberdade ou verdade, sem uma forte percepção de nosso próprio valor, faremos determinadas coisas que, quando olharmos para trás, desejaríamos não ter feito. Entretanto, essas eram as únicas escolhas que podíamos fazer naquela época, dados os nossos recursos.

É de grande ajuda lembrar que nós temos na alma profundas influências de vidas passadas. Cada um de nós é um eterno viajante que tem perdido a energia do "EU puro" ao longo do tempo. Ao referir-se externamente por apenas uma percepção do EU, você automaticamente se afasta da sua parte essencial de força, dando poder para que os outros determinem quem é você. E eles fazem o mesmo conosco. E transformamos uns aos outros em vagas semelhanças de um EU estranho, que esquecemos. E nunca estamos satisfeitos... com nós mesmos ou com os outros.

Há pouco, conheci uma mulher notável no retiro das Quatro Faces em Canela, no sul do Brasil. Ela tinha por volta de setenta e cinco anos de idade e era uma mulher incrivelmente radiante e positiva. Mais tarde, eu fiquei sabendo de sua história. Naquela tarde, o seu marido Bill veio pegá-la. Bill era norte-americano e estava no final dos seus oitenta anos. Estavam casados há trinta e sete anos. Aquele dia foi a primeira vez que ficaram separados por mais de duas horas em toda a sua vida. Ela me disse que, mesmo durante uma separação de duas horas, um ligava para o outro dez vezes. Entretanto, aquele dia do retiro foi o primeiro, depois de trinta e sete anos, que ela não ligou para casa nenhuma vez.

A meu ver, como defensora do espaço e da independência pessoais na relação, eu não conseguia imaginar coisa parecida. Eles continuaram dizendo que, durante todos esses anos de casamento, não houve uma vez que levantaram a voz um ao outro, não houve sequer uma vez em que discutiram. Na experiência da minha família, onde houve muitas discussões e vozes alteradas, isso era inimaginável. "É porque eu sempre digo sim," concordou o marido sentado no banco da frente do carro confortável e aquecido. "Eu também," ela disse.

Esse segredo é muito poderoso: dizer sempre sim ao outro com o qual estamos em uma relação igual, sim de coração. Imagine nunca ser impedida, sempre ser permitida. Imagine quanto isso pode ajudar em sua confiança, em sua percepção do EU e de seu valor.

O grupo de líderes da Universidade Espiritual Mundial Brahma Kumaris é formado por um conjunto de mulheres idosas de oitenta e noventa anos. Quando elas assumiram a liderança total e formal da organização, elas tinham por volta de cinquenta anos. Um dos princípios com os quais concordaram era "Uma sugere, as outras aceitam." Elas sabiam que precisavam permanecer não somente juntas, mas também unidas, compassivas e poderosas se quisessem continuar com seu trabalho de despertar novamente a consciência e a paz espirituais nos corações e mentes da humanidade.

Estando do lado de fora, parece-me que elas decidiram confiar uma na outra, entendendo que uma atividade ou ação sugerida não causaria dano algum. Poderia haver uma maneira melhor de fazer algo, mas a harmonia e união em que viviam não valiam a pena ser sacrificadas por um sistema ou processo levemente aprimorado. A energia da permissão, da confiança, do desdobramento da crença de que "a coisa certa irá acontecer", de que a energia de Deus era, de qualquer forma, mais importante... tudo isso significou que, nos últimos trinta e oito anos, essas mulheres proporcionaram liderança para milhões de pessoas em mais de cem países.

A energia do "não" para tudo. Acaba com o amor, destrói a confiança, aniquila a segurança, prejudica o compromisso. Érika, que costumava trabalhar comigo, sempre dizia: "Caroline, a coisa certa irá acontecer".

Dentro do esquema das coisas, tenho de fazer a seguinte pergunta a mim mesma: "De qualquer jeito, como eu sei qual é a coisa certa?".

O mundo é muito mais vasto do que a capacidade de meu intelecto conectado. Entretanto, no contexto da vida e do amor de uma jornada que está prestes a retornar à maravilha da essência, é importante discernir quando é o momento crucial para compartilhar uma forte intuição e quando é apenas a necessidade do ego de se sentir ouvido. Ou talvez seja preciso apenas ter bons desejos e uma forte fé na "coisa certa acontecendo".

Isto não é tão fácil quanto parece, é claro. As faces da sobrevivência, do certo e do errado, do bom e do ruim, do julgamento e da aprovação procurarão minar essa decisão. A raiva justa do ego irá querer justificar a validade da reação, em uma tentativa parecida com o papel de um advogado: de mudar os eventos a favor da verdade ou liberdade ou do direito de liberdade de expressão.

No entanto, com quaisquer faces, independentemente de quão certa você possa parecer, elas roubam a inocência. Elas nos furtam de nós mesmas. Elas nos fazem prisioneiras do passado, de outras pessoas, de antigos sistemas, do medo e da insegurança. Elas contaminam nossas vidas enquanto tentamos protegê-las, já que essas faces são ignorantes e vivem simplesmente porque nos esquecemos disso na essência – nós somos beleza, força e clareza, com a habilidade de escolher a ação correta e, inclusive, aguentar sozinhas as consequências se for preciso.

Essas faces acreditam nas memórias. Elas não entendem que existe um plano maior, um miraculoso projeto cósmico que está acontecendo a nossa volta e que nós somos minúsculos e insignificantes, embora, paradoxalmente, sejamos peças importantes desse plano maior. Elas baseiam-se no medo e na insegurança e nos mantêm separadas da vida, da confiança, do amor, de Deus e da pura verdade da nossa energia da força da vida.

Portanto, uma simples prática de Shakti é dizer "sim". Se perceber que você é aquela que "impede", que critica ou que é alguém cuja ideia é sempre melhor do que as ideias do resto, então esta é uma boa prática.

## Desbloqueando a energia preciosa

Primeiramente, diga "sim" a seu destino. Como seria se você acreditasse que não está sozinha, que a mão do Divino está sempre com você, orientando-a facilmente se você apenas ouvir.

Dizer "sim" significa que você não precisa pensar muito.

"Sim" significa que a energia do fluxo está presente em sua vida.

"Sim" significa que a resistência desaparece e isso liberta uma enorme quantidade de energia.

"Sim" aos outros significa que você parou de tentar controlar o mundo inteiro.

"Sim, mostre-me como", a torna humilde, e a humildade leva em conta solidez, florescência e renovação.

"Sim" reconhece que, se não houver energia para alguma coisa, ela não irá acontecer de qualquer forma.

"Sim" leva em conta o fato de que o que quer que esteja alinhado ao um objetivo, ele tem espaço para crescer, mesmo se você não conseguir vê-lo no início.

"Sim" é um estado de alívio, uma condição de estar livre de ter de determinar tudo, saber tudo, examinar tudo, controlar qualquer coisa.

## Quando não dizer não é um problema

Contudo, um dos maiores problemas que as mulheres enfrentam é aprender a dizer "não". Eu tenho uma amiga que sempre diz "sim" aos convites, mesmo quando sabe que não irá comparecer. Depois, ela precisa gastar uma quantidade excessiva de energia para elaborar uma desculpa e uma forma de finalmente dizer "não". Mas, para fazer isso, ela precisa mentir. Todos nós sabemos que ela tem de manter essa rede de mentiras e que, muito provavelmente, ela irá cair fora de compromissos e de acordos no último minuto. Essas mentiras são insignificantes; porém, manter uma grande quantidade de mentiras exige muita energia, poder mental e atenção que poderiam ser mais bem empregados em outras áreas da vida. É mais fácil e mais respeitoso para você mesma e para os outros aprender a dizer "não".

Não ser capaz de dizer não é um forte indício de que não conhecemos a nós mesmas e não nos valorizamos. Colocar sentimentos, necessidades e desejos de outras pessoas à frente dos nossos indica que estão faltando alguns limites saudáveis. Os limites são frequentemente esquecidos nas relações conflituosas – ou seja, nas relações que há extrema ligação, dependência e codependência (e que possibilitam padrões de comportamento negativos de cada um dos envolvidos). Os limites são as margens de nosso espaço pessoal – nosso espaço mental, emocional, físico e espiritual. Quando esses limites são ultrapassados com regularidade, podemos facilmente nos esquecer de que temos o direito de ter aquele espaço. Nós não apenas deixamos que os outros invadam esse espaço, é como se colocássemos um sinal dizendo: "Os invasores são bem-vindos". Infelizmente, esse tipo de invasão atrai as relações prejudiciais, pessoas cujos padrões de sobrevivência consistem no maltrato – tanto sutil quanto extremo. Nenhum limite juntamente com o sinal "Os invasores são bem-vindos" torna-se uma estratégia para conseguir atenção, aprovação, afeição – basicamente, escassas versões do amor que todas nós precisamos, mas não conseguimos ou não achamos que valha a pena conquistar.

Tenho trabalhado com uma executiva corporativa que é muito inteligente, atenciosa, talentosa e possui uma capacidade incrível para aprender e mudar de forma rápida. Alguns dos trabalhos que fizemos no começo de nosso contrato destacaram que ela é "agradável demais". Ela cresceu em uma família cujo ambiente era de muita confusão e seu papel era o de manter a harmonia na família. Isso significava que seus limites eram definitivamente distorcidos. Um dos principais valores que ela levou em frente para sua vida adulta era o de ser "educada".

Quando começamos a analisar a sua polidez, ficou claro que foi uma imposição da ideia de outra pessoa de como ela deveria se comportar. Não cause nenhum transtorno, não faça com que ninguém se sinta incomodado, não diga o que você pensa, mantenha tudo "agradável". Mas, ao fazer isso, ela estava oprimindo a sua voz interna. Às vezes, há uma voz lhe dizendo que esse não é o comportamento ideal, que aquela pessoa não pode falar com você daquela maneira e, ser educado nesses casos não está atribuindo valores a você. Portanto, começamos a trabalhar com o conceito de que o respeito tem um valor de nível mais elevado do que ser educado, o que se refere bastante à Face Tradicional.

Respeito significa respeito a você mesma em primeiro lugar. Sua voz é valiosa, seu conhecimento vale a pena, sua experiência é válida. Seus valores e limites são claros.

Depois vem o respeito aos outros. Isso significa tratá-los como seres humanos de valor. Onde há respeito, pode existir honestidade. A polidez raramente cede espaço à honestidade. Essa é a parte fundamental do respeito. Pode ser necessário ajustar a honestidade e a retidão com a arte de lidar com a sensibilidade e o ego, mas valorize-se de forma suficiente para que fique claro o que é aceitável e o que não é, o que você é capaz de fazer e o que não é, o que é importante e o que não é.

O respeito é um espaço poderoso para se começar. A polidez, ao contrário, é um local fraco e ineficaz para permanecer e para se considerar como ponto de partida.

Essa mudança no filtro de valores proporcionou a minha cliente uma nova forma de ver a si mesma e de colocar-se no mundo das relações e dos papéis. Causou uma enorme diferença em todos os aspectos da sua vida. Quando você muda alguma coisa no seu próprio consciente, ela naturalmente se alinha a mudanças no seu mundo exterior.

Dizer "não" é uma questão de autorrespeito, de substituir limites que foram removidos, danificados, violados ou prejudicados. É necessário prática, mas é compensador. Recuperar os limites é um ato de amor próprio e de autoestima. Na jornada de retorno à perfeição, para o cem por cento EU puro, restabelecer limites é um passo decisivo na recuperação de seu próprio domínio energético: VOCÊ.

# Shakti Deve Desaparecer

*S*hakti é uma realidade e um papel, mas não é um papel no qual devemos nos ligar. Diferente do agente da mudança, a Face Moderna, Shakti é um agente de transformação, o que significa que sua destruição é inerente ao papel. Isso pode parecer bastante provocativo, mas talvez eu possa explicar um pouco mais.

Diferentemente da Face Eterna, Shakti é uma Face que se baseia no tempo. Não é eterna. Pode ser acessada, usada e exaurida durante os tempos e, em particular, durante o período de transformação. O desafio é adotar Shakti como um papel de transição e não como uma identidade à qual devemos nos ligar. E isso é um desafio justamente porque tem sido a nossa maneira de viver. Assumir um papel, tornar-nos o papel e nos perdermos nele. Shakti é o método pelo qual retornamos a nós mesmas e, uma vez que retornamos integralmente, a Face torna-se redundante, irrelevante e desnecessária.

Shakti é o sustentáculo do entendimento do processo de transformação. É nossa parte sábia e poderosa que é constantemente testemunha e observadora de sua própria jornada.

Shakti é aquela Face que consegue erguer-se acima da atração magnética das Faces Tradicional e Moderna e não acreditar em sua astúcia. Ela é a única que consegue trabalhar conscientemente com os 8 Poderes para aliviar o tormento de sua alma e das almas dos outros. Como a Grande Mãe, Shakti é aquela que protege sua própria inocência, sua própria pureza da essência. Uma vez recuperada, ela se torna sábia em relação às maneiras por meio das quais ela mantém a doçura e a beleza que recuperou, além de ser implacável ao cuidar de sua recompensa.

Shakti é a noção consciente de:

- ✓ Quem somos nós
- ✓ De onde viemos
- ✓ A jornada na qual estamos
- ✓ A tarefa que precisa ser executada no mundo atual
- ✓ Qual é nossa parte individual dentro disso
- ✓ Como perceber e lidar com nossos padrões de sobrevivência de autossabotagem
- ✓ O papel de Deus em um sentido pessoal e universal que vai além da crença religiosa

... E tudo isto é apenas um papel de transição. Quando chegarmos ao nosso destino da "essência" e apoiarmos a "essência" dos outros, Shakti irá desaparecer. O desafio é não se prender ao papel. A arte é desempenhá-lo, mas ser, na verdade, a alma.

Após anos e muitas existências em que nos perdemos em papéis e identidades projetadas, o hábito torna-se bastante poderoso. Contudo, é uma situação perigosa porque se fizermos o que a Face está destinada a fazer, então ela precisa ser rapidamente libertada para, vitoriosa, logo desaparecer.

A jornada através da confluência – a convergência do velho e do novo – é um campo da ilusão sutil e incerto. Ao longo do caminho, durante toda a jornada, os velhos padrões do ego irão se deslocar para dentro do jogo espiritual e nos seduzir, levando-nos a acreditar que eles são reais. Podemos estar em uma jornada espiritual e ainda fazer uso de antigos padrões.

Jason, um querido amigo da Austrália, foi o primeiro a me apresentar o conceito de que o caminho espiritual é essencialmente diferente do modelo da conquista dos séculos XX e XXI. O modelo da conquista propõe – e nós aceitamos – que quem somos não é bom o suficiente, mas depois, e somente depois, que nos tornarmos alguma "outra" coisa melhor, em que "melhor" é criado pela consciência coletiva do tempo, nós seremos suficientes.

Geralmente, quando começamos nossa jornada espiritual, nós encobrimos essa crença com nossas práticas e esforços. Temos de ser a melhor meditadora, ter as experiências mais poderosas, ser a mais verdadeira de coração, a mais doce por natureza, o canal mais claro, a professora mais popular (com o menor ego), a mais disciplinada, dedicada, honesta e assim por diante. Tudo em comparação aos outros ou a um EU idealizado, medido em oposição a um critério externo. Encontrar modelos de papéis que a inspirem, que lhe ofereçam um "espelho" para ver o próprio potencial inato é outra questão. Entretanto, adotar o mesmo modelo mental, o modelo de conquista, que fez com que nos perdêssemos anteriormente, é uma antítese do caminho espiritual. Comparar, competir, colaborar com a crença de que um dia no futuro eu estarei bem, mas que até esse dia preciso trabalhar com afinco para mudar e, talvez, somente depois, serei merecedora de estar cara a cara com a Divindade, com Deus.

Novamente, esse é o ego desempenhando o seu medo e jogos de controle. O que eu mais gosto a respeito do desenvolvimento espiritual é que começa pela ideia de que quem sou eu é suficiente, se eu simplesmente pudesse ser assim com mais frequência.

O desenvolvimento pessoal trata de não ser bom o suficiente e de não precisar, tampouco, tornar-se melhor. O paradoxo é que, uma vez que eu me aceito, de qualquer forma, tudo muda. Uma vez que eu aceito sentimentos de vulnerabilidade, de isolamento, de medo, de incerteza e outros, posso, então, começar a fazer algumas escolhas e ir adiante. Quando eu nego, evito, oprimo, então não tenho escolha.

Mais precisamente, essas energias não reconhecidas irão me sabotar a um nível inconsciente e me impulsionarão. Elas exigirão ser notadas, exprimindo-se, comportando-se mal, empregando o vício até que se elevem a um nível consciente e, assim, ser adquiridas. Depois e somente depois de adquiridas, começaremos a ter poder sobre elas. Quando ocultas, elas estão no controle, determinando e direcionando tudo a partir da escuridão.

Uma vez abraçadas do ponto de vista de "Shakti" – a posição do observador poderoso – começa, então, a jornada para recobrar nosso poder, nossa força, nossa beleza, nossa dignidade e nossa verdade. Esse é um ponto poderoso com o qual se aprende.

Recentemente, encontrei-me com um jovem que realmente está lutando contra seu mundo interno, o que está prejudicando seu trabalho, seus relacionamentos e seu bem-estar. Ele trabalha na área de Direito e está bastante infeliz. Bem, nossa conversa começou assim. Ele perguntou-me por que sempre se comparava com os outros colegas e se sentia inferior. A sua autoestima estava muito baixa e sua confiança, seus relacionamentos e, potencialmente, sua carreira estavam sendo afetados em resultado dessa autodepreciação. Todos os dias ele ia ao trabalho não como John, mas como o "cara pertencente à lei corporativa". Além do fato de que realmente queria cultivar grãos, ele perdera toda a percepção da sua própria essência. Ele estava construindo uma identidade em cima de uma base instável. Como advogado, sempre há alguém melhor e alguém pior do que ele. Nunca estava tranquilo nem em paz com quem ele era.

Deve-se fazer a seguinte pergunta: "Se eu chegasse ao final da minha vida e tudo que eu pudesse dizer seria que fui o melhor (ou o centésimo ou milésimo melhor) advogado corporativo do mundo – seria suficiente?". É para isso que esse jovem nasceu? Eu acho que não. Na realidade, acho que ele estava sofrendo a crise da meia-idade aos trinta e dois anos.

Isso é promissor. Significa que se ele escutar sua "alma" falando com ele, irá reconhecer que sua tristeza é um sinal e ele poderá evitar uma crise maior aos quarenta ou cinquenta anos. Ele pode recuperar-se agora se confiar em sua voz interna e avançar fazendo as seguintes perguntas: "Quem sou eu?" e "Para que eu estou aqui?".

Compartilhei com ele uma coisa que ouvi muitos anos atrás e que ainda considero incrivelmente útil.

Se você quiser respostas melhores, faça perguntas melhores.

Por que eu não sou tão boa quanto os outros? Por que não sou inteligente, bonita, bem-sucedida, admirada, incluída, valorizada? Essas perguntas nos levam a respostas reduzidas e a possibilidades diminuídas. Aprender a fazer perguntas para mim mesma, que proporcionam ao meu intelecto algo parecido com indagações, novidades e positividade para prosseguir é uma ferramenta útil na vida.

"Quais sinais posso encontrar que me mostram o meu propósito na vida?"

"O que os outros admiram em mim?"

"Se eu soubesse que iria morrer dentro de três meses, como isso poderia mudar a minha vida?" E depois: "O que eu estou esperando?".

"Se tiver de permanecer desperta nesse caminho, o que eu sei sobre cuidar da minha consciência? Da minha percepção? De mim mesma?"

Se você quiser respostas melhores, faça perguntas melhores.

## A sobrevivência do ego

O ego fará tudo que puder para sobreviver. Esse é o seu papel. Quando perdemos nossa identidade autêntica, o ego surge para tornar possível nossa sobrevivência dia a dia, embora, às vezes, de maneira instável. E nós sabemos quando nossa sobrevivência está ameaçada. Nesses momentos, todos os recursos e todas as defesas são empregados. O ego irá empenhar-se ao máximo para subsistir e nos manipulará da maneira mais inteligente a fim de sobreviver.

Você acha que alcançou um nível mais elevado de consciência, um propósito maior, mas, sem se dar conta, o ego inseriu-se de forma disfarçada e fez com que você se sentisse bem em relação ao que você é, em virtude ao que você está fazendo ou já fez. Agora, sua identidade está presa em ser uma "pessoa boa", um "trabalhador alegre", um "instrumento para Deus". Entretanto, se tomarmos nossa percepção do EU com base em qualquer rótulo, então o ego vence, independente de quão valioso seja o rótulo. Sei disso por experiência própria.

Eu estava no Chile. Fui convidada, era visitante. Deveria estar nesse país por uma semana, mas, devido a uma histerectomia de emergência, uma semana transformou-se, inicialmente, em cinco meses e já se passou um ano e meio. Agora estou aqui escrevendo.

Nos primeiros meses, eu estava tão feliz. Eu era útil. Minha vida estava equilibrada. Meu mundo espiritual estava tão fortalecido, minha meditação era sempre tão tranquila, agradável, eficiente e encantadora, mesmo com pouquíssimas horas de sono. Exercitava-me regularmente e tinha prazer nisso. Não me sentia presa a nenhum resultado. Eu era carinhosa, solidária e minha visão estava límpida. Tudo que eu havia aprendido na minha vida estava livre para eu empregar, caso fosse necessário. E eu fui abençoada com isso, pois havia uma gama de coisas que foram úteis para a comunidade onde eu estava. Meu papel Shakti da transformação estava funcionando bem, não estava me impondo, mas estava, na verdade, livre para o trabalho de Deus, guiada por minha mente silenciosa e tranquila. Até que...

O ego nos surpreende e invoca Shakti à medida que essa Face é adquirida. Tornei-me conectada ao papel da transformadora. E foi tão sutil que não percebi que isso estava acontecendo até que eu destruí a sublime experiência da beleza e harmonia, retornando a algo mais comum.

Portanto, agora, estou no processo de ser amável comigo mesma, de tentar recuperar a magia da ESSÊNCIA em uma base constante e permanente. De ser responsável, mas sem assumir o ônus da responsabilidade. De fazer o trabalho e depois escapulir. De adquirir todo o meu alimento da Fonte e não dos resultados.

Logo, é importante entender que seremos sequestrados, que, às vezes, perderemos o ciclo. O ego é um eficiente mestre da manipulação e, há muito, tem sido nossa forma de sobrevivência quando não conhecemos outro caminho. Portanto, ele certamente saberá ou aprenderá cada artifício possível para continuar existindo. É o seu trabalho, seu papel, sua razão de ser.

Portanto, continue em movimento, em vez de permanecer paradoxalmente parada. Redefina: permita que cada momento novo crie algo renovado. Solte-se. Lembre-se de que nunca estaremos perdidas se pudermos permanecer despertas, amáveis e carinhosas com nós mesmas.

## O não julgamento

Quando aceitarmos a ideia de que esqueceremos e nos lançaremos sobre os padrões de sobrevivência, quando entenderemos que esse é o modo de ser das coisas, então será possível empregar a ferramenta alquímica do não julgamento.

Se ser capaz de permanecer desperta e ficar desconectada é o primeiro passo, então o segundo é o não julgamento.

Quando fiz quarenta anos, decidi que eu não queria viver outra década de intensidade e introspecção. Havia sido extremamente intensa e ríspida comigo mesma em minha proposta para a perfeição, que tomara um caminho bastante crítico. Fui pega pelo modelo da realização e, com cada veredicto cruel que me atribuía, eu perdia a confiança, a esperança e a energia.

Lembro-me de quatro pessoas notáveis que me disseram as seguintes coisas importantes durante esses anos por meio do meu mentor espiritual, Dadi Janki:

- ✓ Você pensa demais
- ✓ Se você não estiver vivenciando a felicidade, então está empregando o método errado
- ✓ Não queira saber o porquê, só vai lhe trazer tristeza
- ✓ Você pensa demais (de novo!)

Portanto, comecei a adotar a prática de não pensar demais. Foi difícil, mas eu exercitei. E foi útil. Descobri que controlando meus incessantes pensamentos aleatórios, era capaz de pensar em coisas mais úteis. Podia fortalecer meu intelecto com pensamentos interessantes e inspiradores e fazer escolhas de forma consciente para não me entregar a bobagens, ao negativo e ao supérfluo.

Intelectualmente falando, eu entendi que, se não estivesse experimentando a felicidade, deveria estar empregando o método errado, mas realmente não entendi que essa ríspida autocrítica era um método falho. Na realidade, eu absolutamente não o detectei como sendo um método, achei que essa era a maneira das coisas.

Eu aprendi a "examinar e mudar". Examinar a mim mesma e depois mudar o que não fosse verdadeiro, real, belo. É uma boa estratégia para a evolução, mas não se for acompanhada pelo castigo! Para mudar precisamos ter energia, confiança, autoconvicção e um ambiente positivo e amoroso. Uma flor cresce com o cultivo, o cuidado e as condições adequadas. Uma criança cresce com o alimento, o cuidado e o incentivo. Como, possivelmente, poderia ter achado que flagelando a mim mesma de forma psicológica, espiritual e emocional eu produziria um resultado positivo? Mas eu achei. E muitas, muitas pessoas acham também.

Um amigo muito querido foi importante para me ajudar a derrubar esse padrão para sempre. Na véspera do Ano-Novo, estávamos conversando, refletindo sobre a maneira das coisas e sobre o ano que havia se passado. Eu estava me sentindo um pouco melancólica por ter acabado mais um ano e ainda não haver alcançado o nível de espiritualidade que achava que deveria ter alcançado.

Meu amigo tem uma personalidade muito sensível e sua filosofia consiste na "arte da visão distante". Ele é uma pessoa muito clara em seus objetivos, em seu retorno à própria verdade absoluta, e ele avança de forma coerente, dia a dia, em direção àquela verdade. Mas, se ao longo do caminho, ele se deparar com pequenas anormalidades, ele não se importa, não se deixa atingir, pois entende que essa é a forma de as coisas acontecerem e simplesmente continua em frente.

Então, eu estava sentindo pena de mim mesma e, como reflexo, tenho de confessar que estava esperando um pouco de compaixão por parte do meu bom amigo. À medida que eu continuei conversando, ele parecia ficar mais distante, mais frio. Depois, com total desapego e com muito amor, eu ouvi essa pergunta:

"Por que você faz isso com você mesma?"

"Faz o quê?"

"Isso. Judiar de você mesma dessa forma. Você é uma alma tão boa e torna as coisas tão difíceis para você. Eu diria que, se isso funcionasse, tudo bem. Mas, francamente, não funciona. Eu acho que você deveria empregar um novo método para você."

Naquele simples momento de definição, eu me senti tanto chocada quanto libertada. Chocada porque alguém tão próximo de mim podia se sentir tão desapegado e direto. E libertada, porque alguém tão próximo de mim podia se sentir tão desapegado e direto.

Desde então, tenho sido uma aluna em tempo integral na arte da bondade e da amabilidade. Primeiramente, para mim mesma. Descobri que, se eu for amável e tolerante comigo mesma, é mais provável, então, que eu seja assim com os outros. Se eu me tratar com desprezo, ódio e julgamento ríspido, é mais provável, então, que eu atraia os outros para o martírio comigo.

Como em tudo, existe um equilíbrio a ser aprendido, harmonizando e integrando as polaridades a serem executadas. A amabilidade, o amor e a ternura são bem equilibrados com o compromisso, a coragem e a firmeza.

## Escolhas e consequências

Há muito tempo se foram os tormentos da maldição do inferno, uma existência baseada na culpa da minha formação religiosa. Mas acho bastante útil entender que existem consequências em nossas escolhas.

No caminho espiritual, quanto mais longe você avança, mais você reconhece e sente as consequências dos pensamentos e das ações. Se não estiver alinhada a sua própria verdade, você se sentirá incerta, insegura, ansiosa – mesmo que esses sentimentos sejam sutis. Essa insegurança terá como consequência pensamentos e ações autocentralizados – típicos do comportamento de sobrevivência.

Isso se tornou normal, mas implica uma série de consequências indesejadas. A insegurança sempre nos obrigará a fazer escolhas enfocadas na autopreservação, o que diminui nosso mundo. Nossas vidas se reduzem em vigor, generosidade, amor, esperança e possibilidade. Quando há medo, existem rivais e inimigos. A confiança é prejudicada, a visão fica limitada, as escolhas são ruins, as consequências não são boas e nossas vidas se tornam empobrecidas.

Portanto, para avançar, expandindo-se na vida com uma percepção de abertura e abundância, é importante conhecer a si mesma e praticar a confiança no EU, aprendendo a repousar em sua Essência, porque as escolhas feitas com base em sua verdade sempre trarão consequências criativas, poderosas e positivas.

Esse é o objetivo. Essa é a razão da existência de Shakti: ajudar-nos a retomar esse estado natural de puro alinhamento, de irrestrita vivência criativa, de existência harmoniosa e serena. Uma vez retomado, o tempo de Shakti acaba, seu papel se torna obsoleto e seu trabalho está concluído. Ela desaparece... até a próxima vez.

# A Profecia

*Gostaria de terminar este livro com esta profecia relatada pela antiga geração indígena na América do Norte. Ela fala de uma forma bastante direta, poética e inspiradora a respeito do período no qual vivemos e o tipo de pessoas que somos. Espero que você encontre conforto e estímulo nas palavras mencionadas abaixo.*

**A Profecia da antiga geração da nação Hopi**
Oraibi, Arizona, 8 de junho de 2000

Vocês têm dito às pessoas que este é o Último Momento.
Agora vocês precisam voltar e dizer às elas que este é o Momento.
E existem coisas a serem consideradas...

Onde vocês estão vivendo?
O que vocês estão fazendo?
Quais são os seus relacionamentos?
Vocês estão na relação certa?
Onde está sua água?

Conheçam o seu jardim.
Está na hora de falar a sua verdade.
Criem a sua comunidade.
Sejam bons uns com os outros.
E não busquem a liderança fora de vocês.

Então, ele juntou as mãos, sorriu e disse: "Esta poderia ser uma boa hora! Há um rio fluindo rapidamente agora. É tão grandioso e veloz que haverá aqueles que ficarão assustados. Eles tentarão se agarrar à margem. Eles sentirão que estão sendo destruídos e sofrerão imensamente. Saiba que o rio tem o seu destino. Os antepassados dizem que precisamos nos libertar das margens, desatracar para o meio do rio, manter nossos olhos abertos e nossas cabeças acima da superfície da água.

E eu digo: veja quem está ali com você e comemore. Neste período na história, não devemos considerar nada como pessoal, muito menos nós mesmos. No momento em que fizermos isso, nosso crescimento e nossa jornada espirituais chegam ao fim.

O período do lobo acabou. Unam-se! Expulsem a palavra 'luta' de sua atitude e de seu vocabulário. Tudo o que fizermos agora deve ser feito de uma forma sagrada e em comemoração.

*Nós somos aqueles pelos quais temos esperado".*

# Notas do Autor

Os 8 Poderes de Shakti – Afastamento, Libertação, Tolerância, Aceitação, Discernimento, Decisão, Enfrentamento e Cooperação. No capítulo sobre Shakti existem sete maneiras diferentes de trabalhar com cada um dos 8 Poderes.

Mapas mentais são valiosas ferramentas para remover pensamentos e sentimentos de seu mundo interno amorfo. Eles ajudam a criar uma estrutura que torna mais fácil enxergar a imagem inteira. O mapeamento não é meramente um processo "de listagem" linear que omite sempre consideráveis componentes de uma experiência inteira, ele é inclusivo e coloca no papel todas as partes e também as interligações daquelas partes. No meio da página, em um círculo, você coloca a ideia, o pensamento, o sentimento, o tópico. Depois, como em uma teia de aranha, você desenha linhas para fora, unindo os outros círculos que contenham pensamentos e ideias conectados. Com base nesses círculos, você estabelece ligação com outros pensamentos, sentimentos e impressões que estejam relacionados ao primeiro.

# Outros Lançamentos da Integrare Editora

## O Espírito do Líder
### Lições para tempos turbulentos

**Autor:** Ken O´Donnell

**ISBN:** 978-85-99362-36-5

**Número de páginas:** 160

**Formato:** 14 x 21 cm

## A Mulher e seus Hormônios... Enfim em paz
### O universo feminino em suas fases

**Autor:** Malcolm Montgomery
**ISBN:** 85-99362-05-4
**Número de páginas:** 176
**Formato:** 14 x 21 cm

## O Bom Conflito
### Juntos buscaremos a solução

**Autora:** Maria Tereza Maldonado
**ISBN:** 978-85-99362-25-9
**Número de páginas:** 176
**Formato:** 14 x 21 cm

## Palavra de Mulher
### Histórias de amor e de sexo

**Autoras:** Maria Tereza Maldonado e Mariana Maldonado
**ISBN:** 978-85-99362-12-9
**Número de páginas:** 216
**Formato:** 14 x 21 cm